G<small>ANZHEITLICH</small> H<small>EILEN</small>

Buch

Durch die systemische Familientherapie von Bert Hellinger können Spannungen und Konflikte innerhalb einer Familie aufgedeckt werden. Mittels Stellvertretern wird dem Betreffenden die psychische Dynamik der eigenen Familie vor Augen geführt, sodass sich destruktive Muster offenbaren. Bertold Ulsamer legt in seinem Buch dar, worauf es beim Familien-Stellen ankommt. Er reflektiert die Arbeit und Rolle des Therapeuten im Spannungsfeld subjektiver Erfahrung und objektiven Wissens, befasst sich mit dem Einsatz der Sprache und erläutert den Umgang mit Emotionen. Sein Buch wendet sich an Therapeuten und alle, die sich über Anwendungsmöglichkeiten und praktische Ausübung der Hellinger-Therapie informieren möchten.

Autor

Dr. Bertold Ulsamer ist promovierter Jurist und Diplompsychologe. Er arbeitete zunächst als Psychotherapeut, spezialisierte sich dann auf NLP und war damit 15 Jahre lang als Managementtrainer tätig. Seit 1995 führt er Seminare mit Familienaufstellungen und Fortbildungen in mehreren Ländern durch. Er ist Autor von Büchern zu den Themen Kommunikation und Selbstmanagement.

Bei Goldmann sind von Bertold Ulsamer bereits erschienen:
Ohne Wurzeln keine Flügel (14166)
Spielregeln für Paare (21636)

BERTOLD ULSAMER

DAS HANDWERK DES FAMILIEN-STELLENS

Eine Einführung in die Praxis
der systemischen Hellinger-Therapie

GANZHEITLICH HEILEN

GOLDMANN

Umwelthinweis:
Alle bedruckten Materialien dieses Taschenbuches
sind chlorfrei und umweltschonend.

Originalausgabe April 2001
© 2001 Wilhelm Goldmann Verlag, München
in der Verlagsgruppe Random House GmbH
Umschlaggestaltung: Design Team München
Umschlagfoto: photonica / Jun Kishimoto
Redaktion: Ralf Lay
Satz: Uhl + Massopust, Aalen
Druck: GGP Media GmbH, Pößneck
Verlagsnummer: 14197
WL · Herstellung: WM
Made in Germany
ISBN 3-442-14197-4
www.goldmann-verlag.de

3. Auflage

Inhalt

Vorwort:

Brief von Bert Hellinger

Lieber Bertold,

dein neues Buch *Das Handwerk des Familien-Stellens* kommt zu einer Zeit, in der viele sich fragen: Worauf kommt es letztlich beim Familien-Stellen an? Was ist zu beachten? Wo geht man vielleicht in die Irre? Welche anderen Kräfte wirken herein?

Darauf hast du detaillierte Antworten gefunden und sie übersichtlich und klar dargestellt. Du kommst vielen Aufstellern damit entgegen. Aber auch Klienten, die sich mit dem Familien-Stellen auf mehr allgemeine Weise vertraut machen wollen, finden darin wichtige Hinweise.

Eines fällt mir besonders auf. Du sprichst zur Seele. Mir hat es gut getan, das Buch ohne besondere Absichten einfach zu lesen und mich von der Fülle der Gedanken und Beispiele berühren zu lassen. Ich wünsche den Lesern, dass es ihnen dabei ähnlich ergeht wie mir.

In freundschaftlicher Verbundenheit   *Bert*

Einleitung:

Auch das Familien-Stellen braucht Handwerk

Familienaufstellungen haben in den letzten Jahren eine enorme Breitenwirkung erlangt. Die Bücher von Bert Hellinger zur Aufstellungsarbeit erzielen Auflagen bis über 100 000. Die Seminare, die er vor Fachleuten zur Demonstration seines Vorgehens hält, sind überfüllt, obwohl mehrere hundert Teilnehmer in den Sälen Platz finden.

Gleichzeitig werden immer mehr »Familienaufstellungen nach Hellinger« angeboten. Seminare schießen wie Pilze aus dem Boden. Die Kursleiter und Therapeuten kommen aus allen möglichen Berufsgruppen: Da sind Psychiater, Ärzte, Psychotherapeuten, Heilpraktiker, Sozialarbeiter, Lehrer und Lebensberater. Viele fühlen sich von der Arbeit des Familien-Stellens angezogen, ja, »gerufen«; neutrale Beobachter der Szene werden allerdings schon besorgt ob der großen Anzahl derer, die da kommen, und ob der großen Unterschiede ihres Hintergrunds.

Die Entwicklung des Familien-Stellens

Familien-Stellen ist eine junge Disziplin. Zwar sind manche seiner Einsichten und Grundlagen auch Teil des Wissens anderer therapeutischer Richtungen. Dennoch unterscheidet sich das Familien-Stellen »nach Hellinger« in wesentlichen Elementen davon. Hellinger entwickelte seine besondere Form der Aufstellung, mit der er Gesetzmäßigkeiten entdeckte, die über die Generationen Familien regieren, allmählich vom Ende der Siebziger- bis Mitte der Neunzigerjahre im deutschsprachigen Raum.

Einige der Teilnehmer der ersten Gruppen bei Hellinger blieben mit ihm, seinen Entwicklungen und seinen Entdeckungen dauerhaft in Verbindung. Sie lernten und erfuhren das Familien-Stellen im Umgang und direkten Kontakt mit Hellinger. Schon Anfang der Achtzigerjahre fingen die Ersten an, selbstständig mit Familienaufstellungen in der damaligen frühen Form zu arbeiten.

Der große Durchbruch kam 1993 durch Hellingers erstes Buch *Zweierlei Glück*, herausgegeben von Gunthard Weber, dem bald als zweites Grundlagenwerk *Ordnungen der Liebe* folgte, und es entstanden immer mehr Bücher und Videos zum Thema. Es gibt mittlerweile allein auf Deutsch 90 Stunden Lehrvideos und 16 Bücher mit Aufstellungen und Materialien. Von Anfang an stellte Hellinger seine Einsichten allen, die daran Interesse hatten, zur Verfügung. Er war nie bestrebt, sein Wissen geheim zu halten oder zu lizenzieren.

Handwerk? Berufung?

Wer Bert Hellinger das erste Mal bei Aufstellungen erlebt, kommt ins Staunen. Sein Vorgehen scheint nicht nachvollziehbar und sich Erklärungen zu verschließen. Woher kommt die Sicherheit, die ihn trägt? Wie kommt es zu den augenfälligen Wirkungen und Veränderungen der Beteiligten? Ist es noch Therapie? Magie? Oder vielleicht sogar Scharlatanerie, wie manche vermuten?

Vor einigen Jahren stand ich zufällig in einer Veranstaltungspause neben Hellinger, als eine enthusiastische Teilnehmerin auf ihn zustürzte. »Ich bin ja so begeistert«, brach es aus ihr heraus. »Wo kann man das lernen?« – »Das kann man nicht lernen«, war seine lapidare Antwort.

Kann derjenige, der Familien stellen will, sich dann also nur auf seine Intuition und seinen Mut verlassen? Oder gibt es doch Grundlagen, die zu erwerben sinnvoll ist?

Sicherlich braucht, wer Familien stellt, immer wieder die Beherztheit, auf die eigene innere Stimme zu hören, die in unbekanntes Gelände, zu überraschenden Einsichten ohne vorgezeichneten Weg führt. Auf der anderen Seite braucht das Stellen ein fundiertes Wissen. Das Vorgehen beim Aufstellen sind nicht nur reine, von der Erfahrung geförderte Intuition oder blitzartige Eingebungen. Aufstellungen unterliegen in weiten Teilen bestimmten nachvollziehbaren Strukturen.

Das mag dem Zuschauer zunächst nicht so scheinen. Für ihn ist es oft nicht zu durchschauen. Er ist verblüfft, beeindruckt und verwirrt zugleich von den Interventionen des Aufstellers. Fragen tauchen auf: Warum hat er gerade jetzt die Plätze verändert? Warum nimmt er ausgerechnet zu diesem Zeitpunkt die neue Person hinein? Warum fragt er die Eltern und nicht die Kinder?

Auch wer als Aufsteller beginnt, mag zunächst fast erschlagen von der Fülle der Möglichkeiten sein. Bisweilen fühlt er sich trotzdem in einer Sackgasse, ohne zu wissen, wie es weitergehen soll. Staunend erlebt er dann, wie sich doch neue Schritte ergeben und er zu einem guten Ende gelangt. Mit einer gewissen Erfahrung werden die Schritte dann aber für den Aufsteller ein Stück weit vorhersagbarer. Man erkennt Prioritäten und Systematiken.

Wie lernt man heute das Aufstellen? Die Strukturen des Vorgehens sind in früheren Aufstellungen Hellingers besser zu erfassen als in denen der letzten Jahre. Heute haben sie sich sehr verändert. Immer mehr vertraut er die Entwicklung einer Aufstellung den dort vorhandenen Energien an, immer seltener greift er ein. Fast parallel zu dieser Entwicklung haben Schüler von Hellinger jedoch angefangen, eine Fülle von Weiterbildungen zum Familien-Stellen anzubieten.

In einem Interview fragten Harald Hohnen und ich Bert Hellinger im Jahre 2000 erneut: »Kann man Familienaufstellung lernen?« Die Antwort lautete:

> »Gewisse Dinge kann man lernen. Selbst wenn einer die Haltung hat, kann er deswegen noch nicht Familien stellen. Er braucht Wissen, er muss es sehen, und dann kann er bestimmte Dinge lernen. Das erleichtert ihm natürlich den Prozess. Er braucht nicht noch einmal von der Wurzel anzufangen, weil andere den Weg schon gegangen sind. Er kann den Weg ruhig mitgehen. Wenn er ihn dann offen mitgeht, dann kann er ihn auch eigenständig weitergehen.«

Das »richtige« Familien-Stellen?

Familien-Stellen ist ein sehr persönliches Tun, geprägt von den Lebenserfahrungen und dem persönlichen Wissen und Hintergrund des Therapeuten. Zahlreiche exzellente Familien-Steller leisten inzwischen in Deutschland und an vielen anderen Orten der Welt diese Arbeit. Ihr Vorgehen unterscheidet sich dabei enorm. Es gibt unzählige persönliche Spielarten. Dabei entwickelt jeder Aufsteller seinen eigenen Stil, seine eigene Handschrift, oft bestimmte »Lieblingssätze«, teilweise neu gefunden und damit wertvolle Erweiterungen.

Dennoch kann ich bei meiner persönlichen Arbeit und bei der Beobachtung der Arbeit von Kollegen immer wieder Vorteile und Nachteile von bestimmten Interventionen beobachten. Es ist eben nicht gleichgültig, welche Schritte jemand unternimmt – auch wenn durch die unterschiedlichsten Schritte kraftvolle und berührende Aufstellungen entstehen. In den Übungsgruppen meiner Weiterbildungen durfte ich beobachten, dass alles, was falsch gemacht werden kann, auch falsch gemacht wird.

Es gibt Schritte beim Aufstellen, die der Situation angemessen, und solche, die unangemessen sind. In diesem Spannungsfeld bewegt sich der Therapeut. Dabei sind – meist, aber nicht immer! – die Gegensätze »richtig–falsch« unangebracht. Sinnvoller scheint das Begriffspaar »günstig–ungünstig« zu sein. Denn oft gibt es keine eindeutigen und endgültigen Antworten. Stattdessen gilt es, abzuwägen zwischen Vor- und Nachteilen von Vorgangsweisen und Interventionen.

Ein Aufsteller beherrscht sein Handwerk, wenn er sich flexibel unterschiedlichen Situationen anzupassen versteht. Dabei sehe ich keinen Widerspruch zwischen Systematik und Intuition. Die Intuition eines Aufstellers kann umso reicher werden, je mehr Wissen um Systematiken er erworben hat. Mit diesem Buch verbinde ich deshalb nicht den Anspruch, das »richtige« Familien-Stellen zu lehren. Sicher gibt es manches oder vieles Gutes, was andere Aufsteller anders als ich machen. Aber ich hoffe, dass sich die fruchtbare Auseinandersetzung um das Aufstellen durch die folgenden Ausführungen weiterentwickelt.

Das Ziel dieses Buchs

Dieses Buch ist geschrieben für diejenigen, die sich intensiver mit der praktischen Tätigkeit des Familien-Stellens auseinander setzen wollen. Aber ist nicht bereits das ganze Handwerk in den vielen Büchern und Videos Hellingers enthalten?, wird sich manch einer fragen. Sicher, die Mitteilungen zum Handwerk sind jedoch sehr verstreut. Dieses Buch geht zusammenhängend auf viele praktische Fragen ein. Vieles beschreibe ich mit eigenen Worten und stütze mich dabei auf meine eigenen Erfahrungen in der Praxis.

Wenn ich in diesem Buch von Handwerk spreche, dann in der alten Bedeutung des Wortes. Wer Maler werden will, muss die Farben kennen, Maltechniken, Wissen um Perspektiven usw. Das ist das Handwerk als Voraussetzung der Kunst. Je geschulter die handwerklichen Fähigkeiten, desto gekonnter ist das Ergebnis, wenn ein neuer Ausdruck oder ein neues Thema gesucht wird.

Die Kunst und die Tiefe lassen sich dabei nicht lernen, das Handwerk schon. Und über den wenigen genialen Künstlern, die eigenständig Neuland erobern, braucht die große Zahl der »Kunsthandwerker« nicht vergessen zu werden. Sie beherrschen ihr Handwerk zum Teil in solcher Vollendung, dass sie auch ohne eigene neue, umwälzende Entwicklungen dem, was sie tun, Tiefe und Ausdruck geben.

In den mehrwöchigen Weiterbildungen zum Familien-Stellen, die ich immer wieder durchführe, hat sich ein Kern herauskristallisiert, den ich als Grundlagen des Handwerks an die Teilnehmer weitergebe. Durch die Rückmeldungen weiß ich, dass das eine tragfähige Basis für die Arbeit mit Aufstellungen gibt.

Dieses Know-how wird im Folgenden vermittelt. Gleichzeitig nehme ich an wichtigen Stellen Bezug zu Aussagen von

Hellinger. Dazu nutze ich auch bisher noch nicht veröffentlichtes Material, das er mir zur Verfügung gestellt hat. Zitate von ihm mache ich dadurch kenntlich, dass ich sie einrücke.

Manchmal greife ich auf kurze Passagen aus meinem Einführungsbuch zu Familienaufstellungen *Ohne Wurzeln keine Flügel* zurück, wenn ich den Eindruck habe, die Formulierung von dort zurzeit nicht verbessern zu können.

Falldarstellung und Benennungen

Ich habe verschiedene Möglichkeiten gewählt, diejenigen, die eine Aufstellung leiten, zu bezeichnen: Leiter, Therapeut oder Aufsteller. Um die Darstellung zu vereinfachen, führe ich die weiblichen Formen wie Aufstellerin nicht eigens dazu an. Die Aufstellerinnen mögen es mir verzeihen! Für diejenigen, die ihre Familie aufstellen, habe ich regelmäßig die Bezeichnung »Klient« gewählt.

Wenn ich die Aufstellung selbst wiedergebe und »Vater«, »Mutter«, »Sohn«, »Tochter« usw. schreibe, sind immer die Stellvertreter und Stellvertreterinnen der Betreffenden gemeint, zum Beispiel sagt in einer Aufstellung der Sohn zum Vater: »Ich achte dich.« Es sagt dann der Stellvertreter des Sohns zum Stellvertreter des Vaters diesen Satz.

Häufig sind solche Sätze (»Ich achte dich«) zunächst vom Aufsteller vorgeschlagen worden, und der Stellvertreter hat sie nachgesprochen und dann als stimmig bejaht. Bisweilen äußert ein Stellvertreter auch spontan wichtige Sätze. Dann weise ich ausdrücklich darauf hin.

Teil I

Grundlagen

Jedes Handwerk hat Grundlagen und Grundhaltungen. Der Schreiner braucht Achtung vor dem Holz als lebendigem Material. Erst mit dieser Haltung wird er seine Werkzeuge geschickt und angemessen einsetzen.

Wer sich mit dem Handwerk des Familien-Stellens auseinander setzt, spricht deshalb sinnvollerweise erst von seinen Grundlagen. Ohne sie bleibt das handwerkliche Können beschränkt und wird zur Mechanik. Erst auf den richtigen Grundlagen kann es sich entfalten und weiterentwickeln.

Wer die Grundlagen des Familien-Stellens anschaut, wird dabei auf manches Bekannte stoßen. Denn erfolgreiches therapeutisches oder beratendes Handeln ähnelt sich in vielen wesentlichen Bereichen. Die Gemeinsamkeiten guter Therapeuten vieler unterschiedlicher Richtungen sind doch – bei allen Unterschieden – recht groß. Beispielsweise ist überall ein guter Kontakt mit dem Klienten die notwendige Ausgangsbasis, um konstruktiv auf ihn einzuwirken. Auch werden die persönlichen »blinden Flecken« eines jeden Therapeuten sein Handeln ungünstig beeinflussen. So ist vieles, was für den Familiensteller als Grundlage wichtig ist, auch in anderen Therapien bedeutungsvoll.

Dennoch gibt es zwei Bereiche, die sich deutlich von anderen Richtungen unterscheiden und die als Grundlagen für das Familien-Stellen entscheidend sind: das »wissende Feld« und die phänomenologische Grundhaltung.

Bevor ich darauf eingehe, stelle ich für diejenigen, denen das Familien-Stellen neu ist, eine kurze Einführung in den Ablauf eines Familienaufstellungsseminars voran.

Der Ablauf einer Familienaufstellung

In offenen Seminaren, so wie ich sie durchführe, treffen sich Teilnehmer, von denen jeder seine Familie aufstellen will. Meistens kommen sie für sich allein, denn die anderen Mitglieder ihrer Familie brauchen sie nicht für diese Arbeit. Manchmal kommen auch Geschwister, ein Elternteil mit einem Kind oder Paare. Seminare dauern meist zwischen zwei und fünf Tagen. Während dieser Zeit stellt jeder Teilnehmer einmal mithilfe der anderen Teilnehmer seine Familie auf. Dabei gibt es grundsätzlich zwei Aufstellungen, einmal die der Familie, aus der jemand kommt (Ursprungssystem), und zum anderen die des Beziehungsnetzes des eigenen Lebens mit Partnern und Kindern (Gegenwartssystem).

Die praktische Durchführung sieht so aus: Wer aufstellen will, wählt zunächst Stellvertreter für jedes wichtige Mitglied der Familie – und auch für sich selbst. Anschließend gibt der Klient spontan, ohne zu sprechen und ohne jede weitere Erklärung, jedem Stellvertreter der Reihe nach im Raum einen Platz und eine Blickrichtung.

Wenn alle aufgestellt sind, nimmt der Klient wieder Platz. Von jetzt an bis zum Ende der Aufstellung ist er nur noch Zuschauer und beobachtet das, was der Leiter und die Stellvertreter sagen und tun.

Der Leiter bittet die Stellvertreter, sich auf die Empfindungen an ihrem Platz einzulassen. Nach kurzer Zeit fragt er sie einzeln nach ihren Wahrnehmungen. Spannungen, die in der Familie vorhanden sind, kommen dabei ans Licht. Im ständigen Kontakt mit den Rückmeldungen der Stellvertreter sucht der Leiter nach individuellen Lösungen. Diese spiegeln die Ordnungen wider, die Hellinger in seiner langjährigen Arbeit mit Aufstellungen herausgefunden hat. Häufig erweisen sich Lösungssätze als hilfreich, die ein Ausdruck dieser Ordnungen sind.

Eine Aufstellung dauert im Regelfall zwischen 20 und 45 Minuten, aber auch kürzere und längere Aufstellungen kommen vor.

Ziel bei der Aufstellung der Ursprungsfamilie ist es nicht, die unendliche Vielfalt aller Verbindungen in einer Familie aufzudecken, sondern nur die stärkste Verstrickung, in der jemand gefangen ist und die seine Kraft bindet. Insbesondere die Verbindungen mit früh verstorbenen und ausgeschlossenen Familienmitgliedern sind wichtig.

Bei der Aufstellung des Gegenwartssystems geht es darum, früheren Partnern einen Platz zu geben, die Beziehungen zwischen einem Paar selbst und die Beziehungen zwischen dem Paar als Eltern und seinen Kindern zu klären.

Oft ist eine gute Ordnung möglich, bei der jeder sich an seinem Platz wohl fühlt, und die Aufstellung hat ein natürliches Ende. Am Schluss nimmt der Klient dieses neue Bild auf, häufig, indem er sich auf den Platz seines bisherigen Stellvertreters stellt.

– 1 –

Das »wissende Feld«

In Aufstellungen begegnen wir dem Phänomen, dass Stellvertreter Zugang zu einem Wissen finden, das – eigentlich – nur den betreffenden Personen zugänglich sein kann, die sie vertreten. Mit anderen Worten: Die Stellvertreter nehmen Gefühle und Beziehungen der fremden Personen wahr, die sie vertreten. Das ist die wesentliche Grundlage der Arbeit mit Familienaufstellungen, ohne die Aufstellungen nicht denkbar wären.

Der Klient stellt auf, weil er sich in seiner Rolle als Mann unsicher fühlt. Unter den anderen fünf teilnehmenden Männern des Seminars wählt er einen für seinen Vater und einen für sich aus. Auch für die Mutter wählt er eine Stellvertreterin aus. Dann gibt er, ohne dabei zu sprechen, jedem einen Platz im Raum.

Den Vater hat er so aufgestellt, dass dieser nach außen schaut. Auf Nachfragen äußert der Vater (Stellvertreter!), dass er sich schwach fühlt und dass es ihn von der Familie wegzieht.

Auf Nachfragen des Therapeuten stellt sich heraus, dass der ältere Bruder des Vaters im Krieg gefallen ist. Als ein Stellvertreter des Bruders dazu aufgestellt wird, strahlt ihn

der Vater an. Zu ihm will er. Auch der Sohn ist erleichtert und
glücklich, als er den verstorbenen Onkel sieht.

Wer das erste Mal an einer Aufstellung teilnimmt, gerät ins
Staunen. Wie kommen Stellvertreter zu solchen Empfindungen und Reaktionen? Soll das wirklich echt sein? Kann es
nicht an der Phantasie der Stellvertreter liegen? Ein liebevol-
les Theater? Aber es ist nicht immer liebevoll und voraussch-
bar, was Stellvertreter wahrnehmen.

Die Klientin stellt auf, unter anderem Stellvertreter für ihre
Großmutter und deren ersten Mann, den sie im Krieg verlo-
ren hatte. Beide schauen sich an. Ich schlage der Großmut-
ter den Satz vor: »*Es war schlimm für mich, dass du gefal-*
len bist.« *Die Großmutter schaut einen Moment lang. Dann*
sagt sie spontan zu ihm: »*Nein. Ich war froh darüber.*«

Solche plötzlichen Aussagen schockieren. Sie waren durch
keine weiteren Informationen vorbereitet. Aber stecken hier
vielleicht die eigenen Probleme der Stellvertreterin dahinter?
Bringt sie ihre persönliche Familiengeschichte mit hinein?
    Doch immer wieder bestätigen die Klienten spontan die
Richtigkeit dessen, was Stellvertreter ausdrücken. »Genauso
ist es in meiner Familie«, heißt es stets aufs Neue. Ja, bisswei-
len verwendet ein Stellvertreter sogar die Sätze, die ein Familienmitglied immer benutzt hat, steht genau in der gleichen
Körperhaltung da oder zeigt dessen Krankheitssymptome,
ohne dass vorher darüber gesprochen worden war.
    Die Plätze in einer Aufstellung haben ihre eigene Kraft,
sodass jeder, der an dieser Stelle steht, ähnlich reagiert. Auch
die anderen Stellvertreter reagieren nicht überrascht und be-
fremdet auf solch unerwartete Aussagen wie die obige. Das,
was geäußert wird, erweist sich als für alle stimmig.

Dieses Phänomen geschieht in jeder Aufstellung. Albrecht Mahr prägte dafür den Begriff »wissendes Feld«. Es ist ein »wissendes Feld«, das die Stellvertreter mit den vertretenen Personen verbindet und sich im Seminar ausbreitet. Mithilfe dieses »wissenden Feldes« lassen sich Konflikte in der jeweiligen Familie ans Licht bringen und Lösungen finden.

Auch andere therapeutische Richtungen sind zu der Erkenntnis gelangt, dass Familienmitglieder die Energien der eigenen Familie aufnehmen. So entfalten in einer Familie Schicksalsschläge über mehrere Generationen ihre Wirkung, auch ohne dass den Kindern davon erzählt wird. Das ist an und für sich schon erstaunlich genug. Aber es ist nicht so verwunderlich, wie das, was wir in Aufstellungsseminaren erleben. Hier kommen wildfremde Menschen innerhalb kürzester Zeit zu einem sonst nur in der Familie vorhandenen Wissen.

Schlüssige Erklärungen, auf welche Weise dies geschieht, habe ich noch keine gefunden. Alle Erklärungsversuche, die mir bisher begegnet sind, scheinen mir zu kurz zu greifen. Sicherlich gibt es bei den Äußerungen der Stellvertreter manches, was sich auch rational nachvollziehen lässt. Der Kernbereich bleibt jedoch unerklärlich. Unerklärliches versetzt den Verstand jedoch in ständige Unruhe und Verunsicherung. Die vermag er nur kurze Zeit zu ertragen. Am Beispiel des »wissenden Feldes« lassen sich exemplarisch die folgenden Schritte beobachten.

Ursprünglich hat Hellinger Teilnehmern auf ihre Frage, was hier wirkt, geantwortet, dass es ein »Geheimnis« sei. Damit ist das Geschehen noch unbenannt. Der nächste Schritt ist, ein Wort für das Geheimnisvolle zu finden: »wissendes Feld«. Damit wirkt das Geheimnis schon ein kleines Stück weniger mysteriös und mehr greifbar. Dann wird das Phänomen mehr und mehr beschrieben. Dadurch ist es zwar nicht weniger geheimnisvoll, aber das gerät langsam in Vergessenheit, denn jetzt scheint der Mensch es mehr und mehr in den Griff zu kriegen. Schließlich kommt die genaue Erforschung durch wissenschaftliche Experimente. Diese beginnt gerade in der Aufstellerszene. Allmählich wird das Geheimnisvolle unmerklich ein Teil des Katalogs menschlichen Wissens, das niemand mehr erstaunt, weil es selbstverständlich geworden ist.

Dennoch ist und bleibt das Bewusstsein des Geheimnisvollen eine der kostbarsten Grundlagen des Familien-Stellens. Hellinger sagte dazu:

»Das Stehenbleiben vor dem Geheimnis ist, glaube ich, die wichtigste Kraftquelle für den Therapeuten. Wir kommen an die Grenze von Tod zum Beispiel und wissen, über das, was da vor sich geht, und wohin es führt, haben wir keine Macht. Oder die Geheimnisse von Schicksalen, von Zusammenhängen und Bindungen, dass einer etwas übernimmt, ohne dass er es weiß, und für etwas in den Dienst genommen wird, das er nicht versteht. Auch das ist eine Grenze, und ich bleibe vor ihr stehen.

Dieses Sich-Zurücknehmen und An-der-Grenze-Stehen-Bleiben kosten viel Kraft, besonders am Anfang. Diese Leere hinter dem Geheimnis ist schwer auszuhalten. Wir suchen nach Erklärungen, um das Bedrohliche des Geheimnisses zu bannen. Es ist doch merkwürdig, dass jemand, wenn er für seinen Zustand eine Diagnose bekommt, sich oft besser fühlt, auch wenn die Diagnose falsch ist, weil er auf einmal eine Erklärung hat für etwas Unerklärliches. Sehr viel Religion zum Beispiel hat die Funktion, das Unerklärliche zu erklären oder ein Geheimnis zu lüften oder zu begreifen, das eigentlich verborgen bleibt und unbegreiflich.

Die Haltung des Stehenbleibens ist dem Geheimnis am

gemäßesten. Aus der Achtung vor diesem Geheimnis fließt einem dann aus dem Verborgenen etwas zu. Viele Lösungen oder Worte, die mir während dieser Arbeit kommen, werden mir geschenkt, weil ich vor dem Geheimnis stehen bleibe. Weil ich vor einer Grenze in mir gesammelt bleibe, kommt mir aus dem Dunkel etwas ans Licht, das hilft: ein nächster Schritt oder eine Lösung oder was immer. Ich fange an, eine Familie aufzustellen, ohne dass ich weiß, wohin es führt. Ich mache den ersten Schritt, warte dann, komm an eine Grenze, weiß nicht, wie es weitergeht, und auf einmal kommt mir aus der Haltung des Stehenbleibens blitzartig eine Handlungsanweisung. Sie ist oft so unvermutet, dass man Angst hat, und manchmal scheint sie auch gefährlich zu sein. Wenn ich in dem Augenblick überlege: ›Darf ich das oder nicht?‹, befrage ich das Geheimnis sozusagen – und dann zieht es sich sofort wieder von mir zurück, und ich bleibe ohne Kraft.

Also, dieses Verblüffende, was manchmal hier abläuft, hat etwas damit zu tun, dass der Therapeut nicht wissen will. Aus dem Nicht-wissen-Wollen und der Bereitschaft, sich dem Geheimnis zu stellen und den Kräften, die er nicht versteht, kommt ihm der Mut und die Möglichkeit, damit hilfreich umzugehen. Das ist einer weit verbreiteten Vorstellung von Psychotherapie und auch von psychotherapeutischen Ausbildung völlig entgegengesetzt.«

Für mich als Aufsteller ist die Tatsache wichtig, dass sich dieses »wissende Feld« regelmäßig bildet. Ich kann mich auf sein Eintreten verlassen. In meiner Arbeit lerne ich immer mehr, dem Feld zu vertrauen und mich von ihm leiten zu lassen.

Auch wer sich als Kritiker mit Aufstellungen auseinander setzt, muss auf dieses Phänomen eingehen. Wer sich nur an der Person Hellingers reibt und die Erfolge auf sein Charisma zurückführen will, übersieht bewusst oder unbewusst die wesentliche Grundlage der Aufstellungen. Damit wird die Kritik nie fundiert werden.

Fragen zum Auftreten und Umfang des Feldes

Durch die vielen Aufstellungen, die in den letzten zwei Jahrzehnten von Bert Hellinger und vielen anderen Therapeuten durchgeführt wurden, existiert bereits ein breites Wissen vom Auftreten und Umfang des »wissenden Feldes«.

• *Braucht es besondere persönliche Fähigkeiten des Aufstellers?*
Vermutlich zweifelt jeder Aufsteller, bevor er seine erste Aufstellung durchführt, daran, ob auch er das kann: Vielleicht hängt ja das Auftreten des »wissenden Feldes« von einer besonderen persönlichen Fähigkeit oder einer speziellen inneren Kraft ab. »Bert Hellinger kann das zwar – aber ich nicht.«
Bald erfährt er, dass das »wissende Feld« unabhängig von der jeweiligen Person auftritt. Allerdings braucht es eine gewisse Konzentration und innere Ruhe, was oft mit dem Wort »Sammlung« bezeichnet wird. Der Aufsteller muss einen Rahmen schaffen, in dem diese Sammlung möglich ist.

• *Gibt es bestimmte Vorgehensweisen, die das Feld auslösen?*
Bei den Aufstellungen wählt regelmäßig der Klient die Stellvertreter aus, nimmt sie dann an den Armen oder Schultern und führt sie an ihren Platz. Ist das vielleicht eine Voraussetzung?

Nein. In meiner Arbeit lasse ich meist nur die Kernfamilie, die Eltern und Kinder, vom Klienten aufstellen. Danach wähle ich selbst noch fehlende zusätzliche Mitglieder wie einen früh verstorbenen Onkel aus. Es reicht, wenn ich jemanden wähle, ihm einen Platz gebe und sage: »Du bist der früh verstorbene Bruder der Mutter. Bitte fühle dich ein.« Plötzlich werden ihm die Gefühle dieser Rolle zugänglich. Auch die Mutter und die anderen Familienmitglieder reagieren unmittelbar auf die neue Person.

In einer Weiterbildungsgruppe wählte ein Teilnehmer die Stellvertreter lediglich aus, vergaß, sie zu stellen, und setzte sich. Als Experiment forderte ich die Stellvertreter auf, sich einzufühlen und dann einen Platz nach ihrem inneren Gefühl zu suchen. Sie taten das und stellten sich im Raum durcheinander auf. Der Klient ging herum und fand ihre Aufstellung stimmig.

Teilnehmer, die in Stellvertreterrollen geübt sind, kommen oft schon in dem Moment, in dem sie gewählt sind, oder auch kurz davor, in Kontakt mit Gefühlen und Wahrnehmungen der fremden Person.

Es scheint, dass die Entscheidung genügt, aufstellen zu wollen, damit das Feld zu wirken beginnt. Hin und wieder ist in längeren Seminaren das Feld so stark, dass sich auch nicht als Stellvertreter gewählte Personen spontan in Rollen begeben.

• Braucht es den methodischen Hintergrund der Familienaufstellung?

Familienaufstellungen arbeiten mit einem Minimum an Vorgaben (anders zum Beispiel als das Psychodrama oder die Familienskulptur). Deshalb wird die stellvertretende Wahrnehmung besonders deutlich und sichtbar. Aber das Feld wirkt auch in anderen Richtungen und in anderen Zusammenhängen, wo es eher unbemerkt bleibt.

So schreibt die Psychodramatikerin Grete Leutz: »Das völlig spontane psychodramatische Spiel in der unbekannten Rolle eines anderen verläuft oft über lange Zeiträume so getreu den wirklichen Lebensumständen, Verfassungen und Reaktionen dieses anderen, dass das in objektiver Unkenntnis der Verhältnisse erfolgende Handeln des Psychodramaspielers oft kaum zu begreifen ist.«

Ein anschauliches Beispiel erlebte ich in einer Theatergruppe, an der ich teilnahm:

Ein Teilnehmer, der Probleme mit seinem Vater hatte, wurde zu einem Theaterspiel aufgefordert. Er wählte als Vater einen Mitspieler aus, der sich gleich auf die Bühne stellte. Plötzlich fiel dem Teilnehmer ein: »Übrigens, mein Vater hat im Krieg ein Bein verloren.« Er zögerte und meinte: »Plötzlich weiß ich gar nicht mehr, welches.« Der Mitspieler rief von der Bühne: »Ich glaube, es ist das rechte.«

Keiner der Anwesenden nahm Notiz von der Bemerkung des Mitspielers. Dass sich auch hier das »wissende Feld« zeigte, war offenbar nur mir mit dem entsprechenden Hintergrundwissen deutlich.

• *Was zeigt das Feld? Die Wahrheit?*
Die Stellvertreter geben zum einen Auskunft über ihren inneren Zustand und die Beziehungen, die sie zu anderen Familienmitgliedern wahrnehmen. Zum anderen spüren sie immer wieder auch Impulse, zum Beispiel ihren Platz zu verändern.

Darüber hinaus tauchen stets auch Aussagen zu Geschehnissen in der Familie auf. Erhalten wir so Auskunft über bisher unbekannte Fakten?

Aufstellungen sind jedoch gar nicht (oder wenig) dazu geeignet, Fakten und Realität zu ergründen. Der Bericht einer meiner Teilnehmerinnen macht das deutlich:

Eine erste Aufstellung hatte ergeben, so berichtete sie, dass der bisher als Vater angesehene Ehemann ihrer Mutter nicht ihr leiblicher Vater sei. Zu ihrem Vater hatte ihre Stellvertreterin in der Aufstellung keine Beziehung gespürt. Zusätzlich war noch ein anderer Mann aufgestellt worden. Zwischen dem neuen Mann und dem Kind zeigte sich eine große Liebe.

Die Frau beließ es jedoch nicht bei dem Ergebnis der Aufstellung. Der Vater lebte noch, und sie bat ihn, einen Bluttest machen zu lassen, um ihre Abstammung sicher festzustellen. Das überraschende Ergebnis: Er war tatsächlich ihr Vater. Er erzählte ihr aber, dass die Mutter vor Beginn der Schwangerschaft mehrere Geliebte hatte und dass er tatsächlich selbst Zweifel über die eigene Vaterschaft hegte.

Aufstellungen zeigen lediglich Energien, die in einer Familie existieren. Die Versuchung liegt nah, mittels Aufstellungen Fakten aus der Familie ergründen zu wollen. Damit begeben sich der Therapeut und sein aufstellender Klient jedoch aufs Glatteis. Eine Aufstellung kann zum Beispiel nie ein verlässlicher Vaterschaftsnachweis sein. Wer sicher sein will, wer sein Vater ist, muss einen medizinischen Test durchführen lassen.

Es ist wesentlich, Fakten und Aufstellungsenergien auseinander zu halten. Dazu noch ein Beispiel, das mir meine Kollegin Sneh Victoria Schnabel berichtete:

In der Aufstellung einer Teilnehmerin hatte die Stellvertreterin deutlich das Gefühl, vom Vater missbraucht worden zu sein. Auch der Stellvertreter des Vaters bestätigte das. Die

Teilnehmerin selbst aber widersprach nach der Aufstellung. Sie sei nicht missbraucht worden.

Zwei Wochen später erhielt meine Kollegin einen Anruf von der Teilnehmerin. Sie hatte ihre Schwester besucht und ihr von der Aufstellung erzählt. Plötzlich sei die Schwester in Tränen ausgebrochen und hätte ihr gestanden, vom Vater missbraucht worden zu sein.

Meine Schlussfolgerung daraus ist, dass die Energie von Missbrauch in der Familie vorhanden war. Wahrgenommen wurde sie aber von der Stellvertreterin einer falschen Person, nämlich der Schwester, die nicht missbraucht worden war.

Diese Beispiele zeigen, wie wichtig es ist, als Aufsteller vorsichtig zu sein und keine Behauptungen über Tatsachen zu machen. Solche Behauptungen sind gefährlich. Therapeuten, die diese Energien in Aufstellungen mit Fakten verwechseln, können ihre Teilnehmer damit belasten und verwirren. So berichtete mir ein Arzt einer psychiatrischen Klinik von der Einlieferung einer Frau nach einer derartigen Aufstellung, bei der eine solche angeblich falsche Vaterschaft festgestellt worden war.

Gleichzeitig tauchen immer wieder unerwartete Hinweise auf bisher unbekannte Fakten in Familien auf. Für den Aufsteller wird dies zu einer Gratwanderung zwischen logischer Weiterführung des Bisherigen und unzulässiger Spekulation.

Die Klientin ist das einzige Kind. Sie ist schon ihr Leben lang ängstlich, fühlt sich immer wieder auch schuldig, ohne zu wissen, woher das kommt.

Als sie ihre Familie aufstellt, schaut der Vater nach außen zu Boden. Ihrer Stellvertreterin ist schlecht. Auf erneutes Nachfragen teilt sie nur mit, dass ihr Vater als Soldat fünf

Jahre gekämpft hat. Mehr weiß sie nicht. Darüber wurde in ihrer Familie nicht gesprochen.

Offensichtlich gibt es Ereignisse in der Familie, die verborgen sind. Häufig haben diese Geheimnisse mit dem Geschehen im Krieg zu tun. Aber es ist nicht sicher. Als Aufsteller darf ich nicht meine eigenen Vermutungen als Tatsachen hinstellen. Aber es ist gut, solche Vermutungen zu überprüfen.

Ich lasse vier andere Teilnehmer als Opfer des Krieges sich vor dem Mann auf den Boden legen. Er bleibt teilnahmslos, aber die Tochter reagiert heftig. Ich lasse sie sich neben die Opfer legen, und sie ist sehr erleichtert und fühlt sich am richtigen Platz.

Immer noch weiß ich als Aufsteller nichts Genaues über Fakten, zum Beispiel, ob der Vater Kriegsverbrechen begangen hat. Aber eine solche Aufklärung ist hier nicht notwendig. Ich kann das offen lassen. Die Unschärfe, die damit verbunden ist, schadet nichts. Es ist genug, wenn wie hier Gefühle deutlich werden.

So begegnen wir in Aufstellungen zwar einer Wahrheit, aber nicht unbedingt der faktischen. Eine Aufstellung bringt uns in Kontakt mit tieferen Schichten der Energien, die im Untergrund einer Familie wirken.

• *Kann auch der Klient direkt in Kontakt mit dem Feld kommen? Oder braucht es dazu Stellvertreter?*
Auch der Klient selbst kann mit dem Feld in Kontakt kommen. Aber Aufstellungen sind leichter mit Stellvertretern durchzuführen. Sie sind flexibler und können eher Veränderungen zulassen, während die tatsächlichen Personen mehr an ihren Erinnerungen und Konzepten hängen.

• *Spielen Stellvertreter eine Rolle wie Schauspieler?*
Nein und ja. Nein, weil Stellvertreter nicht »spielen«. Das unterscheidet sie von einem Schauspieler, der eine vorgegebene Rolle ausfüllt. Denn die Energien des Feldes führen den Stellvertreter, übernehmen ihn und bringen Reaktionen hervor, die teilweise für den Stellvertreter selbst völlig unerwartet und ihm sogar unerklärlich sind.

Ja, denn der Stellvertreter erlebt sein Tun als Rolle einer fremden Person, die er für den abgegrenzten Zeitraum der Aufstellung übernimmt. Der Stellvertreter empfindet es als »Rolle«, denn mit einem Teil seiner Wahrnehmung ist er wie ein Schauspieler weiter mit sich verbunden; zum Beispiel kann er gleichzeitig persönliche Zweifel, Einwände, Zustimmung usw. haben.

• *Muss der Klient anwesend sein,*
damit das Feld wirkt?
Nein. Therapeuten können zur Supervision die Familie des Klienten aufstellen, ohne dass der Klient anwesend ist. In meinen Weiterbildungsseminaren erlebe ich mit Staunen, dass es keinen Unterschied macht. Der Raum füllt sich mit der gleichen starken Intensität wie bei einer normalen Aufstellung durch den Klienten selbst.

• *Stellt eine Aufstellung ein Bild aus einer bestimmten*
Situation oder einem bestimmten Zeitraum dar?
Aufstellungen sind grundsätzlich zeitlos. Wird etwas auf einem Platz empfunden, dann hat das nichts mit bestimmten Zeitabschnitten der Aufstellung zu tun, sondern mit einem grundlegenden inneren Bild. Wer bestimmte Zeitspannen hineinbringt, berührt nicht die volle Tiefe, die in einer Aufstellung möglich ist.

Ein Klient hat das Anliegen geschildert und will nun auf-
stellen. Plötzlich fragt er: »Soll ich die Situation aufstellen,
wie sie jetzt ist oder wie sie damals war?« Hellinger bricht
an dieser Stelle ab, da die nötige Sammlung für eine Aufstel-
lung im Moment noch nicht gegeben ist.

Aus Erfahrung mit ähnlichen Situationen weiß ich, dass
diese Frage ein oder zwei Tage später irrelevant sein kann
und dann jemand gesammelt, »zeitlos« aufstellt.

- *Wirkt das Feld nur bei der Aufstellung von Familien*
  und von Personen?

Nein. Das Feld ist nicht auf die Familie beschränkt. So werden in Organisationsaufstellungen einzelne Personen oder
sogar Abteilungen durch Stellvertreter repräsentiert. Deren
Wahrnehmungen decken sich mit den Situationen der Betreffenden in einer Organisation. Aber das Feld wirkt auch
in vielen anderen Aufstellungsformen.

Der Schauspieler und Theaterlehrer Johannes Galli hat
für das Theaterspiel eine Typologie von sieben negati-
ven Grundcharakteren entwickelt, die er Tranfunzel, Fetzer,
Lästermaul, Großkotz, Flittchen, Geizhals und Binnix ge-
tauft hat.

Ohne je etwas von Familienaufstellungen gehört zu ha-
ben, benutzt er diese Charaktere auch als Ratgeber. Wenn je-
mand in einem Problem feststeckt, sucht er für jeden dieser
Typen einen Stellvertreter aus. Diese stellen sich in zwei
Reihen nebeneinander in vorgegebener Ordnung auf. Dann
werden sie um Rat gefragt, und jeder antwortet spontan aus
seiner Rolle heraus. Erstaunlich sind die völlig unterschied-
lichen Antworten, je nachdem, wer der Frager ist.

Aber wie die Praxis zeigt, können auch abstrakte Begriffe wie Heimat und Tod, ja sogar Gegenstände aufgestellt werden. Die jeweiligen Stellvertreter haben immer wieder klare, bisweilen heftige Gefühle.

Die Klientin spricht von der Angst, in Drogen abzurutschen. Ich stelle nur sie und die Droge auf, für die sie als Stellvertreterin eine Frau wählt.

Sie schaut nach vorne, die Droge steht hinter ihr. Meine Aufforderung ist, nur auf die inneren Impulse zu lauschen und ihnen, ohne zu sprechen, zu folgen. Beide stehen eine Minute lang still. Dann dreht die Frau sich langsam um, die Droge schaut sie liebevoll an, öffnet die Arme, und die Frau schließt ihre Augen, lässt sich in die Arme nehmen und lange, lange halten.

Dies war ein Blick in die Tiefe und die Schicht, die unter der Angst vor der Droge ist. Das Feld umfasst also weit mehr als das, was uns in Familienaufstellungen begegnet. Es ist jedoch der Boden, auf dem diese und alle anderen Formen der Aufstellung wurzeln.

Sich vom »wissenden Feld« führen lassen: »Bewegungen der Seele«

In der Familienaufstellung nimmt der Leiter regelmäßig eine aktive Rolle ein. Dennoch kommen auch von den Stellvertretern selbst Impulse in Richtung einer Lösung.

In der Aufstellung steht im Schlussbild der Sohn vor dem Vater. Ich schlage ihm Lösungssätze und eine Verneigung vor. Der Stellvertreter des Sohns äußert: »Ich muss mit meiner

Verneigung bis auf den Boden gehen.« Als er das tut, löst sich das bisher angespannte Verhältnis zwischen ihm und dem Vater.

Hellinger nutzt inzwischen eine Form der Aufstellung, die die Eingriffe des Leiters auf ein Minimum reduziert. Er nennt sie »Bewegungen der Seele«.

Nachdem der Klient die Stellvertreter ausgesucht und aufgestellt hat, äußert der Leiter lediglich: »Fühlt euch ein. Nehmt alle Bewegungsimpulse wahr und folgt ihnen, ohne zu sprechen.« Dann folgen die Stellvertreter ihren Impulsen. Der Leiter steht aufmerksam am Rand, meist, ohne einzugreifen. Irgendwann gibt er dann das Zeichen zur Beendigung der Aufstellung und entlässt die Stellvertreter aus ihren Rollen.

Die Tochter hat große Schwierigkeiten mit der Mutter. Sie stellt sich (die Stellvertreterin) und die Mutter in großem Abstand. Beide schauen in entgegengesetzte Richtungen.

Tochter und Mutter stehen fast zwei Minuten still, bevor vorsichtig die erste Bewegung einsetzt. Dann dreht sich langsam die Mutter um und schaut zur Tochter. Eine weitere Minute vergeht, bis sich auch die Tochter, ganz vorsichtig, umdreht. Ganz langsam und zögernd macht die Tochter ein paar Schritte auf die Mutter zu. Auch sie geht jetzt einen Schritt der Tochter entgegen. Schließlich stehen sie voreinander und schauen sich wie das erste Mal an. Ähnlich macht die Tochter noch einen Schritt auf die Mutter zu. Die öffnet ihre Arme und umarmt ihr Kind.

Ist damit die herkömmliche Familienaufstellung bereits wieder an ihrem Ende? Auf den ersten Blick scheint dieses Vorgehen wie eine Art Selbstaufgabe der entdeckten Ordnungen in Familien und der therapeutischen Rolle zu sein. Wozu braucht es dann eigentlich noch das Wissen um Ordnungen? Wozu braucht es den Leiter? Wenn es anscheinend genügt, aufzustellen und dann dem Geschehen seinen Lauf zu lassen!

Solche Aufstellungen ohne Worte wollen und können jedoch nicht Familienaufstellungen ersetzen oder ablösen. Sie haben bestimmte Anwendungsbereiche und bestimmte Voraussetzungen.

Sie lassen sich zum einen anwenden, wenn es um die Dynamik zwischen nur zwei oder drei Personen geht. Dann können sich die Impulse, wie das obige Beispiel zeigt, klar und eindeutig entfalten. Für den Klienten wird das Wesentliche sichtbar und spürbar.

Wenn es um ein Gesamtbild der Familie geht, ist die Aufstellung ohne Worte nicht angemessen. Je stärker und verwickelter systemische Verstrickungen sind, desto mehr ist man zur Entflechtung auf Stellvertreter und die Mitteilung ihrer Empfindungen angewiesen.

Zum anderen ist Hellinger mit den Aufstellungen ohne Worte in Bereiche kollektiver Verstrickungen und Schuld vorgedrungen. So hat er in Chile die unter Pinochet Entführten und Ermordeten, in Argentinien die ebenfalls in der Militärdiktatur Ermordeten aufgestellt. In Deutschland gibt es mehrere Aufstellungen zur Ermordung der Juden durch die Deutschen im Dritten Reich. Bei einer dieser Aufstellungen, die sich auf dem Video »Die Toten« findet, hat Hellinger aus dem Publikum zehn Vertreter für die deutschen Täter und zehn Vertreter für die jüdischen Opfer einander gegenüberstehen lassen und sie dann wortlos ihren Impulsen folgen lassen. Jeder Stellvertreter handelte und reagierte individuell. Unter den einzelnen Stellvertretern spielten sich bewegende Szenen von Schmerz, Schuld, Begegnungen und Versöhnung ab.

Solche Aufstellungen machen deutlich, warum Hellinger sie als »Bewegungen der Seele« bezeichnet. Sie dringen in Bereiche vor, die ein Therapeut kaum oder gar nicht von sich aus betreten kann. Sie überschreiten die Ordnungen, die in der Familie bestimmend sind.

»Die Ordnungen der Liebe sind ja Ordnungen der Seele. Ich kann mit der Seele auf verschiedene Weise in Verbindung sein. Einmal auf einer mehr oberflächlichen. Dann erkenne ich bestimmte Dinge, die in einer Familienaufstellung ablaufen können, und greife auch in die Bewegungen ein, weil ich die Ordnungen kenne. Das ist völlig legitim.

Nun gibt es aber auch durch den Rückzug, den inneren Rückzug vom bisher Gewussten, die Erfahrung, dass sich ein Raum öffnet, in dem tiefere Dimensionen der Seele wirksam werden, und zwar auf Grund der Zurückhaltung. Das sehen wir, zum Beispiel, im Umgang mit Tätern und Opfern. Ohne dass der Therapeut eingreift, geschieht manchmal etwas, und zwar unwiderstehlich vor aller Augen. Die Protagonisten in einer Aufstellung können sich nicht gegen die Bewegung wehren, die sie plötzlich überkommt. Das hat, so scheint es mir, damit zu tun, ob der Therapeut fähig ist, den Raum zu schaffen, in dem er sich mit diesen Kräften der Seele verbunden fühlt, und auch, ob er die Kraft hat, sich so weit zurückzunehmen und doch völlig wach zu sein. Das ist das Paradoxe dabei: Er ist in höchstem Maße aktiv – und dennoch untätig zur gleichen Zeit.«

Der Therapeut schafft den Raum für eine solche Aufstellung. Eine weitere Voraussetzung ist, dass die Stellvertreter schon Erfahrung mit Familienaufstellungen und solchen Rollen haben. In einem Seminar, bei dem lauter Anfänger das erste Mal ein Bild ihrer Familie gewinnen wollen, ist diese Form eine Überforderung. Je erfahrener die Teilnehmer sind, die aufstellen, je differenzierter die Stellvertreter spüren, desto leichter kann den »Bewegungen der Seele« Raum gegeben werden.

Was von außen so leicht und einfach ausschaut, erfordert vom Therapeuten große Kraft. Das Geschehen läuft unabhängig von den eigenen Wünschen und Ideen ab. Manchmal geschieht lange Zeit nichts oder wenig. Dann wieder geschieht Unerwartetes. Nach meiner Erfahrung als Leiter ist es einfacher, aktiv zu sein, Plätze zu verändern und Sätze vorzuschlagen.

Ich halte es für wichtig, eine Aufstellung ohne Worte nicht mit der anderen Form zu vermischen. In einer Aufstellung ohne Worte zu meiner eigenen Familie, die ein Kollege leitete, empfand ich es als eine Art Kraftverlust, als er nach einer gewissen Zeit dann doch lieber wieder zu Worten und aktiven Eingriffen zurückkehrte. Der Grund lag auf der Hand: Er mochte das Ergebnis nicht annehmen bzw. aushalten.

Wenn ich selbst in mir zur Entscheidung komme, eine Aufstellung ohne Worte zu lassen, erlebe ich das als Einlassen auf eine noch tiefere Dimension, die von mir als Leiter Mut erfordert. Ich habe dann die Bereitschaft, bei dem Wortlosen zu bleiben, wohin es mich auch führt, wie angenehm oder unangenehm auch das Schlussbild sein mag.

Die Tochter hat Schwierigkeiten mit ihrer Mutter. Ich lasse sie beide aufstellen, und die Entscheidung taucht in mir auf, diese Aufstellung ohne Worte zu lassen.

Die Tochter steht abgewendet in einiger Entfernung von der Mutter. Diese schaut zu ihr. Nach einer gewissen Zeit dreht sich die Tochter um. Nichts geschieht. Die Mutter macht zwei Schritte auf die Tochter zu. Die Tochter dreht sich wieder um. Die Mutter bleibt stehen. Lange Zeit geschieht nichts. Dann breche ich ab.

Nach dieser Aufstellung war ich selbst verunsichert. War es das gewesen? Der innere Zweifel tauchte auf: Kann ich eine solche Aufstellung überhaupt jemandem zumuten? Sollte ich nicht noch eine weitere Aufstellung nachschieben, vielleicht am nächsten oder übernächsten Tag?

Gleichzeitig war mir bewusst, dass ich durch das Äußern solcher Bedenken nur die tiefere Verarbeitung dieser Aufstellung störe und behindere. Zu meinem Erstaunen und zu meiner Erleichterung hatte sie nach anfänglichen Schwierigkeiten eine gute Wirkung auf die Teilnehmerin. Ihr Bedürfnis nach einer weiteren Aufstellung verschwand, und am letzten Tag in der Schlussrunde war sie ruhig und gesammelt.

Hellinger sagt zu dem Bereich des Feldes, aus dem die Bewegungen kommen:

»Aus dieser Schicht kommen die entscheidenden Schritte. Ich kann mir nicht vorstellen, dass sie einer Nivellierung unterliegen oder dass sie jemals in das allgemeine Bewusstsein aufgehen können, weil sie diese hohe Zentrierung erfordern.

Das Schöne ist, dass das Familien-Stellen die Einzelnen, die sich ihm wirklich aussetzen, dazu erzieht, sie sogar dazu zwingt, sich dieser Ebene zu öffnen. Damit scheint mir etwas Lebendiges für die Zukunft garantiert zu sein.«

– 2 –

Im Augenblick sein –
Phänomenologie

Grundlage vieler Richtungen gerade der humanistischen Therapie ist der Gedanke, dass der Therapeut dem Klienten immer wieder neu und einmalig begegnet. Er verhält sich der Situation und dem Menschen gegenüber unmittelbar und spontan, in jeder Begegnung von neuem.

Diese Haltung gilt auch in der Arbeit mit Aufstellungen. Erinnerungen, sei es an den konkreten Klienten, sei es an ähnliche Situationen, können den Blick verzerren und tun es auch oft. Bestimmtes nehme ich nur im Sinne meiner Vorerfahrungen wahr, anderes blende ich aus oder verändere es.

Ich leite zusammen mit einer Kollegin ein Aufstellungsseminar, an dem einige ihrer langjährigen Klienten teilnehmen. Ich stelle einen der Klienten auf. Bei unserer privaten Nachbesprechung ergibt sich, dass wir die Situationen völlig unterschiedlich wahrgenommen haben. Dabei erkenne ich: Ohne Vorwissen konnte ich unbefangen und neutral hinschauen. Ich wusste ja nur, was ich in der Situation hörte und sah. Das erleichterte es mir, ganz bei dem Wahrgenommenen zu bleiben.

Hellinger präzisiert und erweitert diese Haltung noch für das Familien-Stellen. Er spricht dabei von der »phänomenologischen Vorgangsweise«. Bevor ich genauer darauf eingehe, ist es jedoch sinnvoll, über Wahrnehmung allgemein zu sprechen.

Die Kunst der Wahrnehmung

Um sich über die Bedeutung der unmittelbaren Wahrnehmung klar zu werden, ist die Unterscheidung der unterschiedlichen Zonen der Wahrnehmung von John O. Stevens hilfreich.

Stevens unterscheidet drei Arten: Da gibt es einmal die Wahrnehmung durch die Sinneskanäle, die uns zurzeit mit der Welt außen verbinden. In diesem Moment sehe ich als Autor beim Schreiben die Buchstaben auf meinem Bildschirm, höre das Summen des PC und Autogeräusche von der Straße, rieche noch etwas vom Geruch des Regens, der vorhin gefallen ist.

Dann gibt es die Wahrnehmung der inneren Welt. Damit ist alles gemeint, was ich in und unter meiner Haut spüre. Muskelspannungen, Bewegungen, der körperliche Ausdruck von Gefühlen usw. In diesem Moment spüre ich den Druck, den die Finger auf die Tasten ausüben, und den etwas verspannten Rücken an der Stuhllehne.

Diese beiden ersten Arten der Wahrnehmung umfassen alles, was ich von der gegenwärtigen Realität wissen kann. Es sind die Tatsachen meiner Existenz, so wie sie sich in diesem Augenblick ereignen. Keine theoretische Betrachtung kann sie nicht-existent machen.

Die dritte Art ist davon verschieden: Sie betrifft meine Wahrnehmung der Bilder von Dingen und Ereignissen, die nicht in der gegenwärtig sich abspielenden Wirklichkeit existieren. Sie gründet auf der Aktivität der Phantasie. Dazu gehören Erinnerungen, Zukunftsbilder, Vorstellungen, Erklärungen, Interpretationen, Vergleiche, Pläne. Zwar hat auch diese Art der Wahrnehmung eine Beziehung zur Wirklichkeit, jedoch nicht unmittelbar und direkt.

Unser Bewusstsein ist wie eine Art Scheinwerfer, der immer auf Details des gerade Wahrgenommenen gerichtet ist. Alles Übrige ist zwar weiterhin vorhanden, wird aber nicht bewusst registriert. Wenn ich auf die Farben in meiner Umgebung achte, treten die momentanen Geräusche in den Hintergrund. Wenn ich auf das Summen des Computers höre, registriere ich nicht mehr meine Finger auf den Tasten. Wenn ich mich an den gestrigen Spaziergang erinnere, blende ich das, was ich gerade sehe, ein Stück aus meinem Bewusstsein aus.

Je unmittelbarer meine Wahrnehmung des Gegenwärtigen ist, je genauer ich hinschaue und hinhöre, desto stärker bin ich mit dem verbunden, was gerade ist. Je stärker ich im Moment meinen Vorstellungen, Ideen, Hypothesen, Überlegungen zugewandt bin, desto mehr entgeht mir der Augenblick.

Zur Illustration eine Episode, die meine NLP-Ausbilderin Gundl Kutschera berichtete:

In ihrer eigenen Ausbildung wollte sie lernen, die Atembewegungen des Gegenübers besser zu erkennen. Eine gute Gelegenheit wären ihre Stunden als Therapeutin mit den Einzelklienten gewesen. Aber ihr war klar, dass sie dann mit einem großen Teil der Aufmerksamkeit bei ihren Beobachtungen sein würde statt bei ihrer normalen Arbeit mit dem Klienten.

Wegen der langfristigen Vorteile beschloss sie, dieses Risiko für eine Woche einzugehen. In dieser Woche geschah Erstaunliches. Statt dass die Stunden wirkungsloser gewesen wären, waren sie erfolgreicher. Ihr fielen immer wieder einmal über-

raschende Interventionen ein, die genau den Punkt trafen.
Ihre Arbeit war besser geworden statt schlechter.

Die Kraft zur Veränderung kommt aus der Begegnung mit der Gegenwart. Üblicherweise sind wir jedoch in Begegnungen nur mit einem mehr oder weniger großen Teil der Aufmerksamkeit im Moment und in der Begegnung mit dem Gegenüber. Stattdessen träumen wir gleichzeitig, denken, interpretieren, be- und verurteilen nebenher. Vorerfahrungen führen zu Hypothesen. Wir versuchen auf diese Weise Erklärungen zu finden, was augenblicklich vor unseren Augen abläuft. Erst die eigene Wahrnehmung über unsere Sinneskanäle bringt uns jedoch in unmittelbaren Kontakt mit dem, was ist.

Hellinger beschreibt den Zusammenhang zwischen Wahrnehmung und Denken so:

»Es gibt viele Zugänge zur Wahrheit. Ich selbst verfolge einen Weg, den ich kenne, doch neben ihm gibt es viele andere Wege. Es ist doch merkwürdig, dass es so viele Komponisten gibt, aber keiner hat die gleiche Melodie wie ein anderer gefunden. Jeder hatte seine eigene Einsicht, jede Melodie war anders, und jede ist auf ihre Weise schön.

Bezüglich der gleichen Sache können zwei nicht die gleiche Einsicht haben. Wenn beide eine Einsicht haben, ist die eine von der anderen etwas verschieden. Die Fülle lässt sich nicht auf einen Weg reduzieren. Die Einsicht kommt aus der Wahrnehmung. Manche drücken sich vor der Wahrnehmung, indem sie eine Behauptung aufstellen oder einen Einwand bringen, den sie nur denken, ohne dass sie sehen. Das wäre billig. Aber wenn Wahrnehmung zu Wahrnehmung kommt, ergänzen sie sich gegenseitig. Das Denken ohne Wahrnehmung kreist immer um das Gleiche, um das

Bekannte. Aus dem Denken allein kann keine Einsicht kommen. Einsicht entsteht aus der Wahrnehmung, ihr folgt dann das Denken. Deswegen beginnt die Einsicht mit der Wahrnehmung und setzt sich im Denken fort.«

Es geht also nicht darum, das Denken abzustellen, nur noch zu schauen und zu hören und jede Art von Arbeitshypothese zu unterdrücken. Es besteht vielmehr ein ständiges Spannungsverhältnis zwischen der unmittelbaren Wahrnehmung im Moment und dem Denken, das dadurch ausgelöst wird.

Je starrer jemand jedoch an seinen Hypothesen festhält, desto eher verpasst er die Veränderungen, das Unvorhersehbare, das sich vor seinen Augen abspielt. Je näher jemand am Moment ist, desto besser kann er sich ins Unbekannte vortasten.

Hellinger beschrieb den Vorgang nach einer Aufstellung mit einer Klientin einmal folgendermaßen:

»Der Therapeut überlegt nicht im Voraus. Ich habe angefangen mit einem Schritt und wusste nicht, was der Zweite ist. Dann kam der Nächste, und dann habe ich sie gefragt. Sie hat mir Informationen gegeben. Daraus ergab sich wieder etwas, und so hat sich das am Ende gefügt. Das ist phänomenologische Vorgangsweise. Sie weiß nicht das Ende, sondern sie weiß nur immer den nächsten Schritt. Am Ende sieht man, dass es sinnvoll war, aber nicht vorher. Das widerspricht der wissenschaftlichen Vorgangsweise, die ein klares Ziel hat und vom Ziel her den Weg bestimmt. Das ist auch gut, gelegentlich.«

Der menschliche Geist braucht Erklärungen. Wir suchen damit in einer verwirrenden, unsicheren Welt nach Ordnung und Halt. Wenn ich eine Situation nicht begreife, verunsichert mich das. Dann macht sich das Gehirn automatisch daran, Erklärungen zu finden. Wenn ich verstehe – oder weit häufiger noch: glaube, zu verstehen –, beruhigt mich das. Auch das Erkennen von Mustern beruhigt in ähnlicher Weise. Ich verstehe dann zwar nichts von den Ursachen, aber das immer gleich bleibende Auftauchen von Mustern gibt Sicherheit. Wir fühlen uns dann einer Situation gewachsen. An dieser Sicherheit hängen wir, und deshalb sind wir geneigt, alles zu übersehen und auszublenden, was unsere Sicherheit erschüttern könnte.

Je mehr Erfahrungen jemand hat, desto leichter und schneller tauchen Hypothesen auf. Ein Therapeut erlebt ein bestimmtes Muster in einer Aufstellung ein-, zwei- oder dreimal. Beim nächsten Mal wird (wenn wir es wissenschaftlich ausdrücken) als Hypothese oder (populärer formuliert) als Vermutung auftauchen, dass es auch in diesem Fall so ist.

Solche Hypothesen sind sehr hilfreich, denn es gibt Muster in Aufstellungen, die sich regelmäßig wiederholen. Je stärker aber die Hypothesen im Kopf schwirren, desto mehr verpasst jemand den Augenblick. Damit entsteht ein Dilemma. Das Erlernen einer Methode wie des Familien-Stellens, das ständige Üben und Weiterlernen besteht ja gerade im Erfahrungsammeln. Je erfahrener jemand ist, desto erfolgreicher wird oft seine Arbeit. Aber nicht immer, dann nämlich nicht, wenn er vergessen hat, hinzuschauen, und nur noch von seinen Erfahrungen zehrt!

Als paradoxe Lösung habe ich eine Aussage des indischen Mysteriks Osho gehört: Wer Therapeut werden will, soll zunächst nach Kräften alles lernen, was an Techniken, Wissen und Erklärungen zur Verfügung steht. Wenn er dann dem konkreten Klienten gegenübersteht, soll er alles vergessen und sich ganz auf den Moment und auf diesen einzigartigen Klienten einlassen.

Die phänomenologische Vorgangsweise

Hellinger geht noch über die gerade gemachte Beschreibung, was die Kunst der Wahrnehmung ausmacht, hinaus. Es geht um mehr, als nur im Moment genau wahrzunehmen.

»Ich nenne diese Art der Vorgangsweise phänomenologisch. Das heißt, der Therapeut setzt sich einer Wirklichkeit aus, wie sie an der Oberfläche erscheint, also, was der Klient sagt, wie er aussieht und Ähnliches. Aber zur gleichen Zeit schaut der Therapeut nicht nur auf den Klienten, sondern lässt das ganze Umfeld auf sich wirken, das verborgen ist. Diese Art der Aufmerksamkeit ist nicht gezielt auf einen Punkt, sondern sie *geht in die Weite* [Hervorhebung des Verfassers], ohne dass man etwas Bestimmtes sucht. Der Therapeut hat dabei *keine Absicht*, zum Beispiel hat er nicht die Absicht zu heilen, und er hat auch *keine Angst* vor dem, was hochkommt, sei es nun Tod oder Ende oder Heil und Leben, je nachdem. Er setzt sich dem aus, wie es ist. Das heißt auch, dass er in seiner Seele im *Einklang* ist mit der Welt, wie sie ist, mit den Schicksalen, wie sie sind, mit Leben und Tod, sowohl als auch. Er tritt nicht auf als einer, der gegen etwas antritt und es verbessern will. Er ist im Einklang.

Aus diesem In-Einklang-Sein kommt dann häufig wie ein Geschenk eine *Einsicht*. Sie kommt aus der unmittelbaren Situation und aus dem, was hinter dem wirkt, was erscheint. Sie ist daher eine wesentliche Einsicht und hat mit dem zu tun, worauf es in diesem Augenblick ankommt. Und sie ist immer ausgerichtet auf eine *Lösung* für den Klienten! Jede neugierige Frage, zum Beispiel: ›Was ist das jetzt genau?‹, verstellt den Blick auf das Ganze. Das kann man dann nicht mehr erfassen.

Für viele Therapeuten bedeutet das eine totale Umstellung. Wer gewohnt ist, nachzufragen, durchzuarbeiten und noch genauer herauszufinden, was war – wozu ja viele Therapeuten während ihrer Ausbildung angehalten wurden –, der muss davon Abschied nehmen, wenn er phänomenologisch vorgehen will.«

Ich greife aus diesem Text zunächst einige Themen heraus. Auf die übrigen Begriffe komme ich in den nächsten Abschnitten zu sprechen.

Es ist eine Wahrnehmung, die in die Weite geht
Im Gegensatz dazu steht der fokussierte Blick, der auf Einzelheiten und Details geht. Natürlich braucht es immer wieder den scharfen Blick für das Detail. Aber der Blick, um den es hier geht, wird nicht gefangen vom Detail. Der Blick verliert sich auf der anderen Seite auch nicht in der Weite, sondern das Schauen erfolgt aus einer inneren Ruhe und Kraft heraus.

»Bei der systemischen Vorgangsweise kommt es darauf an, das Vollständige und das Ganze in den Blick zu bekommen. Daher schaue ich zuerst auf die, die fehlen in dem System, auf die Familienmitglieder, denen die Anerkennung verweigert wird, oder denen die Liebe verweigert wird. Denen gehört dann mein Herz. Weil denen mein Herz gehört, kann ich sie hereinholen. Es ist also nicht eine Parteinahme für Einzelne, sondern es ist eine Parteinahme für das Ganze. Denn indem ich mich auf die Seite dieser Ausgeschlossenen stelle, müssen die anderen sich neu orientieren. Durch die Parteinahme für das Ganze kommen die anderen in Verbindung zu den Ausgeschlossenen.«

Der Therapeut hat keine Absicht, auch nicht
die Absicht zu heilen

Aber warum macht ein Therapeut dann diese Arbeit überhaupt? In meiner Arbeit unterscheide ich zwei Arten von Absichten. Auf der einen Seite habe ich selbstverständlich den Wunsch und die Absicht, Klienten auf dem Weg zur Heilung mittels Aufstellungen zu unterstützen. Diese Absicht erlebe ich wie einen natürlichen Fluss, der sich durch die Aufstellung zieht. Immer wieder tauchen Hindernisse und Schwierigkeiten auf. Die suche ich erst einmal zu überwinden, und manchmal gelingt es. Manchmal aber geht es nicht weiter, der natürliche Fluss ist am Ende. Meine Kraft für diese Aufstellung ist aufgebraucht.

Dann tauchen innere Stimmen auf, die mich antreiben, doch fortzufahren. »Du kannst doch nicht so schnell aufhören.« – »Was werden die Teilnehmer denn denken!« – »Der Klient ist sicherlich enttäuscht.« – »Mit diesem schlimmen Bild kann er nichts anfangen.«

Wenn ich jetzt aus Sturheit, aus Stolz, aus Angst oder aus dem Bedürfnis heraus, zu heilen, weiterarbeite, dann beherrscht mich die zweite Art von Absicht. Ich werde zum Macher, arbeite weiter aus eigenem Bedürfnis, ohne dem bisher Geschehenen zu vertrauen.

»Heilung ist ein Geschenk. Wo sie gelingt oder wo die Linderung gelingt, ist es ein Geschenk. Wo sie gelingt, ist sie sowohl für den Patienten als auch für den Therapeuten wie ein Wunder, das man nicht in der Hand hat. Bei bestimmten Psychotherapieformen kann man genau planen, zum Beispiel bei der Verhaltenstherapie. Da geht es auch nur um Symptome, beispielsweise bei Phobien.

Wo es aber um die großen Schicksale geht, um Leben und Tod oder um Verstrickungen und Schuld, da kann man nicht mit Planung vorgehen. Man kann das Ergebnis auch nicht erreichen, indem man nach einem Muster vorgeht. Wo hier Heilung und Lösung gelingen, sind Kräfte am Werke, die über das Individuelle hinausgehen. Diesen Kräften fügt man sich. Das Gleiche gilt für die Einsicht. Wenn sie kommt, ist sie ein Geschenk. Wer sich zurücknimmt, der hat die größere Chance für Einsicht, die tiefe Einsicht.«

Furchtlosigkeit als wichtige
Voraussetzung

Der Aufsteller hat »keine Angst vor dem, was hochkommt, sei es nun Tod oder Ende oder Heil und Leben«. Hellinger benutzt manchmal das Bild des Kriegers, der sich furchtlos den Auseinandersetzungen und Schwierigkeiten stellt.

> »Der Therapeut überlegt nicht: Was könnte jetzt dabei herauskommen, bin ich dem gewachsen, kann vielleicht etwas passieren, und bin ich verantwortlich, wenn etwas passiert? Alle Gedanken, die Angst machen, vernebeln die Wahrnehmung.«

Aber ist es nicht normal und unausweichlich, dass Bedenken oder Ängste hochkommen? Wird hier nicht ein unerreichbares Ideal gepredigt?

In meiner eigenen Arbeit erlebe ich es als befreiend, wenn ich mir zunächst einmal Ängste zugestehe. Der Satz, den ich mir in einem solchen Moment selbst sage, ist: »Auch die Angst gehört dazu.« Wenn ich Ängste auf diese Weise achte, treten sie ein Stück zurück. Anschließend habe ich dann die Wahl, mich von meiner Angst bestimmen zu lassen oder einen mutigen Schritt ins Unbekannte zu tun. Je häufiger ich einen solchen mutigen Schritt tue, desto mehr wachsen mein Mut und mein Vertrauen.

Ein Bild erscheint mir hierzu passend: Hunde springen bellend um den Elefanten, der seinen Weg geht. Du bist der Elefant, und die Angst wird durch die Hunde symbolisiert. Der Elefant lässt die Hunde bellen, er kümmert sich nicht um sie, sondern er geht unbeirrt seinen Weg weiter.

Die innere Sammlung

Der Aufsteller braucht für seine Arbeit innere Sammlung. Auch diesen Vorgang beschreibt Hellinger:

»Wenn ich nicht weiß, wie ich vorgehen soll, ziehe ich mich zurück, und zwar in einen Bereich, der leer ist. Mein Kopf rast nicht, im Gegenteil. Ich ziehe mich zurück in einen leeren Bereich und warte. Dann kommt mir vielleicht ein Hinweis oder ein Bild, und dann beginne ich.

Ich bin mir auch bewusst, dass das, was ich da mache, für mich undurchsichtig ist. Ich bin mir auch nicht sicher, ob es geholfen hat. Ich probiere etwas nach dem Bild, das mir hochkam, und dann ziehe ich mich wieder zurück. Ich vertraue darauf, dass in der Seele des Patienten etwas in Gang kommt, auch dadurch vielleicht, dass ich mich zurückziehe. Manchmal kommt etwas Besonderes in Gang, wenn der Therapeut versagt. Daher schaue ich auch dem Versagen ruhig ins Auge. So bleibt der Therapeut auf dem Boden und der Klient auch, und etwas Heilendes kann sich vielleicht aus der Seele entfalten.

Das Entscheidende taucht auf, wenn man darauf wartet. Es zeigt sich erst undeutlich, manchmal deutlich, und damit geht man. Dann geht es wieder weg, und man muss es ziehen lassen. Wenn man es festhält, wird es zu etwas, das hindert, um das Nächste, das auftaucht, zu sehen. Das

Wichtigste bei dieser Arbeit ist, dass man hineingeht und sich tragen lässt und dem vertraut, was kommt. Dann spürt man auch, wo mehr und wo weniger Kraft ist.«

Diese Beschreibung zeigt anschaulich den möglichen inneren Prozess beim Aufsteller. Hellinger beschreibt Erfahrungen, die er machte, nachdem er sein Bewusstsein in jahrelangem Bemühen geschult hat. Es leuchtet ein, dass eine solche Schulung des Inneren große Auswirkungen auf das Erleben hat.

Ich tue mich schwer, meine eigenen Erfahrungen in dieser Arbeit mit den obigen Begriffen zu beschreiben. Am Anfang habe ich sie sogar eher einschüchternd als anregend empfunden. Erst durch die Aufstellungen, die ich leitete, entstand das Vertrauen in das wissende Feld und in die Schritte, die ich auf Lösungen hin unternahm.

Die stärkste Erfahrung ist die, auf gewisse Weise geführt zu werden, wenn ich loslasse und wenn ich so weit gehe, wie das Feld trägt – und nicht weiter. Die Voraussetzung ist, warten zu können. Dann greift bisweilen eine Art Instinkt ein. Dieses Wort drückt am besten meine Erfahrung aus. Mein Bild dafür ist der Hund, der die Nase in den Wind hebt, wittert, und plötzlich wird ihm ein Geruch zugetragen. Mit einem Mal taucht die Idee eines Zusammenhangs oder eines Satzes auf. So erlebe ich immer öfter eine eher instinktive körperliche Reaktion. Manchmal schüttelt sich mein Kopf schon verneinend, oder meine Nase zieht sich zweifelnd hoch, bevor der eigentliche Gedanke da ist. Diese Körperreaktionen waren zu Beginn meiner Arbeit mit Aufstellungen noch recht schwach. Sie bilden sich langsam mehr und mehr heraus. Jeder, der Familien stellt, begegnet den gleichen Phänomenen, auch wenn die Erfahrungen unterschiedlich erlebt werden. Das Wichtigste ist dabei, sich auf die eigenen Erfahrungen zu verlassen und sich immer mehr von ihnen führen zu lassen.

Aufstellungen sind die beste Möglichkeit, eine solche Haltung zu erwerben. Gleichzeitig ist einsichtig, dass man natürlich auch ohne diese Haltung Familien stellen kann. Es genügt, ein bisschen Erfahrung zu haben, Ordnungen zu kennen und Aufstellungen zu leiten. Es ist auch möglich, einen solchen Weg ein Stück weit zu gehen und ihn dann wieder zu verlassen. Ein Therapeut bleibt dann bei dem, was er bis dahin an Fähigkeiten, an Einsicht und an Technik gewonnen hat, und bescheidet sich damit.

Das Dilemma der zweiten und dritten Generation der Aufsteller (und jede folgende wird es etwas schwerer haben) ist Folgendes: Wesentliches ist bereits entdeckt. Die Aufstellungen leben von diesen bereits entdeckten Ordnungen. Viele Wege sind bereits begangen. Der frische und unschuldige Blick, der offen für alles Neue ist, wird immer seltener.

In den Ursprüngen jeder Methode leben die Wachheit und Lebendigkeit derjenigen, die sie gründen. So sind es nicht allein die neuen Inhalte, die begeistern, sondern auch die Aufbruchsstimmung, die Frische und der Mut, in unbekanntes Gelände zu gehen. Das ließ sich in den letzten Jahrzehnten leicht in der Entwicklung von beispielsweise der Gestalttherapie beobachten.

Es scheint eine Entwicklung zu geben, die beginnt mit einem Aufbruch eines Einzelnen in unbekanntes Gelände. Um ihn sammeln sich bisweilen einige wenige, die die Entdeckungen eigenständig in verschiedene Bereiche bringen. So haben sich in der Entwicklung der Psychoanalyse Adler, Jung und Reich neue weitere Terrains erschlossen.

Dann kommt ein breiter Strom von Schülern, die diese Entdeckungen lernen und nutzen. Die ursprüngliche Frische und Forschungsfreude lassen nach. Wissen erstarrt zu immer festeren Formen, das nicht mehr in Frage gestellt wird und werden kann.

Die innere Haltung, stets wieder neu hinzuschauen und frühere Erkenntnisse und Einsichten nicht gelten zu lassen, braucht immer mehr Kraft. Was frisch und neu, damit auch unvorhersehbar ist, wird nach einiger Zeit vorhersehbar und berechenbar.

Solche Entwicklungen treten unausweichlich ein. Rupert Sheldrake spricht von morphogenetischen (gestaltbildenden) Feldern, die sich immer mehr verfestigen. Auch im Familien-Stellen finden solche Entwicklungen statt und werden in Zukunft stattfinden. Muster verfestigen sich – es gehört zum Lauf der Dinge, ob man es begrüßt oder nicht. Selbst dieses Buch ist ein weiterer kleiner Puzzlestein dieser Verfestigung.

Frage: »Entsteht nicht die Gefahr, dass sich ein solches Wissen um Ordnungen verfestigt? Dass jemand so etwas einfach lernt, immer wieder in den Büchern liest, immer wieder davon hört, sodass ihm das eigene Hinschauen schwer fällt?«

Hellinger: »Ja, so etwas kann sich verfestigen. Man kann jetzt schon sehen, dass es sich verfestigt. Wenn jemand eine Familienaufstellung leitet und sofort sagt, die Frau muss links vom Mann stehen, obwohl das aus den Umständen noch gar nicht ersichtlich ist, dann wird von dem, was darüber geschrieben wurde, etwas unbesehen auf die gegenwärtige Situation übertragen. Das ist nicht zulässig.

Die Grundhaltung, offen zu sein für das, was sich im Augenblick zeigt, garantiert, dass etwas im Fluss bleibt. Diese Ordnungen, von denen hier die Rede ist, sind ja lebendige Ordnungen, im Gegensatz zu Gesetzen, menschlichen Gesetzen, die oft willkürlich sind, obwohl man sie manchmal als unabänderlich hinstellt. Die Ordnungen, um die es hier geht, sind Wachstumsgesetze, und die sind variabel. Wenn man das Bild der Evolution hinzunimmt, dann ist es so, dass auch diese Ordnungen, nach denen sich etwas jetzt entwickelt, sich nach einiger Zeit auf eine andere Ebene heben lassen und dann anders erscheinen.«

Die innere Ausrichtung: Was gibt Kraft?

Beim Leiten einer Aufstellung ist der Blick des Aufstellers dahin ausgerichtet, was den einzelnen Personen Kraft gibt oder Kraft nimmt. Das ist die Leitlinie, an der er sein Handeln ausrichtet. Ob etwas Kraft gibt, kann er unmittelbar bei den Stellvertretern beobachten.

In der Aufstellung sieht der Mann zu seiner geschiedenen Frau hin. Ich schlage ihm den Satz vor: »Ich gebe dir einen Platz in meinem Herzen.« Er atmet danach leicht aus.

Die am leichtesten zu beobachtende Veränderung nach einem Satz, der Kraft gibt, ist ein deutliches Ausatmen. Inzwischen weise ich schon zu Beginn eines Seminars meine Teilnehmer auf dieses Signal hin. Auf die Weise können sie selbst Veränderungen bei den Stellvertretern beobachten, die Wirkungen entdecken und sich von der Idee lösen, es ginge nur darum, etwas nachzusagen. Der Aufsteller orientiert sich ständig an dieser Richtung zu mehr Kraft wie an einem Kompass.

Da ist ein Vater, der sein Kind verlassen hat. Der Therapeut schlägt ihm vor, zu sagen: »Ich nehme meine Schuld auf mich.« Der Stellvertreter des Vaters spricht den Satz nach.

Gibt dieser Satz dem Vater in seiner Rolle Kraft, oder nimmt er sie? Fühlt der Stellvertreter sich besser, entspannter, wenn er den Satz gesagt hat, oder schwächer, oder bleibt er unberührt? Häufig ist ein Satz wie der oben vorgeschlagene in einer derartigen Situation heilsam und kräftigend. Aber auch in dieser Familie zum jetzigen Zeitpunkt?

Das, was positiv verändert, was Kraft gibt, wird angestrebt. Wer genau hinschaut, kann die gute Wirkung beobachten. Wenn etwas stimmig ist, verändern sich die Stellvertreter, sie richten sich auf, ihre Gesichtszüge entspannen sich, sie atmen tief aus. Lösungssätze, die Hellinger gefunden hat, sind deshalb entdeckt, weil sie in einer Aufstellung Kraft geben – unabhängig davon, wie sie jemand beim ersten Hören beurteilt.

Dabei bleibt es wichtig, immer im Kontakt mit dem Geschehen und den Rückmeldungen der Personen zu bleiben. Der Aufsteller braucht zum einen den Mut, den eigenen Wahrnehmungen zu folgen, zum anderen den Mut, immer wieder auch auf Rückmeldungen zu hören und sich zu korrigieren.

Der Aufsteller, der sich lediglich an dem ausrichtet, was er von Hellinger oder seinem eigenen Ausbilder gehört und gelernt hat, hat diesen Mut nicht. Er will es richtig machen, indem er sich an einer Autorität ausrichtet, ohne selbst den eigenen Weg zu finden. Aber nicht irgendwelche Weltanschauungen, Überzeugungen oder Lehrsätze zählen, ob hier etwas richtig ist, sondern nur das, was an positiver Veränderung sichtbar und spürbar wird.

»Der Therapeut bleibt gesammelt in seiner Mitte, hält das Leid aus und steht dazu, wie es abläuft. Es gibt dabei einiges, auf das er achtet, zum Beispiel, dass gewisse Gefühle schwach machen. Jedes Gefühl, das schwach macht, verhindert die Lösung. Deswegen fordere ich dann einen Klienten oft auf: ›Widersteh der Schwäche und geh in die Kraft!‹ – ›Richte dich auf und geh in die Weite.‹ – ›Rede mit normaler Stimme!‹ Oder: ›Ohne Ton!‹ All das sammelt und gibt dann Kraft. Mit dieser Kraft geht man voran.«

– 3 –

Lösungen im Einklang

Hellinger spricht vom Einklang des Aufstellers mit der Welt, wie sie ist, mit den Schicksalen, wie sie sind. Der Therapeut »tritt nicht auf als einer, der gegen etwas antritt und es verbessern will. Er ist im Einklang.«

Im Einklang sein bedeutet, der Welt zuzustimmen, wie sie ist. Dies bedeutet eine ständige Herausforderung. In Aufstellungen begegnen wir dem ganzen Leben in Miniatur. Das Schöne zeigt sich genauso wie das Hässliche. Die Liebe kommt ebenso vor wie Hass und Krieg. Das Schlimme und Schreckliche erschrecken uns. Dies alles anzunehmen, erfordert immer wieder Mut.

»Erst wer die Furcht überwunden hat, kann klar sehen, was ist. Die Furcht überwindet man, indem man der Welt zustimmt, wie sie ist, mit allem, wie es ist. Die Wirklichkeit macht stark und frei, wenn sie gesehen und anerkannt wird.«

Hellinger wendet bei Hilfesuchenden, die schwer krank sind oder nah vor dem Tod stehen, manchmal eine kurze Intervention an, die von außen gesehen lediglich wie eine kleine Übung wirkt.

Der Klient schildert kurz sein Anliegen. Hellinger lässt ihn an seiner Seite Platz nehmen und fordert ihn auf, die Augen zu schließen und auf den Atem zu achten. Nach wenigen Momenten ermuntert er ihn, allmählich den Kopf zu senken wie bei einer Verneigung.

Langsam, ganz langsam, oft millimeterweise, senkt sich der Kopf. Manchmal bleibt er lange so. Nach und nach werden die Atemzüge tiefer. Und allmählich löst sich etwas von der Spannung, von der Angst, von dem Kampf gegen die Krankheit oder den Tod. Wenn der Klient dann den Kopf wieder aufrichtet, ist der Blick anders, klarer, entspannter und friedlicher.

Was dabei geschieht, ist wie eine Verneigung vor dem Schicksal, das dadurch angenommen wird. Solche Lösungen im Einklang sind nicht »machbar«. Sie liegen nicht in der Hand des Therapeuten. Sie liegen aber auch nicht in der Hand des Klienten. Im Einklang sein heißt, diesen Grenzen zuzustimmen. Ein Klient kann solche Schritte zur Lösung aber nicht allein mit Willenskraft gehen.

Der Sohn trägt in der Aufstellung das schlimme Schicksal des Vaters mit. Gleichzeitig fühlt er sich gleich groß wie der Vater. Der Aufsteller schlägt dem Sohn vor, den Satz »Ich achte dich als meinen Vater« zu sprechen und dazu eine Verneigung zu machen.

Der Stellvertreter spricht diesen Satz nach und begleitet ihn mit einer leichten Verneigung. Aber es sieht unecht aus. Der Aufsteller fragt den Vater, ob der Inhalt angekommen sei. Er verneint. Auch der Stellvertreter des Sohns selbst hat das Gefühl, dass es nicht gestimmt hat.

Der Vater, dem die Verneigung gilt, spürt die Unstimmigkeit. Auch der, der sich verneigt, nimmt den eigenen Unwillen wahr. Die anderen Teilnehmer sehen die kleinen Signale des Widerstands.

Auch mit stärkstem Willenseinsatz lässt sich der Satz nicht »richtig« machen. Selbst mit dem größten schauspielerischen Talent lässt er sich nicht stimmig gestalten und das Gegenüber täuschen. Wir stoßen auf eine Instanz in uns, die ihre eigene Richtung und ihr eigenes Tempo hat. Sie lässt sich nicht manipulieren.

Die eigene Lösung ist nichts, was jemand von einem anderen erhalten kann. Sie muss in einem selbst entstehen, wachsen. Sie liegt nicht in der eigenen Hand. Wie viel weniger ist sie dann in der Hand eines Therapeuten!

»Ordnungen der Liebe«

Grundlage vieler Lösungen sind die Ordnungen, die Bert Hellinger in den Jahrzehnten der Arbeit mit Aufstellungen als wirksam erkannt hat. In allen Familien existiert das Wissen um eine »gute Ordnung«.

- Jedes Mitglied der Familie gehört in gleicher Weise dazu und wird in gleicher Weise geachtet – unabhängig davon, welches seine Qualitäten sind und sein Schicksal ist. Unabhängig auch davon, ob es hoch begabt, debil oder »normal« ist, ganz gleich, ob es behindert, früh verstorben, verrückt geworden ist oder sich umgebracht hat. Jeder gehört dazu.
- Wer zuerst da war, kommt an erster Stelle. Wer nach ihm kommt, kommt auch in der Ordnung danach. Ein älterer Bruder steht vor den jüngeren Geschwistern. Die erste Ehefrau kommt vor der zweiten. In Aufstellungen zeigt sich die Rangfolge nach dem Uhrzeigersinn. Jeder ist dabei gleich geachtet.

• Jedes Mitglied in der Familie hat sein Schicksal zu tragen. Ganz gleich, wie schlimm oder schwer es im Einzelfall auch ist. Jeder hat es zu tragen, ganz und gar mit allen Lasten, mit allen Schicksalsschlägen und mit allen Gefühlen. Zu dem persönlichen Schicksal gehört auch die persönliche Verantwortung für all das, was jemand in seinem Leben getan hat.

Doch diese Ordnung existiert in der wirklichen Familie selten. Wie die Geschichte jeder Familie zeigt, sind immer wieder Mitglieder ausgeschlossen worden, andere wollen die Verantwortung für ihr Leben und für ihr Handeln nicht sehen und übernehmen.

Wenn von jemandem in der Familie gegen diese Ordnung verstoßen wurde, dann wird das vielleicht vordergründig von den anderen Mitgliedern vergessen, aber das Wissen darüber löst sich nicht in Luft auf. Es besteht weiter ein Bedürfnis – wie ein großer Durst – nach der guten Ordnung in der ganzen Familie. Aus diesem fundamentalen Bedürfnis heraus haben sich so etwas wie »Ersatzordnungen« entwickelt, die für eine Art Ausgleich sorgen.

Das Ungleichgewicht wird von einem Mitglied einer späteren Generation ausgeglichen. Wenn jemand zu Unrecht ausgeschlossen wurde, dann übernimmt jemand dieses Schicksal, indem er ein ähnliches Leben lebt. Wenn jemand seine Verantwortung nicht übernimmt oder Gefühle in seinem Leben unterdrückt, dann übernimmt das später ein Neuankömmling und drückt es statt seiner aus.

Die Klientin leidet immer wieder an plötzlich auftretenden Zuständen der Verwirrung. In der Familie gab es eine Frau, von der keiner spricht, weil sie in der Psychiatrie gestorben ist. Ihr Andenken ist der Familie unangenehm.

In der Aufstellung zeigt sich, dass die Klientin, die Nichte, liebevoll mit dieser Tante verbunden ist. Aus dieser Liebe heraus sucht sie nach einem ähnlichen Schicksal und wird ebenfalls psychisch auffällig.

Die Neuankömmlinge in einer Familie sind die Kinder. Sie übernehmen diese Energien und fühlen und verhalten sich ähnlich wie ihre Vorfahren. Sie sind mit ihnen »verstrickt«, indem sie ihre Haltungen, Gefühle, Schicksale übernehmen. Sie handeln in ihrem eigenen Leben, als wären sie deren Stellvertreter. Diese Energien sind sehr stark, wirken unbewusst und bestimmen weit mehr das eigene Leben, als dem Einzelnen klar ist.

Die Schritte der Lösung

Der Grund, warum Kinder diese Energien mittragen, ist die Liebe zu ihrer Familie. Für die Lösung ist vor allem wichtig: Was aus Liebe geschah, kann sich nur in Liebe wieder auflösen. Diese Grundhaltung und diese Grundschwingung sind erforderlich, damit die Arbeit mit Aufstellungen ihre Wirkungen entfalten kann.

Für Lösungen gibt es drei Möglichkeiten:
- »Unordnung« und Verstrickung kommen deutlich ans Licht.
- Es werden einige Schritte in die Richtung der guten Ordnung gegangen.
- Die gute Ordnung wird hergestellt.

Eine vollständige Lösung ist ein Weg durch verschiedene Schichten. Es geschieht wie in einem natürlichen Fluss. Wenn eine Schicht ganz erfahren ist, taucht die nächste wie von selbst auf. Abkürzungen gibt es nicht.

In Aufstellungen gehen wir den Weg zur Lösung oft wie

in einer Art Zeitraffer. Den vollständigen Weg durch diese Schichten im Inneren zu vollziehen braucht Zeit. Es ist ein innerer Wachstumsprozess. Folgende Schichten tauchen dabei in der Begegnung mit der Ursprungsfamilie auf:

- Die Schicht ist an der Oberfläche das Gefühl des Getrenntseins, oft auch mit Ablehnung gegenüber den Eltern und der Familie. Es geht manchmal bis zum Bedürfnis nach Abrechnung und Bestrafung. So kommen heutzutage Teilnehmer in Seminare, oft schon mit Aufstellungserfahrung, und teilen mit: »Ich will meinen Eltern ihr Unglück zurückgeben.« Sie sagen das mit einem eher angeekelten Tonfall, der den ganzen Widerwillen ausdrückt, in diese Familie hineingeboren worden zu sein.
- Die nächste Schicht ist das Spüren und Erleben der Liebe unter und hinter aller Ablehnung. Wir begegnen dabei der Liebe des kleinen Kindes in uns, das grenzenlos mit Vater und Mutter und mit den ausgeschlossenen Mitgliedern der eigenen Familie mitfühlt. Je verhärteter, je unglücklicher diese sind, umso mehr schmerzt dieses Mitgefühl und die Verbundenheit. Deswegen ist es leichter, zornig und vorwurfsvoll zu sein. Mit der Liebe liefern wir uns aus.
- Wenn die eigene Liebe bis zu ihrem Grund gespürt ist, dann kann jemand dem, mit dem er verbunden ist, in die Augen schauen. Er entdeckt ein Gegenüber, jemand, der sein eigenes Leben und sein eigenes Schicksal hat.
- Fast von allein wächst jetzt Achtung für den anderen und für das, was der andere trägt. Der beste Ausdruck dieser Achtung in den Aufstellungen ist die Verneigung. Der Satz in einer Aufstellung ist: »Ich achte dich und dein Schicksal und lasse es dir.« Bei den Eltern kommt noch der Dank für das Leben dazu, das durch sie zu einem gekommen ist.
- Damit löst sich etwas von der blinden Übernahme des Un-

glücks. Jemand tritt ein Stück zurück und ist nicht mehr blind verbunden. Gleichzeitig ist er neu durch die Achtung auf einer höheren Ebene weiter verbunden.

- Das Schlussbild einer Aufstellung, in der all diese Prozesse durchlaufen sind, ist dann so: Jemand steht als das Kind zwischen seinen Geschwistern vor seinen Eltern und anderen wichtigen Verwandten, die bislang ausgeklammert waren. Er kann alle sehen, fühlt sich verbunden, geborgen und klein. Die Eltern tragen das Schlimme, das über Generationen durch die Familie geflossen ist. Dann dreht er sich um, spürt die Kraft der Familie im Rücken und kann frei ins Leben gehen.

Aufstellungen zeigen, dass unsere Haltung zum Leben unseren Eltern gegenüber entspricht. Wenn jemand dem zustimmt, was er von den Eltern bekommen hat, und es dankbar annimmt – das Gute und das Schlimme –, dann sagt er auch Ja zum Leben und zur Welt als Ganzes. Nicht wie er es gern hätte oder erträumt, sondern so, wie es ist.

Derartige Lösungsbilder sind eine Kraftquelle. Sie entspannen und nähren den Klienten – und gleichzeitig alle anderen Teilnehmer. Wo vorher Anspannung war, kommt jetzt Entspannung und innerer Friede.

»Die Lösungen sind der schwere Teil. Viele sehen die Lösung, spüren die Kraft und gehen mit ihr für eine Weile. Doch dann sinken sie zurück in die alte Bindung. Die Lösung macht den, der sie durchhält, auf eine bestimmte Weise einsam. Die Innigkeit der Bindung, die wir im Problem erleben und in der Verstrickung, müssen wir bei der Lösung preisgeben. Durch die Lösung sind wir zwar mit vielen verbunden, aber auf eine andere Weise, nicht mit der gleichen Innigkeit wie früher. Diese Innigkeit hat eher etwas Leichtes, etwas Gelassenes. Es ist eine Innigkeit mit Abstand. Daher sinken manche zurück in die alte Bindung. Für sie ist es wie eine Rückkehr in den Mutterschoß. Das muss man wissen. Der Therapeut muss es wissen. Wenn er so etwas sieht, versucht er nicht einzugreifen. Er lässt es geschehen.«

Lösungen sind auf verschiedenen Ebenen möglich. Sie gehen in unterschiedliche Tiefe. Mir scheint es so, dass die jeweilige Tiefe abhängig ist von der Lebenserfahrung – fast möchte ich an dieser Stelle hier schreiben: »Weisheit« – des Therapeuten. Je größer diese ist, desto näher am Wesentlichen ist der Schritt, den der Therapeut dem Klienten ermöglicht.

So erlebe ich Bert Hellinger manchmal mehr wie einen Zenmeister, der mit einem einzigen Schwerthieb das Gewebe und Geflecht durchdringt und auf das Wesentliche stößt.

Tröstlich für alle anderen, die mühsam Knoten einzeln aufknüpfen und sich so vorarbeiten, mag der Gedanke sein, dass noch kein Meister vom Himmel gefallen ist. Durch das sorgfältige Lösen von vielen, vielen Knoten wächst die Kunst, zum Wesentlichen vorzudringen.

Konkrete Lösungsmuster

Es gibt einige Situationen, die sich in den meisten Familienaufstellungen ähneln und wiederholen. Solche Muster sollen in diesem Abschnitt besprochen werden.

Früher Tod in der Familie

Ein solcher Frühverstorbener wird durch einen Stellvertreter repräsentiert und vom Klienten aufgestellt. Wenn es ein totes Kind ist, kann der Aufsteller es zunächst in dem Mittelpunkt der Familie platzieren, sodass alle es ansehen. Entstammt der Tote einer früheren Generation und steht er im Hintergrund, dann ist es angemessen, wenn die ganze Familie sich zu ihm umdreht.

Für die Geschwister ist der frühe Tod eines Geschwisters immer eine schwere Last. In ihnen entsteht eine Art von Schuldgefühl, dass sie am Leben geblieben sind, während der Bruder oder die Schwester sterben musste. Aus diesem Gefühl heraus entsteht in den Lebenden eine Bewegung zum Tod. »Ich folge dir nach.« Der Satz drückt diese Bewegung zum Tod aus.

Für die Lebenden geht es darum, die Frühverstorbenen zu achten. Sätze, die das ausdrücken, sind: »Ich achte dich und deinen Tod.«

Sie bekommen wieder ihren Platz in der Familie: »Ich gebe dir einen Platz in meinem Herzen als meinem großen Bruder/als meiner kleinen Schwester.«

Und die Lebenden bitten um das Wohlwollen der Toten: »Bitte, schau freundlich auf mich, wenn ich lebe.«

Manchmal ist es hilfreich, wenn das früh verstorbene Geschwister sagt: »Es ist mein Tod und mein Schicksal, und ich trage es.« – »Du achtest mich, wenn du es mir lässt.«

Der oder die Frühverstorbene kann auch ein Geschwister von Vater und Mutter sein, also ein Onkel oder eine Tante. Dann gibt es eine direkte Verbindung von Neffe oder Nichte und eine Verbindung über den Vater oder die Mutter, die an dem Geschwister hängen.

Deswegen kann es wichtig sein, dass das Kind sich zum einen mit obigen Sätzen direkt an Onkel oder Tante wendet. Zum anderen verneigt es sich auch vor Vater oder Mutter mit Sätzen, wie: »Ich achte dich und deinen Schmerz um dein Geschwister und lass ihn dir.« Oder: »Ich achte dich und deinen Zug zum Tod.«

Hellinger drückt das wesentliche Element so aus:

»Deswegen ist einer der wichtigsten Momente bei dieser Arbeit, dass man jemanden, der die Sehnsucht hat, für einen anderen zu sterben oder ihm in den Tod nachzufolgen, diesem anderen in die Augen blicken lässt. Während er dem anderen so in die Augen blickt, lässt man ihn den Satz wiederholen: ›Lieber sterbe ich als du.‹ Wenn er ihm dabei wirklich in die Augen schaut, kann er diesen Satz nicht mehr sagen, weil er auf einmal merkt: Das geht nicht, weil auch der andere liebt. Das befreit von dieser Blindheit. Aber die Liebe bleibt.«

Jemand wurde aus der Familie ausgeschlossen
Häufig kommen diese Ausgeschlossenen aus einer früheren Generation. Bei ihnen gelten ähnliche Grundsätze wie die gerade erwähnten. Denn auch die Frühverstorbenen werden in gewisser Weise ausgeschlossen.

Das Kind, das eine besonders starke Verbindung mit dem Ausgeschlossenen spürt, nimmt direkt mit ihm Verbindung auf, stellt sich vor ihn und sagt: »Ich achte dich und dein Schicksal.«

Manchmal geht es um ein konkretes Thema oder Schicksal, dann ist es gut, es anzusprechen.

Die Klientin hat keine Beziehung und ist mit einer Tante, die ins Kloster gegangen ist, verbunden. Sie bringt gegenüber ihrer Tante erst die Achtung zum Ausdruck und sagt dann zu ihr: »Bitte, schau freundlich auf mich, wenn ich mich auf einen Mann einlasse.« Und die Tante sagt: »Du kannst mit mir verbunden bleiben, auch wenn du einen Mann hast.«

Manchmal ist es schön, wenn der bisher Ausgeschlossene allen Kindern vorgestellt wird. Da lässt dann der Vater die Kinder sich umdrehen und sagt zum Beispiel: »Das ist mein jüngerer Bruder, der behindert war. Er ist euer Onkel und gehört mit dazu.« Dann verneigen sich die Kinder gemeinsam vor dem Onkel. Noch vollständiger wird es, wenn der Vater dem Bruder auch seine Kinder vorstellt: »Das sind meine Kinder, deine Nichten und Neffen. Bitte, schau freundlich auf sie.«

Die Eltern achten
Hellinger formuliert den grundsätzlichen Unterschied zwischen Eltern und Kindern wie folgt:

> »Zu den Ordnungen der Liebe zwischen den Eltern und Kindern gehört als Erstes, dass die Eltern geben und die Kinder nehmen. Es handelt sich hier aber nicht um irgendein Geben und Nehmen, sondern um das Geben und Nehmen des Lebens. Die Eltern geben den Kindern, wenn sie ihnen das Leben geben, nicht etwas, was ihnen gehört. Sie geben, was sie selber sind, und dem können sie weder etwas hinzufügen noch etwas davon weglassen oder für sich zurückbehalten. Sie geben sich mit dem Leben den Kindern so, wie sie sind, ohne Zusatz und ohne Abstrich. Dementsprechend können die Kinder die Eltern nur nehmen, wie sie sind, wenn sie das Leben von den Eltern bekommen, und sie können dem weder etwas hinzufügen noch etwas weglassen oder etwas davon zurückweisen.«

Dieses Wissen verinnerlicht der Aufsteller immer mehr als Haltung. Die Worte kommen dann aus diesem Verständnis. Sätze, die das zum Ausdruck bringen, sind vom Kind zu Vater oder Mutter: »Ich gebe dir die Ehre.« – »Ich achte dich und das, was du trägst.« – »Du bist der/die Große, und ich bin der/die Kleine.«
Der Dank für das Leben hat eine große Kraft. Er wird mit Sätzen ausgedrückt, wie: »Du bist mein Vater. Durch dich ist

das Leben zu mir gekommen; das ist das größte Geschenk, und dafür danke ich dir.«

Manchmal ist es noch wichtig, etwas zu ergänzen, wie: »Ich nehme das Leben an mit allem, was dazugehört«, zum Beispiel wenn das Kind behindert zur Welt kam.

Wenn die Mutter bei der Geburt gestorben ist oder sehr krank wurde, ist es für das Kind hilfreich, zu sagen: »Ich nehme das Leben auch zu diesem Preis!« Dieser Satz ist auch hilfreich bei einem anderen schweren Schicksal. Oder: »Und was ich nicht von dir bekommen habe, nehme ich dankbar von anderen an.« Die Verneigung, manchmal bis zum Boden, ist der angemessene körperliche Ausdruck.

Die Eltern tragen die Lasten und übernehmen die eigene Verantwortung

Wer erwachsen ist, wer »groß« ist, muss die Verantwortung für das eigene Leben übernehmen. Der guten Ordnung nach tragen die Eltern die Lasten, dann sind die Kinder frei und können »klein« sein. Zu diesen Lasten gehört, was die Eltern von den eigenen Eltern und denen hinter ihnen übernommen haben, eigenes schweres Schicksal und persönliche Schuld.

Sätze, die das ausdrücken, sind von den Eltern zum Kind: »Ich trage, was es zu tragen gibt. Du bist nur das Kind.« – »Ich bin der/die Große, du bist der/die Kleine.« – »Ich nehme meine Verantwortung und Schuld auf mich.« – »Du achtest mich, wenn du mir mein Schicksal lässt. Du maßt dir etwas an, wenn du es für mich tragen willst.«

Manche Aufsteller setzen an dieser Stelle ein kleines Ritual ein, indem sie die Last durch einen Stein symbolisieren, den das Kind dann den Eltern vor die Füße legt. Nachdem ich das einige Male ausprobiert habe, bin ich wieder davon abgekommen. Mir kam es so vor, als ob subtile Vorgänge dadurch zu sehr vergegenständlicht würden und das, worum es eigentlich geht, eher geschwächt würde. Es genügt im Grunde, wenn ein Kind die Eltern und ihre Last achtet. Es muss ihnen nichts zurückgeben. Wenn es seine Liebe ganz und gar spürt, will es ihnen auch nichts zurückgeben, sondern trägt aus Liebe mit. Mit der Achtung fließt etwas von allein zurück, ohne dass das Kind etwas dafür tut.

Klärung des Gegenwartssystems
In den Gegenwartsaufstellungen sind die zwei wichtigsten Themen: frühere Beziehungen und das gemeinsame Elternsein gegenüber dem Kind. Jeder frühere Partner gehört mit zum eigenen Gegenwartssystem. Deswegen gibt es nach Trennungen meist noch etwas zu klären.

Folgende Sätze sind dabei oft hilfreich und führen zur Befriedung: »Ich danke dir für das, was ich von dir bekommen habe. Und was du von mir bekommen hast, darfst du gerne behalten. Ich übernehme meinen Teil der Verantwortung an unserer Trennung, und deinen Teil der Verantwortung lasse ich dir. Ich gebe dir jetzt einen Platz in meinem Herzen.«

Wenn es gemeinsame Kinder gibt: »Durch unsere Kinder bleiben wir verbunden.«

Das gemeinsame Elternsein gegenüber den Kindern drückt sich folgendermaßen aus. Vater oder Mutter sagen es zum Kind: »Was zwischen uns Großen ist, ist unsere Sache, und die tragen wir. Du bist nur das Kind.« Dazu kommt bisweilen: »Und du kannst mich als Mutter und ihn als Vater haben. Du musst dich nicht entscheiden.«

Die Wirkung

Familienaufstellungen haben auf viele, die an ihnen teilnehmen, eine große Wirkung. Das wird immer wieder bestätigt, und ich habe es am eigenen Leib erfahren. Die Kraft dieser Arbeit ist erstaunlich.

Wie und warum Aufstellungen so wirken, wissen wir nicht genau. Mein eigenes Verständnis ist so: Wir alle tragen ein inneres Bild der gesamten Familie, aus der wir stammen, in uns. Dieses Bild war bisher unbewusst im Inneren verborgen. In einer Aufstellung wird es nach außen gebracht und durch die Stellvertreter zum Leben erweckt. Es steht nun auf der Bühne, und der Klient wird zum Zuschauer. Spannungen und Gefühle kommen an die Oberfläche. Er bekommt Abstand dazu und erkennt, dass viele Schwierigkeiten, die er bislang als persönliches Versagen empfunden hat, aus der Verbindung mit der Familie stammen.

Unter Mithilfe des Aufstellers verändert sich das Bild. Oft wird die Aufstellung entspannter und friedlicher. Der Klient entdeckt in der Tiefe eine liebevolle Verbindung und Mitgefühl mit seiner Familie. Er schaut sich dieses Bild an. Es geht nicht darum, es zu verstehen oder zu analysieren. Es wirkt am kraftvollsten durch das unmittelbare Sehen. So wie das alte Bild den Klienten ohne sein Wissen beeinflusst und gesteuert hat, so soll das neue in gleicher Weise seine Wirkung entfalten.

Aufstellungen sollen lediglich »der Seele einen Anstoß geben«. Je geringer der Anstoß durch den Therapeuten, desto mehr ist das Wachstum Sache des Klienten. Seine Kräfte werden dadurch gestärkt und seine Eigenverantwortung angeregt. Hellinger formuliert es bisweilen als »Minimalismus«; das heißt, der Therapeut tut so wenig wie nur möglich.

Wenn der Therapeut den Punkt gefunden hat, in dem die meiste Energie im System gebunden ist, tut er gut daran, aufzuhören. Damit ist genug Anstoß gegeben, und die ganze Energie steht dem Wachstum des Klienten zur Verfügung. Arbeitet der Therapeut an diesem Punkt weiter, dann verpufft die Energie und schwächt sich wieder ab.

Eine hilfreiche Vorstellung für beide, den Klienten und den Therapeuten, ist die, dass die Wirkung der Arbeit und des Bildes nicht in der eigenen Hand liegt. Es ist keine Arbeit, die wir zielorientiert leisten oder erledigen können, sondern sie entfaltet sich von allein. So sagte Hellinger einem Mann, der ihn fragte, was er nach seiner Familienaufstellung machen solle:

»Alles, was ich dazu sagen könnte, würde es verschlimmern. Du hast jetzt die Tendenz, es schnell zu lösen. Du hast ein Bild gesehen, und jetzt hast du schon eingegriffen mit allen möglichen Überlegungen, was du tun musst. Dann kann die Seele nicht mehr mitschwingen. Doch wenn du dieses Bild einfach stehen lässt, ohne dass du handelst, dann ergibt sich auf einmal nach einiger Zeit eine Gelegenheit, etwas in Ordnung zu bringen, ungeplant.

Das ist überhaupt wichtig, wenn man hier etwas als richtig erkannt hat, dass man nicht handelt. Sonst handelt man unter dem Einfluss von außen, unter dem Einfluss von mir, zum Beispiel, oder auch unter dem Einfluss dieses Bildes. Dann ist, was man macht, nicht geführt von der Seele, sondern es kommt aus Überlegungen, aus Einwänden oder Weiterentwicklungen, was immer es ist. Während, wenn man überhaupt nicht handelt, sondern es einfach einmal wirken lässt, es nach einiger Zeit eine Veränderung in der Seele gibt. Dann handelt man plötzlich völlig unabhängig von dem, was hier war. Das ist in dem Augenblick völlig autonom aus der eigenen Seele heraus.

Das ist das richtige Handeln. Das ist kein Gehorsam oder ein Folgen oder auch kein Widerstand, zum Beispiel gegen mich, sondern es ist völlig authentisch. Das ist hier der Weg.«

– 4 –

Den Zugang zum Klienten finden

Gute Therapeuten haben eines gemeinsam: Sie finden Zugang zum Klienten. Die Fähigkeit, das Gegenüber erreichen zu können, ist grundlegend. Die Situationen können sich so sehr unterscheiden wie die Personen.

So gibt es Menschen, die eine natürliche Freundlichkeit besitzen. Ihr Herz scheint den Mitmenschen gegenüber offen zu sein. Im Umgang mit einem solchen Therapeuten tauen auch die schwierigsten Klienten auf. Andere Therapeuten tun sich schwerer, auf den Klienten offen zuzugehen. Aber auch sie können neue Haltungen erwerben und lernen, auf den anderen einzugehen.

Achtung

Elementar ist die Achtung vor jedem einzelnen Klienten. Jede Aufstellung und jeder Kommentar spiegelt auch den Grad der Achtung wider, den der Therapeut vor dem Klienten hat. Jener besitzt nämlich genügend Antennen, eine solche Achtung – oder auch Missachtung – wahrzunehmen.

Wir können unterscheiden zwischen verschiedenen Stufen oder Ebenen der Achtung. Auf einer mehr oberflächlichen kann man sie als »Respektieren« bezeichnen. Dieser Respekt zeigt sich in allgemeinen Umgangsformen, aber auch in klaren geschäftlichen Abmachungen, wo es um den geschäftlichen Teil der Therapie wie Kosten, Zeiten usw. geht. Auf der tieferen Ebene geht es um das Achten des anderen – so, wie er ist. Das schließt alles mit ein: die Herkunft, die persönlichen Bürden und Lasten sowie die gemachten Erfahrungen und ihre Verarbeitung. Diese Achtung ist eher ein Weg, der immer weiter zu tieferer Achtung führt, als ein einmaliger Akt.

Damit stehen wir in einem ganz besonderen Spannungsverhältnis: der Spannung zwischen jemandem, der einen »helfenden Beruf« hat, und dem Achten und Lassen des Schicksals des anderen. Auf den Punkt gebracht lautet das Dilemma: Ich will dem anderen helfen – und gleichzeitig achte ich ihn, wenn ich ihm sein Schicksal lasse.

> »Es gibt die Erfahrung: Wenn ich unbedingt jemandem helfen will und es mich entlastet, wenn ich ihm helfe, dann macht es den anderen schwach und vereitelt die Lösung. Wenn ich dagegen diesem Drang, der mich entlasten würde, widerstehe und mich zurückhalte, und wenn es mich sehr viel Kraft kostet, mich zurückzuhalten, dann kommt die Kraft, die es mich kostet, dem anderen zugute. Diese Zurückhaltung hat eine heilsame Wirkung. Denn sie ist eine zugewandte Zurückhaltung, mit Liebe und mit Kraft.«

Eine wichtige Unterscheidung dabei ist, wie weit ein Therapeut Mitleid oder Mitgefühl mit seinem Klienten hat. Mitleid definiere ich hier als eine Haltung, bei der ich mich selbst als größer und stärker empfinde als den Klienten, den ich als schwächer wahrnehme. Der Therapeut selbst fühlt sich dabei größer, denn er wird zum Helfer, der über dem

Hilfsbedürftigen steht. Sein Mitleid wird vom Klienten zunächst oft als angenehm empfunden. Der Therapeut leidet ein Stück mit, er bedauert das schlimme Schicksal des Betroffenen und möchte ihm helfen oder trösten. Der Klient kann sich klein und geborgen, ja jämmerlich fühlen. Der Therapeut versteht ihn ja. Im Seminar sind die anderen Teilnehmer in einer solchen Situation gerührt. Tränen fließen. Ein Bedauern schwingt mit, wie hart das Leben jemanden schlagen mag.

Auf gewisse Weise wird der Klient dabei geschont. Seine Realität wird von ihm abgeschottet. Als natürliche Folge löst das Mitleid des Therapeuten das eigene Selbstmitleid aus oder verstärkt es. Der Klient kann damit auch sich selbst bedauern. Ein weiterer innerer Schritt ist die Suche nach Schuldzuweisung. Die Schuld kann man bei sich selbst oder bei anderen suchen (»Hätte ich mich nur damals nicht auf diesen Mann/diese Frau eingelassen!« – »Wären meine Eltern nur nicht so verständnislos [eine neue Variante: ›so verstrickt‹] gewesen!«).

Mitgefühl mit Achtung wirkt von außen her gesehen manchmal eher als sachlich-distanzierte Haltung. Der Therapeut ist weniger emotional beteiligt. Aber er weiß, dass viel Schlimmes zum Leben des Klienten gehört. Es hat dort seine Bedeutung und seinen Wert.

Ähnliches gilt auch bei anderen Fakten oder auch Schicksalsschlägen im Leben des Klienten. Der Therapeut weiß: Es gibt eine Realität, der ein Klient sich zu stellen hat. Wenn der Therapeut hilft, ihr auszuweichen, tut er ihm nichts Gutes. Der Therapeut sucht das richtige Maß, den Klienten dieser Realität begegnen zu lassen. Manchmal kann es von außen hart und schonungslos wirken.

Wirksam und angemessen ist das Vorgehen jedoch nur, wenn es von einer achtungsvollen Haltung getragen wird.

Nicht gemeint ist eine Haltung, bei der jemand als Fachmann unbeteiligt bleibt, seine Autorität ausspielt und lediglich seine Techniken anwendet.

Die innere Haltung ist die Achtung vor dem Schicksal, das jemand trägt. Der Therapeut mutet dem Klienten das Schicksal zu. Gleichzeitig steht er dabei an seiner Seite – mehr als Mitmensch denn als »Fachmann«. Der Therapeut kennt Ähnliches aus dem eigenen Leben. Er schwingt deshalb mit, ohne sich in diese Gefühle hineinzubegeben. Wie Hellinger sagt, ist eine solche Haltung möglich, wenn ich im Klienten seine Eltern sehe und sie mitachte. Dabei ist einsichtig: Je mehr der Therapeut seine eigenen Eltern achtet, desto mehr ist es ihm auch bei den Eltern anderer möglich.

Etwas überspitzt formuliert, sieht der Unterschied zwischen Mitleid und Mitgefühl, so wie ich es hier definiere, so aus: Ein Fußgänger wird vom Auto angefahren, liegt am Straßenrand und blutet. Ein Passant sieht das, erschrickt und beginnt zu jammern und mitzuleiden: »Oh, der arme Mann!« Ein anderer kommt vorbei, sieht den Fußgänger, rennt zur nächsten Telefonzelle, um den Krankenwagen anzurufen. Dann kommt er zurück und leistet Erste Hilfe.

Achtung ist eine Haltung. Wenn ich als Aufsteller meine Klienten achte, spüren sie das in der Atmosphäre. Auf der anderen Seite ist Achtung ein Schritt, der bewusst vollzogen werden kann.

Ich bin der Besucher in einer der Übungsgruppen meiner Weiterbildung. Ein Teilnehmer äußert, wie verkrampft er sei, seitdem ich in der Gruppe mit dabeisitze. Er traue sich jetzt nicht, als Aufsteller zu arbeiten. Er empfände ein riesiges Gefälle von ihm zu mir, das ihn verunsichere. Ich frage ihn, ob er Lust habe, dazu ein kleines Experiment zu machen. Als er bejaht, bitte ich ihn, einen Moment die Augen zu schließen, sich meine Person innerlich vorzustellen, dann innerlich zu mir zu sagen: »Ich achte dich und das Gefälle« und dann – ebenfalls innerlich – eine leichte Verneigung zu machen.

Der Teilnehmer macht das, öffnet die Augen wieder und berichtet. Er fühle sich jetzt lockerer. Gleichzeitig sei ihm, als wäre er selbst geschrumpft. Innerlich habe er einen Riesenanspruch wahrgenommen, dem er sich aussetze.

Danach stört er sich nicht mehr an meiner Anwesenheit, sondern stellt auf.

Achtung hat immer eine große Wirkung, manchmal auf den, dem die Achtung gezeigt wird, immer aber auf den, der sie ausdrückt.

Achtung trennt und lässt den anderen ein Stück allein. Gleichzeitig gewinnt man durch die Achtung eigene Kraft und sieht den anderen als Gegenüber.

Regelmäßig fehlt es an dieser Achtung, wenn ein Therapeut besondere Schwierigkeiten mit einem Klienten und seinem Problem hat. Das haben mir die Aufstellungen gezeigt, bei denen Therapeuten zur Supervision Fälle ihrer Klienten aufstellten. Der Therapeut steht oft dem Klienten innerlich zu nah. Manchmal kennt er dessen Probleme aus dem eigenen Leben oder dessen Familienschicksale aus der eigenen Familie.

In Aufstellungen geben folgende Sätze diese Haltung am besten wieder, wenn der Therapeut zum Klienten sagt: »Ich achte dich und dein Schicksal. Diese Last gehört zu dir und deiner Würde.«

Achtung für den Klienten heißt nicht, dass ich für ihn innerlich Partei ergreife. Die Achtung gilt der Familie als Ganzem mit allen Verstrickungen, in denen sie sich befindet. Wer Partei für Einzelne ergreift, kann dem System in seiner Gesamtheit – und damit auch dem eigenen Klienten – nicht gerecht werden.

Wie vielfältig solche Achtung konkret das Handeln des Therapeuten beeinflusst, wurde mir bei einem Seminar von Matthias Varga und Insa Sparrer eindrucksvoll vor Augen geführt. Seminarthema waren Strukturaufstellungen. Äußerst sorgfältig achteten beide Therapeuten darauf, was jeweils das Thema war, das ein Klient nannte und das sie als »Auftrag« bezeichneten. Dadurch wurde be- und geachtet, wie weit der Klient gehen wollte. Er wurde nicht dadurch überfahren, dass er ein einfaches Problem nannte und der Therapeut plötzlich seine Familie aufstellte. Zu einer Familienaufstellung wurde vorher immer noch einmal das Einverständnis des Klienten eingeholt. Hellinger sagt dazu:

»Der Therapeut ist voll auf die Mitarbeit des Klienten angewiesen. Daher geht er niemals weiter, als der Klient gehen will. Das ist ein ganz wichtiger Grundsatz. Damit wahrt er die Würde des Klienten. Der Klient hat dann auch keine Möglichkeit, sich gegen den Therapeuten zu wehren, weil der nicht mehr will als er und nicht darüber hinausgeht.«

Nun stellt sich das Problem bei einem Familienaufstellungsseminar nicht in dieser Schärfe, weil die Teilnehmer wissen, dass ihre Familien aufgestellt werden. Aber die Frage nach dem »Auftrag« stellt sich doch immer wieder.

Häufig werden von Klienten Probleme genannt, die beide Bereiche umfassen, zum Beispiel wenn jemand noch nie eine erfüllende Beziehung hatte, aber schon mehrere gescheiterte Partnerschaften hinter sich hat. Für eine Lösung sind regelmäßig Aufstellungen von Herkunfts- und Gegenwartsfamilie sinnvoll. Aber was zuerst? Soll der Therapeut entscheiden? Wie soll eine Entscheidung getroffen werden?

Die Lösung, die sich dabei für mich ergibt, sieht so aus: Wenn ich eine klare Priorität habe, teile ich sie dem Klienten mit. Aber die Entscheidung liegt bei ihm. Will er mir nicht folgen, sondern einen anderen Weg gehen, muss ich nun wiederum entscheiden, ob ich dazu bereit bin. In vielen Fällen wird das der Fall sein. Aber wenn ich seine Priorität nicht sinnvoll finde, kann es auch vorkommen, dass ich dem Verlangen des Klienten nicht nachkomme, also seinen konkreten Auftrag nicht annehme.

Sich auf das Gegenüber einstellen

Während die Achtung den Kern trifft, gibt es eine Reihe von kommunikativen Fähigkeiten, die vom Therapeuten geübt und erlernt werden können. An dieser Stelle möchte ich auf einige Prinzipien eingehen, die mir vom Neuro-linguistischen Programmieren (NLP) her vertraut sind und die mir als Teil des Handwerks wichtig erscheinen.

Im Umgang mit dem Klienten ist es wichtig, ihn zu erreichen, einen guten Kontakt oder, mit einem anderen Ausdruck, Rapport herzustellen. Ob Rapport, der gute Kontakt, besteht, lässt sich immer nur für den Moment entscheiden. Das heißt, auch in grundsätzlich guten Beziehungen gibt es Momente ohne Rapport.

Wenn zwei aufeinander treffen, hat jeder sein eigenes Tempo und seinen eigenen Rhythmus. Wenn ein Kontakt erfolgreich sein soll, dann muss zunächst eine Art Einstimmung aufeinander stattfinden. Meist entsteht das ohne großes Nachdenken und absichtliche Handlungen.

Man erkennt das zum Beispiel, wenn man einmal aufmerksam beobachtet, was abläuft, wenn sich zwei Menschen in einem Café gut unterhalten. Meist haben beide die gleiche oder eine ähnliche Körperhaltung. Besonders auffällig ist der gemeinsame Bewegungsrhythmus. Verändert der eine seine Haltung, bewegt sich der andere mit. Es ist fast wie eine Art Tanz. Beide halten, ohne sich bewusst Mühe zu geben, auf diese Weise guten Kontakt miteinander.

Als Grundregel im menschlichen Kontakt kann genannt werden: Je ähnlicher sich zwei Menschen sind, desto leichter können sie – grundsätzlich – guten Kontakt (Rapport) aufbauen. (Sie müssen es aber nicht!) Die Umkehrung leuchtet vielleicht noch schneller ein: Je unterschiedlicher zwei Menschen sind, desto schwerer haben sie es, guten Kontakt zu finden. Wer mit einem Gesprächspartner Schwierigkeiten hat, wird sich instinktiv eher von ihm unterscheiden wollen.

Diese Ähnlichkeit bezieht sich auf alle Bereiche. Es fängt an bei Hautfarbe, Nationalität und Sprache, geht über das Geschlecht, das Alter, die Körpergröße bis hin zu Werten, Einstellungen, Denkweise, Wortwahl und Körpersprache. Manches davon wie Hautfarbe oder Geschlecht lässt sich vom Therapeuten nicht verändern. Aber vieles davon kann er bewusst beeinflussen.

Dabei gibt es zwei weitere Begriffe, die hilfreich sind: Pacing und Leading. »Pacing« lässt sich etwa übersetzen mit »Im-gleichen-Schritt-Gehen«. Manchmal wird es auch als »Spiegeln« bezeichnet. »Leading« heißt »Führen«.

Pacing und Leading hängen eng miteinander zusammen: Wenn der Therapeut sich genügend auf den Klienten eingestellt hat (Pacing), kommt er zu einem guten Kontakt (Rapport). Im nächsten Schritt kann er den Klienten ein Stück mit in die eigene Richtung mitnehmen. Dabei ist Pacing aber kein Wundermittel, mit dem jemand einen anderen (ver-)führen kann, wohin er will. Denn in dem Moment, in dem der Therapeut zu einseitig seine Richtung und seine

Ideen durchzusetzen versucht, bricht der Rapport. Der Klient zieht sich aus dem guten Kontakt zurück, der Therapeut hat ihn verloren. Er muss sich jetzt wieder aktiv um den Rapport bemühen.

Ein Therapeut fördert aktiv den Rapport, indem er sich seinem Gesprächspartner ein Stück weit anpasst (Pacing). Es gibt viele Ebenen, auf denen Pacing möglich ist. Besonders wichtig sind Sprache und Körpersprache, weil sie häufig unbewusst bleiben.

So ist es wichtig, die Wortwahl des Klienten ernst zu nehmen und nach Möglichkeit auch seine Worte zu verwenden. Häufig übersetzen wir automatisch die Worte des Gegenübers in unsere eigene Sprache und verwenden dann diese.

Klient: »Ich habe immer wieder Stress mit meiner Frau und möchte deshalb aufstellen.«

Therapeut: »Also, Sie wollen wegen der Probleme mit Ihrer Frau aufstellen.«

Der Therapeut übersetzt hier ganz automatisch das Wort »Stress« in »Probleme«. Er weiß aber nicht, was der Klient alles mit dem Wort »Probleme« verknüpft. Unter Umständen fühlt sich dieser jetzt ein Stück missverstanden und antwortet: »Nein, Probleme habe ich keine mit ihr, nur Stress!«

Ist dem Therapeuten ein bedeutungsvolles Wort unklar, dann ist es am besten nachzufragen. Ansonsten tut er wohl daran, die Wortwahl des Klienten zu beachten und zu respektieren. Dann fühlt sich der Klient sicher und aufgehoben.

Aber auch die Stimme und die Art des Sprechens sind wichtig. Es geht oft nicht darum, was jemand sagt, sondern wie er es sagt. Jeder neigt dazu, in dem Tempo zu sprechen, in dem er selbst gern zuhört. Wenn der Therapeut sich ein

Stück weit dem Tempo und auch ein Stück weit dem Tonfall des Klienten angleicht, erleichtert er den Kontakt.

Vor allem die Körpersprache bestimmt in den ersten Sekunden den Eindruck. In einen körpersprachlichen Gleichklang kommt der Therapeut, indem er die Bewegungen des Klienten und damit seinen Rhythmus entspannt und aufmerksam aufnimmt.

Dabei geht es nicht um ein mechanisches Vorgehen. Entscheidend ist die Bereitschaft des Therapeuten, sich auf sein Gegenüber einzustellen, es nicht zu überfahren, sondern ihm so gerecht zu werden.

– 5 –

Die persönliche Reife

Persönliche Reife bildet einen wichtigen Hintergrund desjenigen, der Familien stellen will. Je mehr Lebenserfahrung jemand hat und je besser er diese Erfahrung verarbeitet hat, desto größer ist die Kapazität als Therapeut.

Auch umgekehrt wird ein Schuh draus: Je mehr blinde Flecken jemand hat, je mehr Illusionen er sich macht, je mehr schwer wiegende eigene Probleme ungesehen und unbearbeitet am Rand liegen, desto mehr Hindernisse stehen ihm auch bei der Begegnung mit dem Klienten im Weg.

Mit der Reife taucht eine gewisse Bodenständigkeit auf, die ich auch als »gesunden Menschenverstand« bezeichne. Dinge werden einfacher statt komplizierter. Nicht weil komplizierte Probleme unzulässig vereinfacht würden, sondern weil ein einfacher Blick zeigt, dass bestimmte Schritte anstehen.

Das ist nicht einfach eine Altersfrage. Es gibt Menschen, die in jungen Jahren zu einer erstaunlichen Reife kommen; und es gibt Alte, die trotz der vielen Lebensjahre weit weg vom Zustand der Reife scheinen: Passend drückt das folgender Spruch aus: »Erfahrung tut nur Weise lehren, die Narren macht sie niemals klug.«

Auf der anderen Seite ist einsichtig, wie Lebensjahre den Prozess unterstützen, reifer zu werden. Das Leben ist die beste Schule. Die vielen Anforderungen, Überraschungen, die immer wieder auf uns zukommen, geben stets erneut die Chance dazuzulernen, neue Einsichten zu gewinnen, »weiser« – dieses »altmodische« Wort passt gut hier – zu werden.

Aber wie kann jemand diesen Reifungsprozess fördern? Was kann man dem jungen Lehrling zu diesem Thema sagen, außer banal: »Früher oder später kommt das auch bei dir«?

Zum einen ist es gut zu wissen, dass Reife nichts ist, was ich erzwingen kann. Mit Gewalt und im Eiltempo Lebenserfahrung tanken ist nicht möglich. Ich brauche dazu also Geduld. Je mehr ich mich mit dem Maß an Erfahrung bescheide, das mir im Moment schon gegeben ist, desto eher bin ich bereit, aus dem Kommenden zu lernen. Je mehr sich jemand dann neuen Erfahrungen aussetzt, an die eigenen Grenzen geht, sich auf Wagnisse und Risiken einlässt, desto mehr Lebenserfahrung erwirbt er. Hinzu kommt persönliche Integrität als Ehrlichkeit sich selbst und anderen gegenüber.

Die eigenen Grenzen achten

Für die wichtigste Fähigkeit desjenigen, der beginnt, Familien zu stellen, halte ich die folgende: Er nimmt die eigenen Grenzen wahr und respektiert sie. Wer das tut, bleibt innerhalb des Rahmens, in dem seine Arbeit nützlich und angemessen ist. Anderenfalls versteigt er sich, und es wird für ihn und den Klienten gefährlich.

Was sind diese Grenzen? Jeder von uns hat Grenzen der Belastbarkeit. Eine Grenze kann rein physisch sein, das heißt, nach einer bestimmten Anzahl von Aufstellungen oder Aufstellungstagen ist die Kapazität erst einmal erschöpft. Sie kann auch psychisch und emotional sein. Es gibt Themen und Aufstellungen, die das momentane Fassungsvermögen übersteigen. Die Frage für den Aufsteller ist: Wie viel kann ich »aushalten«? Präzise ist die Frage an sich selbst so: Wie viel an Schrecken und Leid kann ich annehmen?

Jeder nimmt es auf seine eigene Weise wahr, wenn er an dieser Grenze steht. Es kann eine innere Stimme sein, die sagt: »Es ist genug.« Es kann ein Warnsignal in Bauch oder Brust oder ein anderes Zeichen sein, bei dem ich weiß: Jetzt reicht es für mich. Es kann ein Anliegen sein, das der Klient nennt und bei dem ich erschrecke und mich überfordert fühle.

In einer Übungsstunde meiner Weiterbildung hat eine Teilnehmerin das Aufstellen übernommen. Es geht um Verbrechen des Vaters der Klientin im Dritten Reich.

Der Stellvertreterin der Tochter geht es zusehends schlechter. Sie lehnt am Rand, und ihr ist schlecht. Die Aufstellerin ignoriert das völlig. Ich sehe eine Zeit lang von außen zu, dann greife ich aus Sorge um die Stellvertreterin ganz entgegen meinen sonstigen Gepflogenheiten ein und breche ab.

Im Nachgespräch stellt sich heraus, dass die Aufstellerin von vornherein ein ungutes Gefühl bei diesem Thema hatte. Eigentlich hätte sie es gern abgelehnt, sich dann aber doch für die Durchführung entschieden.

In dem Moment, da der Therapeut die ihm gesetzten Grenzen überschreitet, übergeht er etwas in seinem Inneren und fängt an, einen Teil seiner Wahrnehmungen auszublenden. Deswegen wird es gefährlich. In einer solchen Situation ist es angemessen und wichtig, die Aufstellung abzulehnen. Manchmal taucht die Grenze auch während der Aufstellung auf. Wenn der Therapeut die Grenze wahrnimmt, ist der sinnvolle Schritt, das Ganze abzubrechen. Manchmal kann es genügen, sie nur wahrzunehmen und einen Augenblick innezuhalten. Plötzlich verschiebt sich die Grenze noch ein Stück nach außen.

Wie Hellinger sagt, kann der Klient seine Grenzen überschreiten, wenn der Therapeut seinen eigenen zustimmt. Dabei braucht es jedoch immer den Mut, sich zu dieser Grenze zu bekennen. Wenn er eine Aufstellung abbricht, weil er an eine Grenze stößt, ist es für alle Teilnehmer hilfreich, das auch offen zu legen. Die einfachste Art ist die Klarstellung: »Ich stoße jetzt an eine eigene Grenze, und deshalb unterbreche ich hier.« Auf Diskussionen lässt er sich dabei nicht ein. Zu den Grenzen stehen gibt Würde. Dann hat eine solche Aufstellung mit diesem Ende die gleiche Kraft wie jede andere.

Ein Therapeut schwächt diese Aufstellung, wenn er hinterher zum Beispiel einen Austausch der Gruppe über andere Aufstellungsmöglichkeiten oder Ähnliches zulässt. Dann wird die bisher gesammelte Atmosphäre zerfleddert.

Mir ist bei meiner Arbeit mit Familienaufstellungen bewusst, dass sie mich immer wieder – regelmäßig – an solche Grenzen bringt. Dabei dehnen sie sich aus. Die Kapazität wird durch die Arbeit weiter, und die Grenzen verschieben sich in neue, bislang unbekannte Bereiche. Aber jeder, der sich ganz auf diese Arbeit einlässt, begegnet seinen eigenen Grenzen immer wieder. Doch nicht jedes Mal wird sie einem schon während der Aufstellung bewusst.

Die Klientin ist Mutter einer fünfzehnjährigen Tochter. Vor 15 Jahren wollte sie sich mit Gas vergiften und ihre damals sechs Monate alte Tochter mitnehmen. Beide wurden gerettet.

Ich stelle das Kind und die Mutter auf. In der Aufstellung ist das Kind voller Angst und Schrecken und will die Mutter zunächst nicht ansehen. Diese spürt großen Schmerz. Ich lasse sich die beiden anschauen, und die ganze Atmosphäre zwischen beiden ändert sich. Ich orientiere mich innerlich an dem, was ich in dieser Situation für angemessen halte, lasse die Mutter ihre Verantwortung und Schuld auf sich nehmen und sich abwenden. Das Kind schaut zur Mutter und will sie nicht gehen lassen. Nach einigen weiteren Versuchen breche ich ab.

Erst im Nachhinein wurde mir bewusst, dass ich während der Aufstellung die Liebe des Kindes nicht »fassen« konnte. Sie war zu viel für meine Fassungskraft. Das Kind war so voller Liebe gewesen, dass es gern der Mutter auch sein Leben gegeben hätte. Ich wollte stattdessen »Ordnung« – aber nur deshalb, weil die Liebe im Moment für mich unerträglich war. Ich war an eine eigene Grenze gestoßen.

Es gibt innere Widerstände, die es schwer machen, zu der eigenen Grenze zu stehen. Es ist gut, sich dabei mit seinen eigenen »Vorlieben« bekannt zu machen. Ist es die Angst, was die Seminarteilnehmer denken könnten? Ist es die Sorge um den Klienten, der ein solches Ende nicht verkraften könnte? Ist es der Anspruch an das eigene Können, der ein solches Ende nicht zulässt?

Eine gute Frage an sich selbst ist: Womit mache ich mir Stress?

In meinen Weiterbildungen haben sich als ein wichtiger Baustein die Auseinandersetzungen mit den eigenen Katastrophenphantasien herausgestellt. »Was wäre für mich in einer Aufstellung eine denkbare Katastrophe?« Auf diese Frage kommen Antworten, wie: »Im Klienten bricht etwas auf, was ich nicht mehr steuern kann.« – »In der Aufstellung wird jemand gewalttätig.« – »Die Teilnehmer reden mir in die Aufstellung hinein.« – »Ich muss mehrfach hintereinander abbrechen.« – »Die Teilnehmer finden mich unfähig.« – »Es zeigt sich in der Aufstellung, dass jemand sich umbringen will.« – »Nach der Aufstellung passiert etwas Schlimmes wie ein psychotischer Anfall oder Selbstmord.« – »Die Therapeutenkollegen finden mich schlecht.«

Um diese Phantasien zu bewältigen, hat es sich als hilfreich erwiesen, derartige Grenzerfahrungen als Rollenspiel durchzuspielen. Der Einzelne wird mit der schlimmstmöglichen Situation im Spiel konfrontiert und muss durch sie hindurchgehen. Auch wenn es zunächst viel von ihm verlangt, wächst das Vertrauen zu sich selbst und in die eigene Kraft.

Tröstlich ist es zu wissen, dass die eigenen Grenzen zwar immer wieder einmal, aber nicht ständig auftreten. Häufig zeigt sich in einer Aufstellung nur so viel, wie ein Aufsteller auch halten bzw. aushalten kann.

Frage: »Die Gefahr für jemanden, der das Familien-Stellen lernt, ist, dass er das bei dir Gewachsene einfach übernehmen will. Was kannst du jemandem sagen, der mit dieser Arbeit anfängt? Ich komme zum Beispiel des Paares zurück. Ich habe es oft genug von dir gehört, wenn ein Paar sich gegenübersteht, dann ist es getrennt. Jetzt ist das aber für jemand anderen keine unmittelbare Einsicht, sondern es ist erst einmal etwas, was er von dir gehört hat.

Ich habe es gesehen, dass die Aussage bei deinen Aufstellungen stimmt. Aber es fehlt immer noch die unmittelbare Einsicht. Wie kommt jemand dazu?«

Hellinger: »Er muss sich zuerst auf das beschränken, was er selber wahrnimmt. Dann lernt er Schritt für Schritt. Er bleibt in dem Rahmen, der ihm gemäß ist und in den er im Augenblick passt. Wenn er innerhalb dieses Rahmens bleibt, arbeitet er auch gut. Wenn er den Rahmen überschreitet, dann wird es für ihn und die anderen unangenehm. Aber solange er innerhalb seines Rahmens bleibt, ist das in Ordnung.«

»Blinde Flecken«

Jeder von uns hat neben seinen Stärken auch »blinde Flecken«. Das sind die Zonen, in denen die eigene Wahrnehmung mehr oder weniger stark getrübt ist. Das Besondere am blinden Fleck im Auge ist, dass ich ihn überhaupt nicht wahrnehme. Der eigene Eindruck ist, dass ich alles vollständig sehe. Ein Teil der Wahrnehmung ist ausgeblendet. Ich sehe einen Teil meines Gesichtsfeldes nicht – und weiß es nicht.

Die Ursachen liegen meist in der eigenen Biographie. Nehmen wir das Beispiel einer Therapeutin, die als Kind missbraucht wurde. Wenn sie nun – ohne ihre Wunde bis in die Tiefe geheilt zu haben – mit Klientinnen arbeitet, die als Missbrauchsopfer zu ihr kommen, wird sie befangen sein und deswegen nicht immer angemessen wirken können. Sie mag äußerst engagiert sein, ihren Klientinnen die volle Unterstützung geben, aber alles, was bei ihr noch ungelöst ist, wird die völlige Lösung bei ihren Klientinnen unmöglich machen.

Sich mit der Vergangenheit und dem eigenen Schmerz auseinander zu setzen ist oft mühsam und qualvoll. Es braucht meist eine lange Zeit, die eigenen Wunden ans Sonnenlicht zu bringen, damit sie heilen können. Wer jedoch in seinem besonderen Bereich zur Ruhe kommt, hat darin eine große Kraftquelle und ein besonderes Potenzial.

Wenn die eben genannte Therapeutin in Frieden mit sich selbst und ihrer Vergangenheit gekommen ist, wenn sie, ohne vom Schmerz und von Vorwürfen überschwemmt zu werden, zurückblicken kann, ist sie in der Lage, diese Haltung ihren Klientinnen zu vermitteln. Sie hat dann ein außergewöhnliches Potenzial, mit Missbrauchsopfern zu arbeiten und sie ein Stück auf ihrem Weg zur Lösung zu begleiten. Denn sie kann deren Situation tiefer als jeder andere nachvollziehen.

Dabei sind blinde Flecken ein Teil der eigenen Unzuläng-lichkeit. Durch die Arbeit mit Aufstellungen und durch die Rückmeldungen werden sie dem Therapeuten bewusst. An die Orte zu schauen, die bisher vermieden wurden, ist ein Teil der persönlichen Entwicklung.

Gleichzeitig ist es wichtig, die eigene Mangelhaftigkeit an-zunehmen. Sie ist ein Teil, der zu uns gehört und immer ge-hören wird. Wenn ich zu ihr stehe, stärkt es mich, anstatt mich zu schwächen.

Die persönliche Entwicklung des Therapeuten

Aufstellungen sind ein Spiegel des Therapeuten, seiner Werte, seiner Ängste, seiner persönlichen Entwicklung. Dem Anfän-ger mag das noch nicht so sichtbar sein. In seinem Blickpunkt steht die gute Ordnung in einer Familie. Alles andere scheint zunächst zweitrangig. Betrachtet man jedoch verschiedene Aufsteller bei der Arbeit, treten die Unterschiede immer mehr in den Vordergrund. Jeder Aufsteller entwickelt seinen be-stimmten Stil, hat Vorlieben für bestimmte Sätze und favori-siert ähnliches Eingreifen in vergleichbaren Situationen.

Damit ist der Rahmen vorgegeben, innerhalb dessen je-mand wirken kann. Wie lange bleibt jemand bei einer Situa-tion in einer Aufstellung? Verheddert jemand sich in der Ver-gangenheit und vergisst darüber die Gegenwart? Wo zieht er sich schnell zurück? Wo zu spät? Wie groß ist sein Ver-trauen? Wo ist seine Kraft? Sein Druck? Sein Bemühen?

So staune ich manchmal, wenn ich bisweilen erlebe, wie Hellinger in der Arbeit mit Paaren kraftvoll zu einem Kern der Beziehung, zu der Liebe durchstößt. Wenn ich selbst Paare aufstelle, stoße ich zunächst immer wieder auf Zorn. Erst darunter taucht die Liebe auf.

Oder ein anderes Beispiel: Eine Zeit lang stand bei meinen Aufstellungen fast immer nur die Beziehung zwischen Sohn und Vater auf der einen Seite und auf der anderen Seite zwischen der Tochter und der Mutter im Vordergrund. Der gegengeschlechtliche Elternteil blieb meist ausgespart, wie unwesentlich im Hintergrund. Dann entstand immer öfter aus dieser Zweierbeziehung in Aufstellungen ein Dreieck. Die Dynamik zwischen den Eltern und die Auswirkungen auf das Kind wurden deutlicher. Die Mutter tauchte in den Aufstellungen der Söhne auf, und ich entdeckte in Aufstellungen immer mehr von ihrer Bedeutung für Söhne. Gleichzeitig wurde mir in meiner eigenen Geschichte die Bindung an meine Mutter viel stärker bewusst.

Der Therapeut verändert sich selbst während und durch die Arbeit mit den Aufstellungen. Staunend habe ich über Jahre die Veränderungen von Bert Hellinger in den Großveranstaltungen beobachtet. Wo einige Zeit vorher bei manchen störenden Fragen oder Einwänden nur schroffe Zurückweisung denkbar war, wuchs immer mehr Milde und Verständnis. Aber ich erlebe auch am eigenen Leib, wie ich freundlicher und verbindlicher werde – nicht immer, aber immer öfter.

Gleichzeitig ist positive Veränderung oder Wachstum nie ein selbstverständlicher Mechanismus, auf den sich jemand als Voraussetzung verlassen kann. Es gibt in jedem die Tendenz, sich nach gewisser Zeit ein Stück der Routine auszuliefern. Es ist manchmal einfacher, an den einmal gewonnenen Einsichten, an dem erreichten technischen Können festzuhalten, als sich immer wieder in Neuland zu wagen. Es braucht stets aufs Neue Wachheit und die eigene Bereitschaft, sich dem Neuen auszusetzen.

Dabei gibt es in der Arbeit mit Aufstellungen keinen Stillstand. Es geht vorwärts oder zurück. Man kann ein bestimmtes Niveau halten wollen, doch dann wird es irgendwann Routine. Die kann sehr gekonnt sein, aber sie hat nicht mehr die ursprüngliche Kraft.

Die persönliche Entwicklung wird gefördert durch Situationen, in die wir geraten, ob wir wollen oder nicht:

- Beziehungsschwierigkeiten stoßen uns auf ungelöste Themen, einmal auf solche, die uns mit der Familie verbinden, dann auch auf ungelöste Kindheitserfahrungen.
- Schicksalsschläge wie der Tod von Angehörigen oder Freunden wecken auf, konfrontieren mit einer sonst ausgeblendeten Realität und fordern die Auseinandersetzung damit.
- Dann gibt es die allmählichen Veränderungen im Alltag: die Geburt von Kindern, ihre neuen Lebensabschnitte, runde Geburtstage, Alterserscheinungen und Ähnliches. Der Schock ist kleiner als bei den großen Schicksalsschlägen, aber auch sie erfordern Auseinandersetzung mit dem eigenen Leben und Tod.

Persönliche Entwicklung können wir auch bewusst fördern:

- Eigentherapie ist ebenfalls ein Weg, sich den Lebensthemen zu nähern.
- Supervision von schwierigen Fällen stößt uns auf vernachlässigte Themen.
- Schließlich gibt es ein inneres Bedürfnis nach neuen Erfahrungen und Wachstum, das anregt und zu neuen Erfahrungen weitergehen lässt.

Aufstellen eigener Fälle in der Supervision ist ein wertvolles Hilfsmittel. Sie ist hilfreich bei fachlichen Fragen, um mehr über bestimmte systemische Zusammenhänge zu erfahren, zum Beispiel bei Drogen, Missbrauch, Selbstmord. Manchmal kommt das Unwissen daher, weil der Aufsteller noch nie mit einem bestimmten Thema zu tun hatte.

Oft gibt es noch eine persönliche Seite, die ein bestimmtes Thema besonders heikel sein lässt. Eine Aufstellung kann dann helfen, sich mehr mit dem Thema und auch mit sich selbst auseinander zu setzen. In vielen Fallaufstellungen ist es sinnvoll, einen Stellvertreter für den Therapeuten mit aufstellen zu lassen. Dann stehen der Klient und seine Familie wie auch der Therapeut. Denn Letzterer braucht in der Gesamtkonstellation ebenfalls einen guten Platz. So entsteht durch eine Aufstellung in der Supervision ein neues, inneres Gesamtbild für den Therapeuten, das er auf sich wirken lässt.

Hier noch einmal Hellinger zu dem persönlichen Weg:

»Die Phänomenologie ist gleichzeitig eine spirituelle Methode. Aber nicht im allgemeinen religiösen Sinn, sondern auf eine philosophische Weise. Sie erfordert nämlich eine Reinigung, eine Läuterung. Vor allem eine Läuterung des Geistes. In der abendländischen Mystik nennt Johannes vom Kreuz das die ›Nacht des Geistes‹. Das ist der Verzicht auf Wissen und auf jegliche Sicherheit. Dieser Läuterungsprozess dauert lange. Der Therapeut, der sich auf diese Arbeit einlässt, lässt sich auch auf diesen Läuterungsprozess ein. Er erlebt ihn dann. Den kann man nicht planen oder üben. Er ergibt sich aus dem Geschehen. So gewinnt man im Laufe der Zeit diese Haltung.

Je mehr das Sich-Zurückziehen gelingt, desto mehr kann geschehen. Ich gebe mit dem Mich-Zurückziehen dem, was abläuft, einen Platz. Dieser Vorgang ist sehr demütig. Er ist das Gegenteil von Wissenschaft. Er ist äußerste Empirie, reine Erfahrung mit dem, was sich zeigt.

Sie bewährt sich an der Wirkung. Daher ist das reine Erfahrungswissenschaft. Es ist nur beobachtet. Ich war manchmal davon überrascht, was mir da aufgefallen ist, und habe gedacht: Wenn ich das sage, werden Leute mich angreifen.

Aber wenn ich etwas so gesehen habe, sage ich es auch. Therapeuten, die sich auf diesen Weg machen wollen, fangen unten an. Ganz gewöhnlich, so wie jede Kuh als Kalb beginnt. Man braucht nicht vollkommen zu sein, sondern man begibt sich auf diesen Weg und wird dann geführt. Man kann dann immer mehr und auch immer mehr Gefährliches zulassen und sich dem aussetzen.«

Teil II

Handwerkliches Können
beim Familien-Stellen

Wer Schreiner wird, für den ist es, wie gesagt, auf der einen Seite wichtig, Achtung für das Holz als lebendiges Material zu entwickeln. Aber darüber hinaus tauchen in den ersten praktischen Arbeiten eine Fülle konkreter Fragen und Probleme auf.

Wer anfängt, Familien zu stellen, stößt ebenfalls auf eine Fülle von Fragen. Je mehr verschiedene Aufsteller er beobachtet, desto breiter wird die Palette des unterschiedlichen Vorgehens. Was sind notwendige Gemeinsamkeiten? Was sind die Kriterien, um die Unterschiede einordnen zu können?

Im folgenden Teil werde ich mich den wichtigsten dieser Fragen widmen. Dabei gehe ich von allgemeinen zu mehr speziellen Fragen über.

– 1 –

Den guten Rahmen geben

Der Leiter eines Seminars gibt den Rahmen, innerhalb dessen sich die Aufstellungen entfalten. Je mehr Klarheit und Einsatz er in den Rahmen einbringt, desto tragfähiger wird dieser sein. Wieder ist das Kriterium für einen guten Rahmen: Was gibt den Aufstellungen Kraft? Was nimmt ihnen Kraft?

Dabei gibt jeder Leiter andere Rahmenbedingungen vor. Wir entwickeln unseren eigenen Stil, mit dem wir uns sicher fühlen, und tun dem eigenen Verständnis nach das Beste. Interessant ist dabei, sich selbst die Frage zu stellen: Warum finde ich mein Vorgehen sinnvoll? Was sind seine Vorteile? Was die Nachteile?

Aus Erfahrung weiß ich: Je einfacher, eindeutiger und sicherer ein Leiter den Rahmen eines Seminars vorgibt, desto mehr können sich die Teilnehmer den Aufstellungen anvertrauen. Eindeutig und sicher ist dabei keinesfalls zu verwechseln mit rigide, stur und autoritär. Ein sicherer Rahmen ermöglicht den Aufstellungen Tiefe. Das bedeutet nicht, dass jede Aufstellung die schönen Lösungen bringt, die sich der Klient wünscht. Doch Kraft und Intensität sind da.

Wenn der Aufsteller mit Ernst und Sammlung den Rahmen gibt, gewinnen Aufstellungen die Form eines Rituals, das doch jedes Mal wieder neu und individuell gestaltet wird. Ich erlebe, dass ich in Seminaren zu Ritualen, die aus dem indianischen oder afrikanischen Kontext stammen, wenig Zugang finde. Diese Art von Ritual meine ich nicht. Es bedeutet auch nicht den Versuch, Aufstellungen eine Atmosphäre von besonderer Feierlichkeit zu geben. Das erlebe ich nicht als Stärkung, sondern als Schwächung. Es gibt eine Grenze, bei der das sinnvolle Bemühen um das Besondere umschlägt in Missachtung dessen, was schon im Gewöhnlichen angesiedelt ist.

In meinen Augen liegt in der Einfachheit und Schlichtheit der ganz normalen Aufstellungsform die größte Kraft. Warum muss ich noch etwas dazu tun, wenn das, was da ist, bereits überreich ist?

Vorbereitung

Eine wichtige Entscheidung bei der Vorbereitung eines Seminars ist die Bestimmung von Dauer und Teilnehmerzahl. Da das Bedürfnis nach Aufstellungsseminaren so groß ist, beschäftigen sich zurzeit viele Aufsteller eher mit der Frage nach Ober- als nach Untergrenzen. Je kürzer ein Seminar angelegt ist, desto weniger Aufstellungen finden statt. Jeder Therapeut hat einen gewissen durchschnittlichen Zeitrahmen für seine Aufstellungen. Manche arbeiten meist kurz auf den Punkt hin, was gut in 20 Minuten oder kürzer geschehen kann. Andere entfalten mehr das ganze Panorama einer Familie und haben häufig Aufstellungen von einer Stunde und mehr.

Automatisch gibt es bei einem zweitägigen Wochenendseminar weniger Teilnehmer, die aufstellen können, als bei einem vier- oder fünftägigen. Gleichzeitig ist klar, dass sich mehr Menschen ein Wochenende freinehmen können als mehrere Urlaubstage für ein längeres Seminar.

Aus letztgenannten Gründen fing ich mit Wochenend-
seminaren an. Erst als ich eine gewisse Sicherheit hatte, dass
diese Seminare sich füllten, ging ich allmählich zu Veranstaltungen von drei, vier und fünf Tagen über.

Meine Erfahrung ist, dass Seminare von Tag zu Tag mehr
Intensität entwickeln. Gemeinsam geht die Gruppe in den
neuen Raum der Aufstellungen immer tiefer hinein. Das
Verständnis, worum es dabei geht, wächst durch die Erfahrungen. Gerade Teilnehmer, die von ihrer Persönlichkeit und
ihrem Charakter her schwierig sind, finden so den Zugang
zu dieser Arbeit und auch zu den anderen Menschen in der
Gruppe.

Fast alle, die sich zu einem Seminar anmelden, haben das
Bedürfnis nach der eigenen Aufstellung. Sind so viele Teilnehmer aufgenommen, dass nicht jeder aufstellen kann, entsteht oft eine ungute Spannung. Man schaut sich um, zählt
heimlich ab, vergleicht die Dauer der Aufstellungen mit der
Zahl der Anwesenden und kriegt Angst, selbst nicht an die
Reihe zu kommen. Man versucht die Kriterien abzuschät-
zen, die der Leiter anlegt, um zu entscheiden, wen er aufstellt
und wen nicht. Das eigene Bemühen setzt ein, diesen Kriterien zu genügen. Das hindert die eigene Sammlung.

Auch der Leiter selbst kommt in einen gewissen Druck.
Er hat die Macht zu entscheiden, wer eine Aufstellung bekommt und wer nicht. Wenn 20 da sind, von denen der Leiter nur 10 stellen kann, muss er entscheiden. Es nützt nichts,
die Ablehnung noch so gut zu verpacken. Teilnehmer, die
aufstellen wollten, aber nicht dürfen, bleiben unzufrieden –
meiner Ansicht nach meist auch zu Recht.

Was ist die Lösung? Ein eher skurriler Ausweg aus dem
Dilemma, den ich von einem Aufsteller gehört habe, sieht so
aus: Jeder Teilnehmer zieht ein Los. Und wer gewinnt, darf
aufstellen. Damit entzieht sich der Leiter ein Stück seiner

Verantwortung. Bevor er selbst entscheidet, dabei einen Fehler macht oder jemanden verärgert, überlässt er es lieber dem Zufall.

Die Lösung, die häufig gewählt wird, ist die: Nur so viele Teilnehmer, wie aufstellen können, zahlen den vollen Preis. Wer darüber hinaus kommt, ohne eigene Aufstellung, zahlt im Regelfall zwei Drittel der Seminargebühr und gilt als teilnehmender Beobachter oder Hospitant. Er nimmt teil, wird als Stellvertreter aufgestellt, macht aber keine eigene Aufstellung.

Ab und zu taucht auch die Frage nach Untergrenzen auf. Das ist mehr eine persönliche Wahl. Jüngst erzählte mir meine Kollegin Sneh Victoria Schnabel, dass sich bei einem ihrer dreitägigen Seminare in den USA kurz vor Beginn herausstellte, dass nur fünf Anmeldungen vorlagen. Weil einer der Teilnehmer von weither mit dem Flugzeug unterwegs war, entschloss sie sich, das Seminar trotzdem zu halten. Sie arbeitete zweieinhalb Tage zusammen mit dieser Minigruppe und war fasziniert von dem Reichtum der Aufstellungen und deren Qualität.

Jede Gruppe ist selbst für sich ein Feld. Die Teilnehmer spüren, wer an die Reihe kommt und in welcher Reihenfolge das ablaufen soll. Auch die Länge der Aufstellungen richtet sich danach.

Wenn der Leiter in der Vorbereitung die Teilnehmerzahl festgelegt hat und die Anmeldungen eintreffen, taucht die Frage auf, ob und inwieweit Teilnehmer sich vorbereiten. Aufstellungen leben von dem Wissen um Fakten der Familiengeschichte. Deshalb ist es sinnvoll, dass die Teilnehmer vorher alles ihnen zugängliche Wissen einholen. Am besten können sie sich vorbereiten, wenn sie nach der Anmeldung einen Fragebogen mit allen notwendigen Fragen bekommen. Dabei geht es darum, was in den letzten drei Generationen an Besonderem vorgefallen ist. Wichtig sind: der Tod in jungen Jahren, frühere Beziehungen der Eltern, schwere Schuld, Ausschluss von Familienmitgliedern und sonstige besondere Schicksale. Erstaunlicherweise erhalten die Betreffenden, wenn sie sich vor einem Seminar mit diesen Fragen an Eltern oder andere Familienmitglieder wenden, erstaunlich offen Auskunft über Dinge, die ihnen bislang nicht bekannt waren. Einmal kam ein Seminarteilnehmer bei Beginn der Veranstaltung zu mir und meinte: »Allein für das Ausfüllen des Fragebogens hat sich schon die Seminargebühr gelohnt. Ich hatte ein solch gutes Gespräch mit meinen Eltern und habe so viel Neues erfahren!«

Wer sich mit der Geschichte seiner Familie auseinander zu setzen anfängt, kommt ein Stück empfänglicher und offener für das, was ihm dann im Seminar begegnet.

Die Einführung der Teilnehmer

Immer mehr Teilnehmer haben bereits Erfahrungen mit Aufstellungen, schon einmal zugesehen und einen ersten Eindruck erhalten. Gleichzeitig kommen viele, für die Aufstellungen neu sind. Sie hörten vielleicht von Freunden oder Bekannten darüber, oder sie wissen gar nichts davon – so der eine oder andere Ehemann, der nur auf den Wunsch seiner Frau hin mitgekommen ist. Deshalb existieren Unwissen, falsche Vorstellungen, Skepsis oder Ängste. »Funktioniert das überhaupt?« – »Vielleicht ist es nur ein großer Humbug.« – »Kann ich das überhaupt?« – »Vielleicht versage ich ja als Stellvertreter.« All das sind Gedanken oder Fragen, die dem Teilnehmer ohne Vorkenntnisse durch den Kopf gehen.

Gleichzeitig tauchen die normalen Ängste und Bedenken auf, die man auch in anderen Seminaren hätte:»Wie sympathisch oder unsympathisch finde ich die anderen? Wen finde ich nett? Wen unangenehm?« – »Und vor allem – wie wirkt der Leiter? Wirkt er sicher? Überspielt er seine Nervosität? Macht er Mut, oder jagt er Angst ein? Wie geht er mit Fragen um? Wird er leicht aus dem Konzept gebracht?« Besonders spannend ist seine Reaktion auf die erste vorsichtige kritische Frage: »Ist er unwillig? Bügelt er die Kritik nieder?«

Diese Fragen werden in der ganzen nächsten Stunde intensiv im Inneren ablaufen, und zwar so lange, bis eine Einschätzung des Aufstellers vorliegt und sich die Teilnehmer sicherer fühlen. Denn ein Seminar erscheint in vielen Fällen zunächst ebenso eine Situation zu sein, in der jemand auch gefährdet ist. Erinnerungen an Vorgesetzte und Autoritätspersonen, an die Schule und an Lehrer schwingen im Untergrund mit. Meist geschehen die Prozesse zur Einschätzung automatisch. Sie sind nicht bewusst, sondern laufen unter der Oberfläche ab. Das, worum es letztlich geht, ist die Frage: Wie viel Vertrauen habe ich in die Kompetenz und den achtungsvollen Umgang des Leiters?

Es geht also zu Beginn des Seminars darum, einmal auf der sachlichen Ebene notwendige Informationen zu geben, um überflüssige Ängste abzubauen. Dabei ist der Leiter in seiner Rolle gefragt, wie weit er den Teilnehmern als für diese Arbeit vertrauenswürdig vorkommt. Hilfreich ist es für das Klima, wenn auch die Teilnehmer schon angefangen haben, sich kennen zu lernen. Gleichzeitig ist es sinnvoll, die eigentliche Arbeit mit den Aufstellungen nicht zu weit hinauszuschieben. Denn in der direkten Begegnung damit werden sich viele Fragen von selbst auflösen.

Deshalb gibt es das Spannungsverhältnis zwischen den einführenden Worten und dem Beginn der ersten Aufstellung. Was und wie viel halte ich als Leiter für die Seminarteilnehmer nötig? Aber auch: Was und wie viel ist für mich als Leiter nötig?

Ich erlebe oft, dass ein bestimmter Zeitpunkt in der Einführung auftaucht, an dem alles Weitere nur ein Aufschieben der Aufstellungen wird. Wenn ich diesen Punkt erkenne, ist es Zeit für die erste Aufstellung. Sonst werden die Teilnehmer gelangweilt oder fangen an, eigentlich überflüssige Fragen zu stellen, nur um den Zeitpunkt noch weiter hinauszuschieben.

Mir ist es zur Einführung vor allem wichtig, kurz den praktischen Ablauf einer Aufstellung zu beschreiben. Ich beginne beim Anliegen, das ich hören will, spreche von den Möglichkeiten, Herkunfts- oder Gegenwartsfamilie aufzustellen, und darüber, wann das jeweils angebracht ist. Es beruhigt die Teilnehmer, wenn ich ihnen sage, es sei nicht nötig, dass jeder schon zu Beginn sein Anliegen formulieren könne. Jede Aufstellung, die erfolgt, klärt auch ein Stück das eigene Anliegen. Und nach zwei oder drei Tagen ist meist das eigene Anliegen aufstellungsreif. Dann komme ich auf die Auswahl der Stellvertreter zu sprechen und erzähle von der inneren Sammlung, das Im-Augenblick-Sein.

»Wer am Vorabend eine Skizze dieser zukünftigen Aufstellung gemacht hat, vergisst sie am besten, wenn er tatsächlich mit der Arbeit beginnt. Wenn die wirkliche Aufstellung die der Skizze ist – gut. Wenn sie sich ganz und gar davon unterscheidet – auch gut.«

Ich demonstriere kurz, wie der Klient einen Stellvertreter aufstellt. Der Klient kann ihn von vorne führen, indem er ihn an den Armen oder der Schulter nimmt, oder von hinten, indem er ihn an der Schulter dirigiert.

Ich berichte nun weiter vom Ablauf, wie ich dann als Leiter übernehme und vorgehe. Die zukünftigen Stellvertreter ermutige ich, indem ich von den zwei möglichen Schwierigkeiten spreche, die bei Anfängern häufig auftauchen.

»Wir werden überzufällig häufig gerade für solche Rollen gewählt, die wir aus der eigenen Familie kennen. Wenn ich zum Beispiel das jüngste Kind bin und dann in einer Rolle als jüngstes Kind stehe, tauchen natürlich gegenüber den älteren Geschwistern Gefühle auf, die ich aus meiner eigenen Familie kenne. Dann taucht die Angst auf, dass ich das Eigene mit hineinmische. Es ist aber so, dass jüngste Kinder ähnliche Gefühle haben. Vertraut also darauf, dass diese Gefühle auch zur Person gehören, die stellvertreten wird, und äußert alles, was euch an diesem Platz bewusst wird.

Dann gibt es Situationen, in denen der Stellvertreter Mut braucht, etwas zu äußern. Da steht das Kind vor dem Vater, und plötzlich kommt ein vorsichtiger Gedanke von Missbrauch. Etwas Ungutes liegt in der Luft. In dieser Situation braucht der Stellvertreter des Kindes Mut, das zu äußern. Es ist wichtig, diesen Mut aufzubringen und den Umgang damit dem Leiter anzuvertrauen.«

Ich spreche dann davon, dass die Ordnungen, mit denen gearbeitet wird, keine fixen Vorgaben sind, sondern dass sie sich in jeder einzelnen Aufstellung als stimmig bewähren müssen. Wenn deshalb ein Stellvertreter einen Satz nachspricht, der ihm vom Leiter vorgegeben wird, ist es jedes Mal von neuem wichtig, die Stimmigkeit zu überprüfen. Sehr oft lässt sich die Stimmigkeit sofort an einer leichten, aber doch wahrnehmbaren Reaktion des Stellvertreters festmachen. Spricht ein Stellvertreter in der Aufstellung etwas aus, was in dem Moment stimmt, atmet er hinterher aus. Etwas hat sich gelöst und entspannt.

»Macht euch also selbst ein Bild. Schaut genau hin. Es geht nicht darum, dass irgendein Satz jemandem ideologisch passt oder nicht, sondern ob er eine gute Wirkung hat.«

Weiterhin spreche ich von den unterschiedlichen Enden einer Aufstellung, von dem guten Ende, wo alles gelöst und jeder an seinem Platz zufrieden ist, und von dem Ende, bei dem etwas sehr heftig und klar im Raum steht. Schließlich gibt es das Ende, wo etwas unklar und undeutlich ist und bleibt und an irgendeinem Punkt abgebrochen wird.

»Auch das ist ein gutes Ende. Denn es geht nicht darum, etwas durch eine Aufstellung zu lösen, sondern darum, der eigenen Seele einen Anstoß zu geben.«

Mit dieser Beschreibung versuche ich Anfängern einen Rahmen zu geben, in dem sie sich sicher fühlen. Aus meiner Erfahrung weiß ich, dass gerade solche, die eher skeptisch sind, ein Stück entspannen und sich auf das Neue einlassen können, wenn erst einmal der Verstand zumindest teilweise zufrieden ist.

Anschließend lasse ich alle für einen Moment die Augen schließen und sich noch einmal daran erinnern, warum sie hierher gekommen sind oder was sie hier suchen. »Was ist das Wesentliche daran? Wenn ihr das in ein oder zwei Sätzen ausdrückt, was sind diese Sätze?«

Dann bitte ich die Teilnehmer, wieder die Augen zu öffnen und eine Runde zu machen, bei der jeder seinen Vornamen nennt und sagt, warum er hier ist. Durch die Vorbereitung konnte sich jeder ein Stück sammeln. Deswegen ist die folgende Runde sehr konzentriert, und es wird wenig Überflüssiges gesagt. Viele Anliegen sind sich ähnlich. Es ist erleichternd, zu hören, dass man mit dem Problem, das man mitgebracht hat, nicht allein steht.

Dann ist der Zeitpunkt gekommen, mit der ersten Aufstellung zu beginnen.

Der Beginn der Aufstellung

»Wer fühlt sich mit seinem Anliegen so weit, jetzt aufzustellen?« – In meiner Arbeit erlebe ich die Formulierung eines persönlichen Anliegens durch den Teilnehmer als sinnvoll. Je klarer und einfacher die Formulierung, desto klarer ist häufig die Aufstellung. Zudem hilft es mir als Leiter, auf das dem Klienten wirklich Wichtige einzugehen.

Das Anliegen ist die Frage, das Thema oder das Problem, weswegen jemand eine Aufstellung machen möchte. Ob das Herkunfts- oder das Gegenwartssystem aufgestellt wird, richtet sich (meistens) nach dem Anliegen. Es hat sich gezeigt: Wer nur unverbindlich neugierig ist nach dem Motto: »Man hört ja so viel von Familienaufstellungen, da will auch ich gern mal sehen, was in meiner Familie los ist«, dessen Aufstellung bringt nur Unverbindliches. Wer dagegen mittels seines Anliegens gesammelt und konzentriert ist, der hat den nötigen Ernst. Ein solches Anliegen ist daran zu erkennen, dass es einfach und konkret ist und oft in einem Satz ausgedrückt werden kann.

Auch wenn jemand zu Beginn noch sehr unter Spannung steht und die Aufstellung möglichst rasch hinter sich bringen will, ist es gut, noch zu warten. Es ist wie gesagt nicht erforderlich, dass jeder schon am Anfang genau weiß, was er will. Jede Aufstellung in einem Seminar klärt auch ein Stück das eigene Anliegen und arbeitet an den eigenen Problemen mit. Oft ändert sich während der Aufstellungen der anderen auch das eigene Anliegen, sodass etwas Neues in den Vordergrund rückt. Nach zwei oder drei Tagen ist meist das eigene Anliegen klar und die nötige Sammlung dafür vorhanden.

Eine andere Möglichkeit, den Begriff »Anliegen« zu definieren, ist die Umschreibung: »Was ist deine brennende Frage?« Gleichzeitig sollte sich der Therapeut hüten, zu viel Wert auf eine »perfekte« Formulierung des Anliegens zu legen. Ängstliche Teilnehmer kommen in unnötigen Stress, weil sie eine zusätzliche Anforderung durch die »richtige« Formulierung empfinden.

Es ist auch möglich, dass jemand das Anliegen nicht formulieren kann, ganz nervös wird, und es kann absolut richtig sein, das aufzustellen. Andererseits kann jemand ein ganz wichtig scheinendes Anliegen formulieren, das aber irgendwie hohl klingt.

Für den Aufsteller ist es wichtig, dass er es innerlich bejaht, mit diesem konkreten Klienten und dessen Thema aufzustellen – gerade bei der ersten Aufstellung im Seminar. Manchmal tauchen Zweifel und Bedenken auf. Immer wenn ich diese Bedenken überhört habe, war der Klient hinterher unzufrieden. Die Male, wo ich nicht widerstanden habe und trotz unklaren Anliegens eine Aufstellung machen ließ, waren jedes Mal enttäuschend. Das Ergebnis war eine »harmlose«, problemarme Aufstellung, bei der Eltern und Kinder schnell zu einer guten Schlussordnung kamen. Der Klient war frustriert: »In meiner Familie gab es viel mehr Spannungen und Probleme – mit dieser Aufstellung kann ich nichts anfangen.« Deswegen ist es gut, in einer solchen Situation eine Aufstellung zu verschieben.

Wichtig ist es zu vermeiden, dem Klienten bei einem Verschieben ein schlechtes Gewissen zu machen. Wenn ich jemandem lapidar sage: »Du bist noch nicht so weit«, entsteht die Gefahr, dass jemand einen Fehler bei sich sucht. Anders werden Formulierungen aufgenommen, wie: »Ich habe im Moment noch kein ›Ja‹ zu deiner Aufstellung und bitte dich deshalb, noch zu warten. In der Zwischenzeit kann dein Thema noch klarer werden.«

Wer in die Vergangenheit schaut, stellt die Ursprungsfamilie, das Herkunftssystem auf. Das ist die Aufstellung der Familie, aus der jemand stammt.

Wer gehört dazu? Durch jede der bisherigen Aufstellungen hat sich klar herausgestellt, wer alles zu einem Familiensystem gehört und von seinen Gesetzmäßigkeiten erfasst wird: Als Erstes die eigenen Geschwister und die Eltern, deren Geschwister (die Tanten und Onkel) und deren Eltern (die Großeltern), deren Geschwister und wiederum deren Eltern (die Urgroßeltern) usw.

Außerdem gehört jeder dazu, der einem von diesen Mitgliedern Platz gemacht hat. Zum Beispiel hatte der Großvater eine erste Frau, die bald gestorben war. Er heiratete seine zweite Frau, die Großmutter. Dann gehört die erste Frau mit zum Familiensystem, weil sie Platz gemacht hat und die zweite Ehe nur deshalb möglich war. Oder die Mutter hatte sich vom ersten Mann scheiden lassen und den zweiten geheiratet, der der Vater des Klienten ist. Dann gehört auch der erste Mann mit zum Familiensystem.

Wer auf sein eigenes Leben schaut, stellt das Gegenwartssystem auf. Dazu gehört man selbst als Mann bzw. Frau, der Partner oder die Partnerin und die gemeinsamen Kinder. Zum Gegenwartssystem gehören alle ehemaligen Partner von beiden sowie die Kinder, schließlich auch die abgetriebenen Kinder.

Die Gegenwart ist uns am nächsten, ihre Ereignisse betreffen uns am meisten. Denn je zeitlich näher uns ein Ereignis ist, desto stärker wirkt es. Je weiter entfernt es liegt, desto mehr nimmt seine Wirkung ab. Der Tod unter den eigenen Geschwistern betrifft – und trifft – uns mehr als der Tod eines der elterlichen Geschwister.

Manchmal ist es leichter und angenehmer, die Vergangenheit anzuschauen, denn dort sehen wir mehr die Verantwortung der anderen, unserer Eltern und Vorfahren. Unangenehm und heikel kann es werden, wenn wir uns den Ereignissen unseres Lebens und der Gegenwart stellen, denn hier müssen wir unsere eigene Verantwortung sehen und sie annehmen.

Gerade wenn Kinder betroffen sind, ist es sinnvoll, mit der Gegenwart anzufangen. Denn Kinder tragen mit an den ungelösten Problemen und den Lasten der Eltern. Wenn Eltern das in einer Aufstellung wahrnehmen, bekommen sie oft mehr Kraft, sich mit der Vergangenheit und den Lasten ihrer Ursprungsfamilie auseinander zu setzen.

Beide Aufstellungen können auch in Teilen zusammenkommen, dann, wenn beispielsweise das Gegenwartssystem noch erweitert wird, indem der Vater oder die Mutter hinter den Klienten gestellt wird. Oder jemand stellt sein Herkunftssystem auf, und am Schluss wird noch das eigene Kind mit in die Aufstellung genommen.

Um ein vollständiges Bild zu erhalten, wie jemand eingebunden ist, stellt er beide Systeme in zwei verschiedenen Aufstellungen auf. Dabei ist es oft gut, einige Zeit dazwischen verstreichen zu lassen, damit das Erlebte besser in das eigene Leben integriert werden kann.

Was ist, wenn jemand ein Anliegen hat, bei dem er selbst nicht vorkommt? »Mein Bruder nimmt Drogen, und es geht ihm sehr schlecht.« Kann und darf man für einen anderen aufstellen? Immer wenn ich für einen anderen aufstellen will, mische ich mich in ein fremdes Schicksal ein. Das ist ein unmittelbarer Widerspruch zu der Ordnung, dass jeder sein Schicksal allein zu tragen hat. Dazu kommt die magische Vorstellung, auf eine solche Weise jemanden retten oder ihm helfen zu können.

Was jemand in einer Familie machen kann, ist einen Teil der Verstrickung anzusehen. Auch das kann eine gute Auswirkung auf andere Familienmitglieder haben. Der größte und oft schwierigste Schritt ist es aber immer, das Schicksal des anderen zu achten.

In der Aufstellung des Bruders, der Drogen nimmt, stellt sich die Schwester ihm gegenüber und schaut ihn an. Dann sagt sie: »Du nimmst Drogen, und es geht dir recht schlecht. Ich achte dich und das, was du trägst, und lasse es dir.«

Dann verneigt sie sich leicht vor ihm. Plötzlich richtet der Bruder sich auf. Diese Achtung hat ihm Kraft gegeben. Auch die Schwester ist ruhiger und mehr bei sich.

Eltern allerdings können für ihre Kinder aus Sorge um sie aufstellen. Denn in der Lösung werden sie als die Großen die Bürde übernehmen, die da ist. Sind die Kinder dadurch frei? Wenn die Kinder klein sind, vor der Pubertät, sind sie sehr durchlässig für die Energien, die von ihren Eltern ausgehen. Wenn Eltern etwas klären, wirkt sich das direkt auf die Kinder aus. In der Pubertät nabeln sie sich ab. Sie werden selbst erwachsen. Alles, was sie bis dahin aufgenommen haben, gehört zu ihrem eigenen Schicksal. Es ist nicht mehr in der Hand der Eltern, ihnen etwas abzunehmen. Sonst würde es ja für uns alle reichen, die eigenen Eltern zu einer Aufstellung zu schicken! Wer erwachsen ist, hat das Eigene zu tragen und auch die Verantwortung, selbst nach einer Lösung zu suchen.

So kann es auch hier wichtig sein, dass die Eltern das Schicksal ihres Kindes achten. Ich erinnere mich an ein Elternpaar, das von Bert Hellinger verzweifelt die Lösung für den erwachsenen psychotischen Sohn suchte. In einem Seminar kam ein Bruder zur Aufstellung zu mir. Es zeigte sich so viel Schlimmes, dass die Lösung für die Kinder darin bestand, sich von den Eltern abzuwenden. Mir wurde deutlich, wie sehr die Sorge um den Sohn – auch! – der Ablenkung von dem eigenen Schlimmen diente.

Wenn Klienten von ihrem Anliegen berichten, dann ist eine wichtige Beobachtung von Hellinger, dass das wirklich Bedeutende regelmäßig in den ersten ein oder zwei Sätzen genannt wird. Redet jemand sehr viel, und kommt er nicht auf den entscheidenden Punkt, dann ist es oft gut, mit der Aufstellung noch zu warten.

Eine wichtige Frage in der Kurzzeittherapie ist zu Beginn,

gleichermaßen als erste Intervention, die Frage an den Klienten: »Was möchtest du durch die Aufstellung erreichen? Angenommen, diese Vorstellung erfüllt sich bei dir – was ist dann anders?«

Erreicht wird durch diese Frage zweierlei. Zum einen hat jemand mit der Beschreibung eines Ziels eine konkrete positive Richtung, in die er geht. Er setzt sich nicht mit dem Problem auseinander, sondern mit der Lösung. Zum anderen kommt jemand in einen guten, ressourcenvollen Zustand, wenn er sich die Frage nach dem Ziel stellt. Je konkreter er es dann beschreibt, desto mehr von diesem Zielzustand wird bereits im Augenblick spürbar. Bei diesen positiven Wirkungen ist es kein Wunder, dass viele Aufsteller diese Fragen zum Eingang nutzen!

Dennoch scheint mir die Zielfrage für eine Familienaufstellung eher unangemessen. Der »normale« Klient braucht keinen besonders ressourcenvollen Zustand, um aufzustellen. Es genügen die Sammlung und die Bereitschaft, sich mit dem, was kommt, auseinander zu setzen. Mir scheint eine gewisse Nervosität angebracht. Bei einer Aufstellung weiß ich eben nicht, was aus der Tiefe der Familie sichtbar wird. Wir gehen auch nicht einen direkten Weg zu einer Lösung. Das Annehmen dessen, was ist, ist wichtiger, als irgendwelche Zielvorstellungen zu konstruieren, die ich erreichen will. Die Frage nach dem Ziel lenkt daher meiner Meinung nach eher ab, als dass sie dienlich ist.

Nachdem der Aufsteller einen Klienten mit seinem Anliegen akzeptiert hat, stellt er die Frage nach den Fakten der Familie. Es ist sinnvoll, sich dabei auf die für das Aufstellen wesentlichen Tatsachen zu beschränken. Je ausschweifender der Klient erzählt, je mehr Beurteilungen über einzelne Familienmitglieder hineinfließen, desto mehr werden die Stellvertreter, aber auch der Therapeut voreingenommen und beeinflusst.

Frage: »Wann hören Sie mit Fragen nach Informationen auf?«

Hellinger: »Ich habe Standardfragen. Ich frage, ob jemand verheiratet ist, ob er Kinder hat, ob es einen früheren Partner gab. Ich frage auch, ob jemand gestorben ist, ob ein Kind gestorben ist oder tot geboren. Damit habe ich so ungefähr die wichtigsten Informationen über die Gegenwartsfamilie. Ich brauche nur diese äußeren Ereignisse. Ich brauche zum Beispiel nicht zu wissen, ob der Vater trinkt oder ob er gut ist oder schlecht, ob er dominant ist oder unterwürfig. Das spielt hier keine Rolle.

Hier zählt nur das, was öffentlich ist. Dann frage ich nach der Herkunftsfamilie, ob es da etwas Besonderes gab. Aber auch hier frage ich nur nach äußeren Ereignissen, wie viel Kinder es gab, ob jemand vorher verheiratet war, wer gestorben ist, und wie er gestorben ist. Das ist eigentlich schon alles, wonach ich frage. Wenn mir jemand mehr Informationen geben will, stoppe ich ihn, weil ich sie nicht für die Familienaufstellung brauche. Wenn ich dann die Familie aufstelle, bekomme ich von dorther weitere Informationen, und dann frage ich manchmal auch weiter. Das wäre der Grundkatalog meiner Fragen.«

Ein erstaunliches Phänomen ist, dass wesentliche Tatsachen häufig auch am Rande genannt werden.

Der Leiter fragt nach, ob es sonst noch Fakten gibt. »Nein, eigentlich nicht. Da soll es zwar ein uneheliches Kind des Großvaters gegeben haben. Nein, aber das ist nicht wichtig.«

Fast immer wird gerade dieses uneheliche Kind von besonderer Bedeutung sein. Ich erlebe, dass fast alles an Fakten, was ein unerfahrener Klient nennt, bedeutsam ist.

Je weniger Leute aufgestellt werden, umso mehr ist die Energie gebündelt. Wichtige Beziehungen können klar und eindeutig herausgearbeitet werden. Je mehr Personen stehen, desto weiter ist das Spektrum. Vielschichtige Verbindungen und Verstrickungen können so erkannt werden. Es hängt also von dem Anliegen und eventuellen früheren Aufstellungen ab, wer alles für eine Aufstellung gebraucht wird.

Dann wählt der Klient frei unter den Anwesenden Stellvertreter für seine Familienmitglieder aus. Wichtig ist das Einverständnis der Betreffenden. In einem Seminar weise ich rechtzeitig darauf hin: »Wer zu müde ist, wem eine Rolle zu belastend scheint oder wer einfach keine Lust hat, kann jederzeit dieses Angebot ablehnen. Jeder muss hier für sich sorgen. Es gibt keine Verpflichtung, für einen anderen eine Rolle zu übernehmen.«

Zuweilen geschieht es, dass für einen Mann eine Frau als Stellvertreterin oder umgekehrt ausgewählt wird. Dann bestehe ich manchmal auf einem Stellvertreter des richtigen Geschlechts, insbesondere wenn es um Vater oder Mutter geht. In jedem Fall nehme ich diese gegengeschlechtliche Wahl als ein Indiz für eine mögliche Verwirrung der Geschlechterrollen, zum Beispiel durch Verstrickung in der Familie, und behalte es im Gedächtnis.

Auf der anderen Seite können gut Frauen Männer oder Männer Frauen vertreten, wenn es nicht genügend Stellvertreter des passenden Geschlechts gibt. Es ist oft eine besonders wertvolle Erfahrung.

In einem Seminar mit Männermangel übernahm eine Frau die Rolle eines der Großväter. Es ging viel um die Verachtung der Männer durch die Frauen. Schließlich sagte die Großmutter zur Tochter: »Männer sind Schweine.« Der durch die Frau vertretene Großvater sagte stolz zu seiner Frau. »Stimmt.«

Nach der Aufstellung sagte die Stellvertreterin, etwas Grundsätzliches in ihrer Haltung zu Männern habe sich plötzlich geändert. Sie habe immer Angst vor Männern gehabt. Die Angst sei verschwunden.

Einmal leitete ich ein Supervisionsseminar mit zwölf Teilnehmerinnen ohne einen einzigen männlichen Teilnehmer. Hinterher waren die Frauen sich darüber einig, dass insbesondere die Männerrollen für sie wichtig gewesen seien.

Trotzdem ist es mir immer wichtiger geworden, dass möglichst die Hälfte der Teilnehmer Männer sind, aber nicht, damit die Männerrollen stets richtig besetzt sind. Der wichtigste Grund ist, dass die Themen, die Männer aufstellen, und ihre Belastungen sich stark von denen der Frauen unterscheiden. So hat für Männer ein Thema wie Krieg eine andere Bedeutung und andere Auswirkungen als für Frauen. Durch gleich viele Männer und Frauen in Seminaren wächst das tiefere Verständnis für das andere Geschlecht enorm.

Das Aufstellen

Ich brauche vor einer Aufstellung kurz einen Moment der Sammlung. Deshalb habe ich inzwischen in meinen Seminaren eingeführt, dass alle für zwei bis drei Atemzüge die Augen schließen und den Atem wahrnehmen. Dann bitte ich, wieder die Augen zu öffnen und aufzustellen.

Nachdem die Stellvertreter ausgewählt worden sind, stellen sie sich an einer Seite des Raums nebeneinander hin. Ich beachte dabei die Reihenfolge der Familienordnung, zuerst die Eltern und dann die Kinder dem Alter nach. Ich wiederhole regelmäßig laut für die Stellvertreter und die Zuschauer und für mich, wer wer ist: »Vater, Mutter, erstes Kind, zweites Kind und drittes Kind.« Nur diese Bezeichnungen sind wichtig, nicht die Namen. Namen verwirren. Durch die obigen Bezeichnungen komme ich unmittelbar auf die wichtige Ordnung, jenseits der Namen. Damit achte ich als Leiter schon zu Beginn auf einer indirekten Ebene die Ordnung.

Ich bitte den Klienten, sich einen Platz zu suchen, von dem aus er alle gut sehen kann, und den Platz bei Bedarf auch zu verändern. Die Stellvertreter ermuntere ich dann, sich einzufühlen.

Die Rolle der Stellvertreter ist eine dienende. Sie lassen sich auf die Energien des Platzes ein und geben dem Ausdruck, was sie wahrnehmen. Gleichzeitig dienen sie auch den Vorschlägen des Therapeuten, sprechen Sätze nach, die sie zunächst nicht immer bejahen, und geben dann Feedback. Das ist ein wertvoller Beitrag auf dem Weg zu Lösungen.

Hans steht als Stellvertreter in der Rolle des Vaters. Der Therapeut wendet sich an ihn und fragt: »Hans, wie geht es dir in der Rolle?«

Von vielen Stellvertretern habe ich gehört, dass sie eine solche persönliche Namensnennung in einer Rolle als Bruch empfinden. Der Therapeut schwächt auf die Art das Feld. Als Leiter betone ich den Rollencharakter, wenn ich auf eine unpersönliche Art und Weise mit Stellvertretern umgehe.

Hans steht als Stellvertreter in der Rolle des Vaters. Der Therapeut wendet sich an ihn und fragt: »Wie geht es dem Vater an seinem Platz?« Dann fragt er die Mutter: »Wie geht es der Mutter?« Dann werden die Kinder der Reihe nach gefragt: »Wie geht es dem ersten Kind?« – »Dem zweiten?«

Je unpersönlicher formuliert wird, desto leichter ist es für die Stellvertreter, die Rolle anzunehmen und von der eigenen Person zu trennen. Wenn ich in der Aufstellung der Reihe nach abfrage, achte ich die Ordnung und bringe sie gleichzeitig mit in die Aufstellung hinein. Es ist wie eine ständige Erinnerung an die Ordnung.

Die Klientin hat ihre Eltern und Geschwister aufgestellt. Der Mutter geht es bei dem ersten Abfragen sehr schlecht. Die Leiterin kümmert sich von diesem Moment an nur noch um die Mutter. Den Vater, der daneben steht, fragt sie kein einziges Mal, so sehr ist sie damit beschäftigt, der Mutter helfen zu wollen.

Es ist wichtig, alle einzubeziehen, die aufgestellt sind. Zwar steht bisweilen jemand am Rande und ist für die Dynamik von keiner großen Bedeutung. Dennoch ist es wichtig, alle zu beachten. Manchmal ist das Einbeziehen durch die Frage, wie es jemandem geht, eine Form der Achtung, die wichtig ist. Sonst klammere ich als Therapeut unbewusst jemanden in der Familie aus.

Es wird der Rolle der Stellvertreter nicht gerecht, wenn der Leiter Informationsfragen an sie stellt:

Der Mann ist wütend auf die Frau. Der Leiter fragt den Stellvertreter: »Weißt du, warum du wütend auf sie bist?«

Oder das noch extremere, aber wahrscheinlich gar nicht so seltene Beispiel:

Das Kind steht vor dem Vater und schaut ihn nicht an. Auch der Vater hat kein Interesse für das Kind. Der Leiter fragt das Kind: »Weißt du, ob das dein Vater ist?«

Mit solchen Fragen begeht der Leiter einen Fehler. Er wird dem, was sich in Aufstellungen zeigt und zeigen kann, nicht gerecht. Oft ist es so, dass er durch derartige Fragen Verwirrung in die Aufstellung bringt. Statt dass die Stellvertreter auf ihre Körperreaktionen und ihr Gefühl achten, konzentrieren sie sich auf den Kopf, um eine Antwort zu suchen.

Wenn Plätze verändert werden, wird der Betreffende gefragt, wie die Veränderung für ihn ist. »Wie geht es dir an dem neuen Platz? Besser? Schlechter?«

Der Therapeut bleibt durch die Informationen, die er auf diese Weise erhält, immer im Kontakt mit dem Geschehen. Er kann etwas austesten und sich dabei auf das Feedback der Stellvertreter verlassen.

Manchmal stockt eine Aufstellung, ohne dass Gründe offensichtlich sind. Das kann an bisher nicht genannten Fakten liegen. Deshalb ist es dann wichtig, den Klienten auch während der Aufstellung noch einmal nach Fakten zu fragen. Manchmal kommen noch wichtige Informationen.

Während der Aufstellung schaut der Klient zu. Kommentare oder Einwände werden nicht entgegengenommen. Sein einziger sinnvoller Beitrag ist, wenn er nach zusätzlichen Fakten gefragt wird oder wenn ihm noch welche einfallen, die er bisher nicht genannt hatte. (»Doch, da gab es auch noch einen Bruder des Großvaters, der Selbstmord begangen hat.«) In letzterem Fall hebt er die Hand und wartet auf einen Zwischenraum, um seine Information ohne Störung geben zu können.

Es ist möglich, einen Stellvertreter während der Aufstellung wieder aus der Rolle zu nehmen. Manchmal erweist sich, dass eine Person nicht notwendig ist. Dann ist es sinnvoll, sie wieder deutlich aus der Rolle herauszunehmen und sie sich wieder setzen zu lassen. Man kann die Person, wenn es zu einem späteren Zeitpunkt richtig ist, immer noch dazunehmen.

Auch wenn jemand klar überfordert ist oder das Eigene sich zu sehr mit der Rolle vermischt, kann er als Stellvertreter ausgetauscht werden. Ich erlebe aber praktisch nie, dass es erforderlich ist.

Das Ende der Aufstellung

Der Leiter bestimmt den Schluss der Aufstellung. Es ist ein Teil der Verantwortung, die er übernommen hat. Es ist nicht der Klient, der sagt, wann er genug hat. Eine gute Frage an den Klienten ist: »Kann ich es hier lassen?«

Wenn der Aufsteller von sich aus abbricht, ist es gut, das zu benennen: »Ich kann hier jetzt nicht weitermachen.« Der Leiter muss zu dem stehen, was er macht, und die Verantwortung dafür übernehmen.

Am Schluss der Aufstellung tritt der Klient häufig an den Platz seines Stellvertreters. Bis zu diesem Moment hat er die ganze Zeit die Geschichte seiner Familie von außen aus der Distanz angesehen. Nun nimmt er das neue Bild und die neue Ordnung an ihrem eigenen Platz in der Familie bewusst wahr und auf diese Weise in sich auf. Gerade in einer Aufstellung, bei der alles gelöst ist und jeder gut an seinem Platz steht, ist das Auswechseln des Stellvertreters durch den wirklichen Klienten sinnvoll.

Ich habe festgestellt, dass eine kleine Geste eine gute Wirkung hat. Wenn der Klient an den Platz seines Stellvertreters geht, bleibt dieser am Platz stehen. Der Klient nimmt mit beiden Händen die Hände seines Stellvertreters und drückt sie kurz als Signal, ihn aus der Rolle zu entlassen. Der Stellvertreter geht mit einem großen Schritt von seinem Platz, und der Klient nimmt genau diesen Platz bewusst ein. Damit ist der Übergang sehr klar.

Manchmal ist noch ein Teil der Arbeit mit dem tatsächlichen Klienten an seinem Platz übrig.

Die ältere Schwester des Klienten war früh verstorben. In der Aufstellung wird viel mit den Eltern geklärt. Am Schluss kommt der Klient an den Platz seines Stellvertreters. Jetzt fordert ihn der Klient auf, sich zu seiner Schwester zu drehen und ihr einen Platz in seinem Herz zu geben.

Gerade eine solche Begegnung ist auch für die tatsächliche Person wichtig und hilfreich. Es tut dem Klienten gut, Lösungssätze selbst zu sprechen.

Immer wieder kommt es auch zu Überraschungen:

Der Klient hat Schwierigkeiten mit seinem Vater. In der Aufstellung klärt sich alles, und der Sohn steht schließlich liebevoll dem Vater gegenüber. Der Klient geht an seinen Platz. Als er dort steht, verzieht sich sein Gesicht, und er wird zornig.

Für den Therapeuten ist das bisweilen zunächst frustrierend. Da hat er eine Stunde mitgelitten und ist endlich an den Punkt gekommen, wo Frieden im System eingekehrt ist. Und jetzt dieser Rückschlag! Ungut ist, wenn er deshalb zornig auf den Klienten wird und ihm seinen Unmut zeigt: »Du bist eben noch nicht reif dafür!« Das im entsprechenden Ton gesagt, erzeugt dann im Klienten das Gefühl, er habe es nicht richtig gemacht – obwohl er sein Bestes tut.

Manchmal reicht es, wenn der Therapeut dem Klienten, der an seinem Platz in der Aufstellung steht, vorschlägt, dem Vater zu sagen: »Ich brauche noch ein bisschen Zeit.«

Wenn der Sohn sich energisch über den Vater stellt, ist vielleicht der passende Schlusssatz, der das ausdrückt: »Ich stelle mich über dich.« Und damit ist die Aufstellung beendet.

Oft wird der Therapeut noch ein Stück weiterarbeiten und noch einmal in die Dynamiken der Familie eindringen. Hinterher ist wichtig, dem vorherigen Stellvertreter klarzumachen, dass das kein persönliches Versagen oder mangelnde Empfindungsfähigkeit war. Denn dieses Phänomen geschieht immer wieder, unabhängig von den Fähigkeiten der Stellvertreter.

Nicht jedes Mal empfiehlt es sich, den Klienten zum Schluss in seine Aufstellung zu holen. Es schützt ihn, die Aufstellung nur von außen zu sehen. Der Therapeut muss sich darüber im Klaren sein, ob er diesen Schutz am Schluss weiter für sinnvoll findet. Gerade wenn die Aufstellung mit Spannungen endet, genügt es, sie von außen zu sehen. Je länger ein Seminar dauert, desto eher ist es ausreichend, wenn der Klient nur von außen zusieht. Es geht um den »Anstoß an die Seele« – und der ist unabhängig von dem Platz, den jemand einnimmt.

Wenn der Klient an seinem Platz in der Familie steht, endet damit die Aufstellung. Während ich früher die Auflösung der Aufstellung angab, finde ich es inzwischen angemessen, wenn ich das dem Klienten überlasse: »Bleib so lang an dem Platz stehen, bis du alles aufgenommen hast, was für dich wichtig ist. Wenn es dann genug ist, geh von deinem Platz. Das ist das Signal für die anderen, mit einem großen Schritt aus ihrer Rolle zu gehen.«

Am Ende der Aufstellung verlassen die Stellvertreter wieder ihre Rolle. Sie gehen zurück in die eigene Person. Meist genügt dazu folgender Satz: »Und die Stellvertreter gehen mit einem großen Schritt aus ihrer Rolle!«

Ist eine Aufstellung gelöst, ein gutes Ende erreicht, dann fällt es den Stellvertretern leicht, aus ihrer Rolle zu gehen. Und selbst wenn sie es nicht täten, das Wesentliche, das sie mitnehmen, ist das Gefühl von Lösung und einem guten Platz.

Schwieriger kann das Zurücklassen der Rolle sein, wenn

keine Lösung erreicht wurde und noch viele Spannungen im Raum sind. Manchmal sind das besonders schlimme Schicksale in der Familie. Schwierigkeiten gibt es auch, wenn Mitglieder einer Familie, die eher Nebenfiguren sind, zum Beispiel der Großvater, der ein schlimmes Schicksal hatte, bei ihrem belasteten Schicksal gelassen werden, während der Klient mit seinem Problem eine Lösung gefunden hat.

Wenn es eine besonders heftige Aufstellung war, kann es gut sein, nachzufragen, ob jeder aus seiner Rolle ist. Wenn einer oder mehrere zögern, muss das Verlassen der Rolle noch unterstützt werden. Hilfreich ist es, wenn man zu Beginn eines Seminars kurz auf die Möglichkeit hinweist, in der Rolle stecken zu bleiben, und darum bittet, dass jeder aufpasst, ob das mit ihm geschieht, und es dann dem Leiter mitteilt.

Hellinger schlägt ein hilfreiches inneres Bild vor:
»Es gibt bei einer Familienaufstellung aber auch Rollen, die gefährlich sind. Aus diesen muss man schnell wieder heraus. Es hilft dann, wenn man sich vorstellt, dass man um sich einen ›magischen‹ Kreis zieht, aus dem nichts herausdringen und in den nichts eindringen kann. Wenn man außerhalb dieses magischen Kreises war, weil man aufgestellt wurde, geht man anschließend in diesen magischen Kreis zurück. Es gibt aber eine noch einfachere Methode dafür. Man zieht sich zurück auf die leere Mitte. Dort ist man sowohl verbunden wie getrennt. Diese Mitte fühlt sich leicht an.«

Grundsätzlich nutze ich in solchen Situationen zwei Methoden. Die Erste verwende ich, wenn es nur eine Person ist, die Schwierigkeiten hat, und wenn die Schwierigkeiten nicht allzu groß scheinen.

Der Stellvertreter geht noch einmal zurück auf den Platz,

den er in der Rolle innehatte. Dort fühlt er sich kurz zurück in die Rolle ein. Dann kommt die Anweisung: »Geh jetzt noch einmal ganz bewusst mit zwei großen Schritten aus der Rolle von diesem Platz. Dann dreh dich um, und stell dir an diesem Platz die Person vor, für die du standest. Lass ihr bewusst ihr Schicksal, und geh in deines zurück.« Manchmal unterstützt eine Verneigung vor der vorgestellten Person dies noch.

Wenn die Rolle weiter haftet oder wenn mehrere gleichzeitig in Rollen stecken geblieben sind, verwende ich eine kraftvollere Variante. Alle diejenigen, die sich noch in Rollen verhaftet fühlen, stellen sich nebeneinander auf. Der Klient tritt ihnen gegenüber, schaut jeden einzeln an und sagt: »Ich habe euch die Rollen aus meiner Familie gegeben. [Wenn ich als Leiter sie gewählt habe: ›Ihr habt die Rollen aus meiner Familie übernommen.‹] Danke, dass ihr sie getragen habt. Ich nehme sie jetzt wieder zurück.« Das reicht in den meisten Fällen aus.

Manchmal kommt es dennoch vor, dass jemand das Gefühl hat, immer noch in der Rolle zu bleiben. Dann lasse ich den Stellvertreter zum Klienten gerichtet sagen: »Ich achte dich und die Last, die du und deine Familie tragen, und ich lasse sie euch. Und meine trage ich.« Dann macht er eine leichte Verneigung vor dem Klienten.

Oft ist es nämlich in solchen hartnäckigen Fällen so, dass das Fremde sich mit etwas Eigenem mischt. Durch diese Sätze trennt sich das Fremde vom Eigenen.

Und wenn jemand immer noch nicht aus der Rolle gehen mag, lasse ich ihn hinzufügen. »Ich maße mir etwas an, wenn ich es weiter trage.«

Manchmal wird auch erst in der Nachbesprechung deutlich, dass jemand noch ein Stück in der Rolle steckt.

Für die Lösung war es nicht nötig, den Konflikt zwischen

Großvater und Großmutter, die große Spannungen hatten,
zu bearbeiten. Nach der Aufstellung meldet sich der Stellver-
treter des Großvaters und macht dem Leiter den Vorwurf,
nicht mit diesem Konflikt gearbeitet zu haben.

Ein solches Feedback ist eine Falle. Wenn der Leiter inhalt-
lich auf den Vorwurf eingeht, verpasst er das Wesentliche.
Die erste wichtige Frage muss sein: »Bist du noch in der
Rolle?« Meist kommt dann ein »Ja«. Dann ist der nächste
Schritt, den Teilnehmer aufzufordern: »Dann geh aus der
Rolle heraus!« Wenn es schwierig ist, hilft der Leiter dabei.
Damit steht dann auch der Vorwurf nicht mehr im Raum.

– 2 –

Der weitere Seminarrahmen

Im letzten Kapitel wurde der Kernbereich des Rahmens erörtert, den der Aufsteller gibt. Aber auch darüber hinaus gibt es noch Themen, die zum Rahmen gehören und die für ihn wichtig sind. Auf einige davon will ich nun eingehen.

Der Rhythmus der Aufstellungen

Aufstellungen bringen uns in Kontakt mit einem bislang unbekannten Energiefeld. Teilnehmer, die dies zum ersten Mal erleben, sind ein Stück weit »erschlagen«, überwältigt und weggetragen. Deshalb ist es erforderlich, einen Rahmen außerhalb der Aufstellungen zu schaffen, der den Einzelnen wieder auf den Boden in die alltägliche Realität bringt. Pausen sind wichtig, weil sie Abstand zum Geschehen ermöglichen. Jeder Leiter entwickelt dabei einen eigenen Rhythmus von Aufstellungen, Pausen und möglichen Zwischenstücken.

Während ich zu Beginn der Aufstellertätigkeit auch manchmal abends noch Seminare hielt, bin ich inzwischen zu einem entspannten Tagesrhythmus gekommen. Der Rhythmus, den Hellinger in seinen Veranstaltungen gewählt hat, scheint mir grundsätzlich günstig: eineinhalb Stunden Aufstellungen und

Fragen, dann eine halbe Stunde Pause und wiederum ein eineinhalbstündiger Block vor einer langen Mittagspause; dann das Gleiche noch einmal am Nachmittag. Ja, manchmal, wenn Aufstellungen von besonderer Intensität geschehen, sind mir sogar die eineinhalb Stunden zu lang.

Wenn eine Veranstaltung in einem Seminarhaus stattfindet, biete ich den Teilnehmern, die noch nicht genug haben, gern zusätzlich abends eine Stunde lang einen Vortrag oder ein Video von Hellinger an.

Es tut den Teilnehmern gut, wenn sie in den Pausen ein wenig versorgt werden. Manchmal ist das Stück Schokolade, das auf einem Teller liegt, das beste Gegengewicht zu der gerade erlebten heftigen Aufstellung.

Ursprünglich hatte ich nach einer Pause öfter auch die Möglichkeit eingesetzt, Musik aufzulegen, damit jeder sich kurz bewegt und lockert. Ich habe das inzwischen fast ganz aufgegeben, das heißt, ich verzichte immer mehr auf den Spannungsabbau und die Spannungslösung, die dadurch geschieht. Die Fähigkeit des Einzelnen (wie meine eigene) erhöht sich dadurch, immer mehr Spannung anzunehmen und zu halten. Die Atmosphäre insgesamt wird dadurch gesammelter und stiller.

In meinen Weiterbildungen, die in Wochenabschnitte aufgeteilt sind, wächst die Intensität bisweilen so an, dass ich nach zusätzlichen Möglichkeiten des Erdens suche. Auslöser war die Situation, dass in der Mitte eines solchen Weiterbildungsseminars sich meine Frau und ich gleichzeitig um drei Teilnehmer sorgten, die »abzuheben« drohten und leicht verwirrt wirkten. Daraufhin schoben wir das Abendessen etwas hinaus und »verordneten« eine Stunde »Erden«. Die zwei Hauptvorschläge waren ein längerer Spaziergang allein oder die einstündige Kundalini-Meditation, bei der auf Phasen von Bewegung, die von Musik begleitet werden, Phasen der Stille folgen. Wem das nicht zusagte, sollte etwas finden, was ihm Freude macht und in den Moment bringt, wie Musizieren, Singen, Malen usw. Das tat uns allen – die Leiter eingeschlossen – gut und brachte uns entspannt auf den Boden zurück.

Eine wichtige Erfahrung für mich ist, dass ein Seminar am Ende immer mit der Zeit zurechtkommt und rund wird. Gerade wenn viel Zeit und wenig Teilnehmer da sind, dauern die Aufstellungen und die Zwischengespräche länger. Auf der anderen Seite gibt es auch bei vielen Teilnehmern und relativ wenig Zeit pro Aufstellung einen Rhythmus, der nicht in meiner Hand ist. Auch hier habe ich schon erlebt, dass unerwarteterweise Aufstellungen sehr lang dauerten. Doch am Ende hat es sich immer wieder ausgeglichen.

Eine schwierige Situation für mich als Leiter hat sich einige Male ergeben, wenn wenig Zeit war und sich auf meine Frage, wer jetzt gern aufstellen möchte, lange niemand meldete. Offensichtlich hatte keiner aktuell das Bedürfnis aufzustellen. Ich kam damit unter Druck. Die Lösung war, es offen zu legen: »Ich fühle mich etwas unter Druck. Wir haben nur eine knappe Zeit und viele Teilnehmer. Deshalb ist am Schluss vielleicht nicht mehr viel Raum, und ich kann nicht jeden aufstellen. Das ist unsere gemeinsame Situation. Aber deshalb müssen wir jetzt nicht aufstellen. Es ist nur gut, wenn jeder das weiß.«

Danach konnte ich entspannt mit der ganzen Situation umgehen und mich dem gemeinsamen Fluss anvertrauen. Und er führte immer zu einem guten Ende.

Direkt nach der Aufstellung

Direkt nach der Aufstellung lasse ich der Gruppe und mir ein bis zwei Minuten Stille. »Macht einen Augenblick die Augen zu, und lasst das, was ihr gesehen habt, tiefer sinken.« War eine Aufstellung besonders schlimm, und sind viele noch betroffen, gebe ich in die Stille noch den Satz hinzu: »Auch das gehört dazu.« Wenn eine Aufstellung in ihren Dimensionen nicht mehr zu verstehen und zu begreifen war, kommt mir jedes Mal noch der Satz in den Sinn, den ich dann an die Teilnehmer weitergebe: »Ich muss es nicht verstehen.«

Diese Zeit der Stille tut mir selbst gut, von daher ist sie Seminarteil geworden. Danach erkläre ich in vielen Fällen noch etwas aus der vorherigen Aufstellung. Denn ich finde es wichtig, wenn die Teilnehmer wesentliche Elemente wie die Beziehung von Kindern zu Eltern nachvollziehen und besser verstehen können. Das, was in der Tiefe berührt worden ist, wird durch eine liebevolle Erklärung zusätzlich genährt. Je länger dann ein Seminar ist, je dichter Aufstellungen werden, desto eher lasse ich dann auch Erklärungen. Jeder konnte es in der Aufstellung sehen und weiß, worum es geht.

Nach meinen Erläuterungen gebe ich Gelegenheit zu Fragen oder anderen Beiträgen. Wiederum geht es dabei darum, den Prozess des Einzelnen zu unterstützen. Wenn jemand etwas nicht verstanden hat, kann meine Erklärung erhellend und erleichternd wirken. Auch wenn ein Satz wie »Ich bin nur dein Kind« jemanden zornig gemacht hat, ist es gut, wenn er den unmittelbaren Ärger oder sein Unverständnis äußern darf.

Bisweilen gibt es wissbegierige Fragen, die aber im Moment, wenn jeder sehr bei sich ist, eher vom Eigentlichen ablenken. Ein Kriterium, das Hellinger zur Einschätzung gefunden hat, ist dabei sehr bedeutsam: Nimmt die Frage jetzt dem, der die Aufstellung gemacht hat, etwas, oder gibt sie ihm etwas? In der Situation direkt kann man das den Interessierten selbst fragen, und regelmäßig erkennt er es auch.

Ich bitte dann manchmal, das Anliegen einfach bis zu einem günstigeren Zeitpunkt zurückzustellen.

Auch Fragen direkt an denjenigen, der aufgestellt hat, sind meist ungünstig, weil sie den Prozess der Verarbeitung stören, zum Beispiel, wenn die Frage kommt »Wie war denn das gerade bei dir?« Oder: »Bist du jetzt zufrieden mit dem, was geschehen ist?«

Wenn Fragen oder Informationen kommen, achte ich inzwischen sehr auf meine eigene unmittelbare Reaktion: Werde ich verwirrt, abgelenkt? Dann ist es nicht der Moment, darauf einzugehen.

Frage: »Mir fällt auf, dass du manchmal Fragen beantwortest und manchmal Fragen nicht beantwortest. Oder anders ausgedrückt: Gibt es Fragen, die nützen, und gibt es Fragen, die nicht nützen? Ich hoffe, dass ich jetzt keine Frage stelle, die nicht nützt, sondern ich würde dich bitten, zu dieser Unterscheidung etwas zu sagen.«

Hellinger: »Ich unterscheide das ganz einfach: Berührt mich die Frage, dann beantworte ich sie. Macht sie mich unruhig oder unwillig, beantworte ich sie nicht. Aber nicht aus Willkür. Ich achte auf eine Bewegung in meiner Seele. Nach der richte ich mich. Und ich schaue dann auch auf den Frager: Wird ihn die Antwort stärker machen, oder wird sie ihn schwächen? Ist ihm die Frage ernst, oder ist sie nur neugierig? Wenn sie nur neugierig ist, beantworte ich sie nicht.«

Darüber hinaus ist es der Prozess des Klienten, das Aufstellungsbild sinken zu lassen, wenn direkt nach der Aufstellung konkreter oder technisch über sie, zum Beispiel über mögliche Alternativen, gesprochen wird. Der Therapeut hat die Aufgabe, für diesen Schutzraum des Klienten zu sorgen.

Nach Aufstellungen in der Weiterbildung, bei deren das legitime Bedürfnis nach technischer Diskussion bei den Teilnehmern gegeben ist, schicke ich denjenigen, der aufgestellt hat, für 20 Minuten auf einen Spaziergang. Während dieser Zeit können wir anderen ungehindert diskutieren.

Natürlich besteht manchmal ein Interesse des Klienten, mehr von den Stellvertretern seiner Aufstellung zu erfahren. Bisweilen haben auch diese das Bedürfnis, im Nachhinein noch etwas aus ihrer Rolle mitzuteilen. Gute Erfahrungen mache ich damit, wenn ich bitte, in der nächsten Pause nach der Aufstellung noch nicht darüber zu reden; in der übernächsten Pause ist es dann in Ordnung, es noch mal zur Sprache zu bringen.

Zu Beginn oder am Ende eines Aufstellungstags erlebe ich eine Runde sinnvoll, bei der jeder kurz etwas von sich sagt. Das kann gut der Reihe nach im Kreis gehen. Auf diese Weise kommt die Gruppe als Ganzes noch einmal zusammen. Gerade wenn es jemand nach einer Aufstellung schlecht ging, ist es wichtig, noch einmal zu hören, wie die Aufstellung inzwischen verarbeitet wurde.

Geschichten und Trancen

Eine wichtige Rolle spielten in der frühen Arbeit von Bert Hellinger die Geschichten, die er immer wieder in die Arbeit einstreute und die man heute gesammelt in dem Buch *Die Mitte fühlt sich leicht an* nachlesen kann.

Geschichten vermitteln auf indirekte Weise Inhalte. Der Zuhörer gerät in einen leichten Trancezustand, bei dem sein Unbewusstes Botschaften »durch die Blume« aufnehmen kann.

Auch beim Geschichtenerzählen, wie bei der ganzen Aufstellungsarbeit, ist der wichtigste Faktor, dass der Aufsteller hinter dem steht und mit dem schwingt, was er sagt. Deshalb kann die bloße Übernahme von Geschichten Hellingers nur ein erster Schritt sein. Gern habe ich eine Zeit lang einige davon am Ende eines Seminartags vorgelesen. Allmählich werden dann manche zu den eigenen, andere fallen weg, und neue, eigene Geschichten kommen hinzu.

Jeder Aufsteller kreiert einen individuellen Raum mit einer eigenen Atmosphäre. Die Geschichten und die Art des Vortrags müssen dem entsprechen. Einmal unternahm ich als Experiment, am Ende eines Seminartags eine Geschichte von Hellinger auf CD abzuspielen. Die Teilnehmer erlebten die neue Stimme, die andere Sprechweise und die Aufnahme auf Tonträger als einen Bruch. Es kostete sie Mühe, sich umzustellen und neu einzustellen. Wenn also jemand Kassetten oder Videos einbezieht, dann sinnvollerweise nach einer längeren Pause, zum Beispiel nach dem Abendessen am Abend.

Ich habe nur ein kleines Repertoire an Lieblingsgeschichten. Aber ich schätze Trancen sehr, um die vielfältigen Eindrücke eines Seminars zu verarbeiten. Sie helfen in einem Seminar, auf der Suche nach der rationalen Verarbeitung ein Stück an der Seite zu lassen. In einigen seiner Großveranstaltungen hat auch Hellinger direkt Trancen als Arbeit mit inneren Bildern eingesetzt.

Trancen setze ich gern am Tagesende ein. Oft genügt dabei eine einfache Hinführung wie die folgende:

»Ich setze mich bequem hin …
spüre den Rücken an der Lehne …
und mit jedem Ausatmen entspanne ich mich ein Stück mehr …
Während ich mich noch tiefer entspanne, können gleichzeitig Bilder aus den heutigen

Aufstellungen noch einmal vor dem inneren Auge vorbei-
ziehen ...
Sätze aus den Aufstellungen können noch einmal vor dem
inneren Ohr erklingen ...
Und Gefühle, die für mich wichtig waren, können noch
einmal durch mich hindurchziehen ...
Und das, was wichtig war für mich, kann tiefer sinken
und auf einer tieferen Ebene verstanden werden ...
Und jetzt bin ich die nächsten zwei Minuten still, dass
jeder seinen eigenen Weg ein Stück weit gehen kann ...
[Nach zwei Minuten.] Und langsam, in meinem eigenen
Rhythmus komme ich wieder
hier in den Raum zurück ...
ich dehne und räkle mich ein bisschen ...
nehme dann einen tiefen Atemzug – und bin wieder voll
da.«

Der Umgang mit Grenzsituationen

Durch die Aufstellungen werden Therapeut wie Teilnehmer
auch an Grenzen geführt. An diesen Grenzen sind besondere
Vorsicht und Aufmerksamkeit erforderlich, denn es treten
körperliche und seelische Belastungen auf, denen der Einzelne nicht immer gewachsen ist.

Manchmal ist ein Stellvertreter von der Heftigkeit dessen,
was er erlebt, überfordert. In einer solchen Situation ist sehr
wichtig, dass der Therapeut wachsam bleibt. Eine einfache
Frage genügt: »Kannst du die Rolle noch halten?«

Wenn dann ein »Nein« kommt, muss der Therapeut den
Stellvertreter sofort aus der Rolle nehmen. Dabei ist es wich-
tig, dass einfach und klar gesagt wird: »Geh jetzt aus der
Rolle!«

In einer heftigen Aufstellung verdreht eine Stellvertreterin die Augen und fällt fast um. Der Leiter versucht sie aus der Rolle zu holen: »Streif deinen Pulli und alle Energien ab und leg ihn auf den Platz nieder. Dann lass alles dort und komm nach hinten.« Sie macht, was er sagt, und es geht ihr langsam besser. Im Feedback hinterher sagt sie, wie sehr sie die einfache Aufforderung, aus der Rolle zu gehen, vermisst hat.

»Geh jetzt aus der Rolle« ist die bedeutsamste Aufforderung. Sie zeigt die wichtige Rolle, die der Leiter einnimmt. Manchmal ist ein Stellvertreter so stark von einer Rolle gefangen, dass ich als Therapeut alles mir Mögliche tun muss, ihn auch wieder aus der Rolle zu holen. Selbst erfahrene Teilnehmer sind den Energien des Feldes in seltenen Fällen unwiderstehlich ausgeliefert und können nicht von sich aus eine Rolle verlassen. In diesen Extremsituationen zeigen sich die Verantwortung und Bedeutung des Leiters.

Darüber hinaus ist für jeden nicht-ärztlichen Aufsteller die innere Bereitschaft ganz wichtig: Bei Gefahr oder auch im Zweifelsfall bin ich bereit, einen Arzt zu rufen. Es ist unverantwortlich, sich als Laie in gesundheitlich gefährlichen Situationen durchzuhangeln mit der Hoffnung, dass alles schon gut gehen wird. Im Moment, in dem ich als Leiter die Situation nicht mehr im Griff habe, brauche ich bei gesundheitlichen Gefahren die Hilfe des Fachmanns.

Viele potenziell gefährliche Situationen werden entschärft, wenn der Leiter aufmerksam ist und sofort eingreift. Das ist besonders bei emotionalen Ausbrüchen wichtig, bei denen ein Stellvertreter oder der Klient die Kontrolle zu verlieren droht.

In der Aufstellung selbst mache ich die Erfahrung, dass es für Stellvertreter in sehr belastenden Situationen hilfreich ist, wenn ich Körperkontakt halte, zum Beispiel indem ich eine Hand auf seinen Rücken lege. Es nimmt der Spannung und Energie in der Aufstellung nichts weg (was ich ursprünglich befürchtet hatte), sondern ist nur eine zusätzliche Stütze, sich mit dem Geschehen angemessen auseinander zu setzen.

Bei Ausbrüchen, die sich zu verselbstständigen drohen, ist es das Wichtigste, die Person wieder zurück in die aktuelle Situation zu holen.

»Mach die Augen auf und schau mich an!« Wenn dieser Satz mehrmals energisch geäußert wird, folgen die Betroffenen zumeist. »Und jetzt schau mir in die Augen! Siehst du mich?« Oft kommt er dann ein Stück weit zurück. Zusätzliche Fragen, die ihn in den Moment zurückzuholen helfen, sind: »Was ist meine Augenfarbe?« – »Welche Farbe hat mein Pullover?« – »Wie heiße ich?« – »Wer bist du?« Und dergleichen.

Auf der anderen Seite habe ich in Erinnerung, wie eine Teilnehmerin einer Aufstellung kreidebleich zu Boden ging, ich hinstürzte und sie aufforderte, die Augen zu öffnen. Schließlich kam eine erfahrene Teilnehmerin hinzu, die erklärte, dass das hier eine Kreislaufschwäche sei, bei der es am günstigsten ist, die Beine hochzulegen und sich kurz auszuruhen. Von daher bin ich der Überzeugung, dass ein Erste-Hilfe-Kurs für Aufsteller sicherlich nützlich ist.

Nachsorge

Manchmal geht es Teilnehmern in den ersten Tagen oder Wochen nach dem Seminar nicht gut. Durch die Aufstellungen sind sie in Kontakt mit Ereignissen und Gefühlen gekommen, die schmerzhaft und belastend sind.

Hilfreich ist es, wenn schon im Seminar kurz darauf eingegangen wird. Ein guter Begriff dafür, der aus der Homöopathie kommt, ist der der »Erstverschlimmerung«. Bevor etwas heilen und sich lösen kann, tritt es noch einmal besonders stark und eindrücklich auf. Das ist ein wichtiger Teil des Heilungsprozesses.

Ich weise Teilnehmer auch auf die Möglichkeit der Verwirrung nach einem Seminar hin. Da ist jemand in einer sehr belasteten Familie aufgewachsen und trägt viele schlimme Erinnerungen mit sich. In der Aufstellung ist aus dieser gespannten und isolierten Familie innerhalb von einer Stunde ein Bild entstanden, wo jeder sich wohl fühlte und den anderen liebevoll anschaute. Es ist fast natürlich, dass nach kurzer Zeit Verwirrung auftaucht. Was ist denn jetzt richtig? Die Erinnerungen oder das neue Bild?

Ich informiere die Beteiligten deshalb, dass auch Verwirrung mit dazugehören kann und dass dies kein Grund zur Besorgnis ist. Es geht nicht darum, durch Nachdenken und Grübeln aus der Verwirrung herauskommen zu wollen, sondern sie einfach zu lassen. Nach einiger Zeit verschwindet sie von allein.

Es ist gut, dass Klienten für Notfälle die Telefonnummer des Therapeuten haben. Ich werde nicht oft, aber immer wieder einmal nach einem Seminar angerufen, und es ist dann jedes Mal für den Betreffenden sehr wichtig, mit mir zu reden. In solchen Situationen ist häufig auch eine weitere Nachbetreuung notwendig. Wer das aus räumlichen oder zeitlichen Gründen nicht selbst übernehmen kann, tut gut daran, einige Therapeuten zu organisieren, die das sachkundig übernehmen können. Für einen nachbetreuenden neuen Kollegen halte ich als wichtigstes Kriterium, dass er die Aufstellungsarbeit kennt. Anderenfalls kann der Klient durch einen unwissenden Therapeuten noch in zusätzliche Verwirrung gestürzt werden.

Abwandlungen der Aufstellungsform

Die Aufstellung in der klaren, einfachen Form, wie Hellinger sie entwickelt hat, kommt der Form eines Rituals nahe, das gerade durch seine Schlichtheit eine große Wirkung entfaltet. Deshalb sieht es an der Oberfläche so einfach aus. Dieser Anschein ermuntert Anfänger, ihre eigenen Varianten zu entwickeln, weil sie oft nicht die elegante Form erkennen und schätzen, die alles Beiwerk auf das Minimum reduziert.

Bisweilen mag jemand etwas dazufügen, was ihm selbst als Aufsteller gut tut und damit seine Arbeit erleichtert. Solche Hilfen betrachte ich immer als eine angemessene Unterstützung. Aber auch aus anderen Gründen entsteht das Bedürfnis, dem einfachen Aufstellen noch etwas hinzuzufügen. Ich führe einige mögliche Ursachen auf:

- Die Kargheit überfordert schlicht manchen Leiter in ihrer Strenge und Schnörkellosigkeit. Mit der einen oder anderen »Garnierung« wird das Ganze vielleicht gefälliger und freundlicher. Bisweilen hat der Anfänger auch den Drang, die Aufstellungsarbeit möglichst zu verbessern, ohne sie schon in der Tiefe verstanden zu haben.
- Manch einer mag das Gefühl haben, mehr mit seinen Wurzeln verbunden zu bleiben, wenn er in die Aufstellung Techniken aus seinem therapeutischen Hintergrund, ob Gestalt, Psychodrama, Kinesiologie, Schamanismus usw., mit einbringt.
- Jemand anders will noch eine eigene Zutat hinzufügen, damit die Arbeit eine persönliche Färbung bekommt. Aufstellen »nach Hellinger« mag nicht jedermanns Sache sein. Da klingt ein »Aufstellen nach Hellinger und Müller« in den eigenen Ohren (von Herrn oder Frau Müller, natürlich) schon besser. Deshalb braucht es die Zutaten.

- Dann gibt es auch den Profi, der voller Stolz die Aussage vertritt: Die ursprüngliche Form habe ich zwar von Hellinger übernommen, sie dann aber noch verbessert. Da werden dann auch kleine eigene Einfälle oder logische Weiterführungen durch neue Wortschöpfungen aufgebauscht zu großartigen Weiterentwicklungen.

Leider ist es, wie schon erwähnt, nicht so, dass ich Aufstellungen in jedem Fall verbessere, wenn ich noch etwas hinzufüge. Das, was ich dazutue, nimmt dem Ganzen oft an Kraft und Richtung. In jedem Fall ist es empfehlenswert für denjenigen, der das Handwerk des Familien-Stellens lernen will, sich zunächst möglichst auf die ursprüngliche, schlichte Form einzulassen.

In Übungsgruppen meiner Weiterbildungen habe ich erlebt, wie Teilnehmer immer dann zu ihrer ursprünglichen Methode zurückgriffen, wenn sie sich in einer Sackgasse mit der Aufstellung fühlten. Dann wurden zum Beispiel plötzlich Gestalt-Elemente eingesetzt. Damit verhinderten sie aber gerade das Lernen, mit dieser wichtigen Situation bei Aufstellungen umzugehen.

Wer Methoden mischt, ist manchmal auch in keine der beteiligten Methoden richtig eingedrungen. Denn jede Methode hat einen klaren Fokus, der ihr die Stärke gibt. Um sie herum ist ein eigenständiges Feld entstanden, das seine Berechtigung und seinen Nutzen hat. Dann nehme ich einer Methode von ihrer Kraft, wenn ich sie mit einer anderen mische.

So habe ich bei einem Kongress an einem Workshop teilgenommen, wo Elemente aus dem Psychodrama mit dem Aufstellen kombiniert wurden. Ich schätze Psychodrama und finde, es ist eine ausgezeichnete Methode – aber nicht in der Kombination mit Aufstellungen. Ich nehme damit sowohl dem Pychodrama Kraft als auch dem Aufstellen.

Meine Vorstellung ist, dass ich eine Methode für sich allein in der Tiefe erfahren muss. Dann wird etwas dadurch bei mir verändert. Diese Veränderung fließt dann irgendwann von allein als natürlicher und eher unauffälliger Beitrag dieser Methode in mein Handeln ein.

– 3 –

Rolle und Verhalten
des Aufstellers

In Teil I habe ich schon Grundlegendes über die persönlichen Anforderungen an den Aufsteller geschrieben. Hier wird dies weiter konkretisiert mit dem Blick auf die Praxis der Aufstellungen und den Umgang mit den Teilnehmern.

Der Ernst

Der Leiter gibt den Aufstellungen den unsichtbaren, inneren Rahmen. Seine Präsenz bereitet den Boden, auf dem eine Aufstellung sich entfalten kann. Zu dieser Präsenz gehören Aufmerksamkeit, Mut, Entschlossenheit und das Übernehmen von Verantwortung.

Der Leiter einer Jugendgruppe kommt nach einem Aufstellungsseminar, an dem er teilgenommen hat, wieder zurück in seine Gruppe und erzählt den Jugendlichen kurz von seinen Erfahrungen: »So eine Aufstellung könnten wir hier auch einmal machen. Habt ihr Lust?«, meint er. »Klar«, tönt es zurück. »Wie geht denn das?«, fragt einer. »Okay, nehmen wir dich doch gleich einmal. Such dir jemanden für deinen Vater als Stellvertreter aus.« – »Na, so einen Bierbauch hat keiner hier«, witzelt er unter allgemeinem Gelächter, als er sich für einen Kameraden entscheidet, der ebenfalls erst noch einen Witz loswerden muss. »Und jetzt?« – »Stell ihn einfach mal in den Raum, und dann such jemanden für deine Mutter!« Der plötzliche Klient stellt seinen Kameraden hin und sucht jemanden für seine Mutter, was noch größeres Gelächter erzeugt: »Muss ich hier die ganze Zeit stehen? Mir passt das aber nicht«, meldet sich inzwischen der Stellvertreter. »Doch, du musst da schon stehen bleiben.« – »Ist aber langweilig!«

In dieser Atmosphäre wird kaum oder gar nichts von den Erfahrungen deutlich werden, die üblicherweise Familienaufstellungen bestimmen. Irgendwann wird das Ganze entnervt oder unter Gelächter abgebrochen werden. Dabei ist es nicht daran gescheitert, dass es in einer Jugendgruppe stattfindet. Solche Gruppen sind zu erstaunlicher Sammlung und Anteilnahme fähig. Gescheitert ist es an der mangelnden Präsenz des Aufstellers. Er muss sich über den Ernst im Klaren sein, wenn eine Gruppe eine Familienaufstellung durchführen möchte.

Wie Hellinger sagt, kann in jeder Aufstellung eine Situation auftauchen, bei der es um Leben und Tod geht. Deshalb braucht der Aufsteller zunächst die eigene Sammlung und Entschlossenheit. Er braucht eine innere Bereitschaft, es zu wagen. Wer das nur einmal ausprobieren will, halbherzig und nur teilweise entschlossen (»Probieren wir es doch einmal ein bisschen …?«), der bietet keinen sicheren Rahmen. Eine Gruppe spürt das, so wie im obigen Beispiel, und wird das Ihre dazu beitragen, das Ganze zum Spiel statt zum Ernst zu machen.

Hat der Aufsteller die innere Bereitschaft, dann wird er für einen äußeren Rahmen sorgen, der die nötige Sammlung, den nötigen Ernst in den Raum bringt. Gelingt ihm das nicht, weil beispielsweise die Bereitschaft der Anwesenden im Moment (noch) nicht gegeben ist, lässt er die Aufstellung bleiben.

Im Gegensatz zum Ernst steht das Lachen. Wie sieht ein sinnvoller Umgang damit aus? Es gibt ein befreiendes Lachen, das sich manchmal Bahn bricht. Gerade nach schweren Aufstellungen kann dieses Lachen mit der Tragik des Lebens, die sich gerade gezeigt hat, ein Stück versöhnen.

Häufig dagegen in Aufstellungen ist Lachen Zeichen einer Spannung, die von den Teilnehmern nicht ausgehalten wird. Es ist zu viel oder zu schlimm, was sich zeigt. Lachen schafft dazu Distanz. Gleichzeitig wird man damit aber einer Aufstellung und der Familie nicht gerecht. Für den Klienten, der seine Familie aufgestellt hat, wird ein längeres Lachen der anderen über seine Familie verletzend sein. Denn ihm ist es ernst! In solchen Situationen muss der Aufsteller das Lachen erst annehmen und von dort aus wieder zum Ernst zurückführen.

»Ihr lacht gerade über das, was geschieht. Nehmt einmal die Spannung wahr, die hinter dem Lachen ist und dadurch ein Stück weggedrückt wird.« Mit solchen Sätzen kehrt allmählich die Aufmerksamkeit für das tatsächliche Geschehen wieder zurück.

Die Schlüsselstellung

Der Leiter verstärkt die Intensität, wenn er während der ganzen Aufstellung die Rolle einer Schlüsselstellung einnimmt. Er bringt dadurch mehr Kraft und gleichzeitig Ruhe hinein. Denn eine Aufstellung ist kein Rollenspiel, kein Psychodrama und kein Encounter.

In der Aufstellung steht sich das Paar gegenüber. Der Aufsteller fragt den Mann, wie es ihm mit der Frau geht. »Du bist

mir egal«, sagt er ihr trotzig. »Ich finde dich einen Schwäch-
ling«, meint sie und zieht die Nase hoch. »Du kannst doch sa-
gen, was du willst, mir macht das nichts aus«, kommt zurück.

So könnte es jetzt noch eine Viertelstunde weitergehen.
Beide steigern sich in einen ganz normalen Ehekrach hinein.
Es nimmt aber einer Aufstellung Kraft, auf dieser Ebene zu
bleiben. Die Energie wird jedoch gesammelt, wenn der Aufsteller die Rolle als Schaltstation übernimmt.

Das Paar steht sich gegenüber. Der Aufsteller fragt den
Mann, wie es ihm mit der Frau geht. »Du bist mir egal«, sagt
er ihr trotzig. »Stopp«, sagt der Aufsteller. »Erzähl es nicht
ihr, sondern mir.« Etwas widerwillig sagt ihm der Stellver-
treter: »Sie ist mir egal.«

 »Okay, dann schau sie jetzt noch einmal an, und sag ihr
mit Ruhe ohne Emotion: ›Du bist mir egal.‹« Der Mann tut
es. Dann fragt der Leiter die Frau. »Wie geht es dir damit?«
– »Ich lasse das nicht an mich heran. Ich halte ihn für einen
Schwächling.« Daraufhin schlägt der Leiter der Frau vor:
»Sag ihm: ›Ich achte dich nicht als Mann.‹« Sie sagt ihm das.

 Der Mann teilt dem Leiter auf sein Nachfragen mit, dass
ihm das nichts ausmacht. Der Leiter schlägt ihm vor: »Sag
ihr: Ich lasse das nicht an mich heran.«

Wer das zum ersten Mal sieht, dem mag diese Form über-
flüssig oder künstlich erscheinen. Aber durch die Schlüsselstellung, die der Aufsteller einnimmt, wird das, was in dieser Beziehung abläuft, klarer und eindeutiger. Die Sätze, die
sich das Paar sagt, haben mehr Wucht und Bedeutung, wenn
sie mit Ruhe gesagt werden statt in der Form eines Schlag-
abtausches. Die Beziehung wird eindeutiger und das, was
darunter ist, kann sich eher zeigen.

Ich mache immer wieder die Erfahrung, dass es wichtig ist, diese Rolle auch gegen impulsive oder erfahrene Stellvertreter durchzusetzen. Wenn viele Emotionen, gerade bei einem Paar, hochkommen, dann kann es notwendig sein, dass ich dazwischentrete, um den Blickkontakt zu unterbrechen. Ich muss es dann deutlich machen, dass es mir mit der Rolle der Zwischenstation ernst ist.

In den Übungsgruppen meiner Weiterbildung habe ich festgestellt, dass leicht eine Mischform entsteht.

In der Aufstellung steht sich ein Paar gegenüber. Der Aufsteller fragt die Frau, wie es ihr mit dem Mann geht. »Er ist mir egal«, meint sie. Der Aufsteller richtet sich an den Mann. »Wie geht es dem Mann, wenn er das hört?«

Was hier geschieht: Der Aufsteller geht davon aus, dass der Mann das hört, was ihm die Frau erzählt. Aber die Frau hat direkt mit dem Aufsteller gesprochen. Es ist in einer solchen Situation wichtig, dass sie dem Mann diesen Satz noch einmal direkt ins Angesicht sagt. Sonst werden die Kontakte und die Beziehung immer unklarer und verwaschener.

Der Therapeut nimmt die Schlüsselrolle auch ein, wenn er das Offensichtliche in Worte fasst und äußern lässt.

In der Aufstellung schwankt der Vater leicht hin und her. Der Aufsteller bemerkt das und schlägt ihm den Satz vor: »Ich schwanke.« Der Vater äußert den Satz – und das Schwanken wird stärker.

Wenn etwas in Worte gefasst wird, bekommt es mehr Bedeutung. Das, was gesagt wird, wirkt sich aus und führt die Aufstellung weiter.

Gefahren im Gebrauch der Autorität

Aufsteller sind sich manchmal nicht bewusst, welche auch ungute Wirkung sie im Gebrauch ihrer Autorität haben. Je mehr sie die eigenen Ansichten »durchdrücken« wollen, ohne gleichzeitig auch den Klienten im Blick zu haben, desto unsicherer wird der Boden, auf dem sie sich bewegen. Es ist wichtig, die eigene Sensibilität hierfür immer mehr zu erhöhen.

Je hilfloser und unsicherer sich der Klient fühlt, desto weniger wehrt er sich. Er gibt nach, weiß aber, dass es nicht richtig ist. Aber er wagt nicht dazuzustehen, sondern gibt sich zusätzlich die Schuld und fühlt sich schlecht.

Am Montagmorgen bekomme ich den Anruf einer mir fremden Frau. Sie habe eine Frage. Sie stelle regelmäßig in einer Gruppe mit einer Diplompsychologin. Seit der letzten Aufstellung sei sie so in Unruhe und verwirrt, grüble ständig nach.

Die Frau berichtet weiter: Die Therapeutin habe ihr nach der Aufstellung gesagt, ihr Vater, der schon tot sei, verwechsele sie mit seiner Mutter und wolle sie, die Klientin, holen. Sie habe sich bisher sehr ausgesöhnt mit ihrer Mutter und ihrem Vater gefühlt und habe auch in der Aufstellung nichts von einem Zug zum Tod bemerkt. Aber jetzt sei sie völlig verunsichert und habe Angst. Bisher habe sie auch Familienbilder ihrer toten Angehörigen aufgestellt und sich damit wohl gefühlt. Aber jetzt beunruhige sie das alles nur noch, am liebsten würde sie alle Bilder wegstellen.

Mein Rat an die Frau ist, ihrer eigenen Wahrnehmung zu folgen. Sie müsse jetzt einen mutigen Schritt tun, nämlich sich entscheiden, der eigenen Autorität mehr zu folgen als der fremden. Dieser Schritt sei nicht leicht und das Grübeln und Verwirrtsein oft sogar das Einfachere.

Sie wurde ruhiger und meinte, sie wolle es versuchen.

Für den Therapeuten selbst gilt, dass er beim Wahrnehmen eines Fehlers die Verantwortung dafür übernehmen muss. Es ist nur Selbstschutz, wenn man sich mit der Ansicht tröstet, auf lange Sicht gesehen sei ein solcher Fehler sicherlich nützlich für den Betreffenden. Das mag schon richtig sein, aber es enthebt den Therapeuten nicht von der Verantwortung an der aktuellen Verletzung.

Ein Leiter unterschätzt oft die starke Wirkung, die er als Aufsteller in einem Seminar hat. Das Erleben aus der Sicht des Leiters und der des Teilnehmers ist häufig diametral entgegengesetzt. Da gibt es kleine Unstimmigkeiten bei dem Kontakt mit dem Teilnehmer zu Beginn der Aufstellung. Wenn ich sie als Leiter überhaupt ernst nehme, dann formuliere ich sie von meiner Warte aus vielleicht so: »Ich war ein bisschen kurz angebunden.« – »Vielleicht habe ich nicht alles genau angehört.« – »Etwas genervt war ich schon, aber ich habe mich zusammengenommen.«

Aus der Sicht des Teilnehmers sieht es ganz anders aus – und wird vor allem ganz anders erlebt. Er ist dünnhäutig und leicht verletzlich. Der Leiter hat das zu beachten. Das gehört zu seiner Aufgabe mit dazu.

Mir hat das eine Erfahrung aus einem Kommunikationsseminar, das ich früher einmal gehalten habe, sehr deutlich gemacht.

Bei der ersten Runde, bei der jeder mitteilt, warum er gekommen ist, sagt eine Teilnehmerin, sie habe immer Schwierigkeiten mit anderen, die sie nicht verstehe. Aus Gründen, die ihr nicht ersichtlich seien, würden diese sauer auf sie oder zögen sich vor ihr zurück.

Nach zwei Tagen erlebe ich dann, wie ich von dieser Teilnehmerin und ihren Worten sehr genervt bin und wie ich spontan sauer reagiere. Sie versteht meine Reaktion nicht, ist

verletzt, verlässt am Abend das Seminar und fährt wieder
nach Hause.
   Das Einzige, was ich machen konnte, war ihr hinterher in
einem Brief zu schreiben, dass es mir Leid tue.

Was war geschehen? Da kommt jemand mit einem Problem,
das er klar benennt, zu jemandem, der ihm verspricht zu helfen. Aber der Helfer verhält sich wie alle anderen und wird
der Situation und der Person nicht gerecht. In einer solchen
Lage kann ich nicht dem Hilfesuchenden den schwarzen Pe-
ter zuschieben, sondern muss ihn selbst übernehmen. Der angemessene Umgang wäre gewesen, den eigenen Ärger zwar zu
registrieren, ihn aber nicht einfach spontan »rauszulassen«,
sondern ihn zusammen mit der Teilnehmerin zu erforschen.

Der Klient im »Widerstand«

Widerstand ist ein Konzept oder eine Blickweise, die für die
Entwicklung der eigenen Arbeit und Kompetenz nicht günstig
ist. Widerstand kann vom Begriff her nur da existieren, wo je-
mand ein Ziel oder eine Absicht hat. Auf den Punkt gebracht:
Ein Klient will nicht so, wie der Aufsteller will. Er ist mit dem
Vorgehen oder mit dem Ergebnis nicht einverstanden.
   Die eigene Frustration darüber wickelt der Aufsteller
dann in das Wörtchen »Widerstand« ein: Eigentlich sei der
Klient schuld, dass es nicht so wird, wie der Aufsteller es sich
erträumt hat.

Der Teilnehmer kommt zu mir zu einem zweiten Seminar
und erzählt plötzlich von der vergessenen Halbschwester, die
sein Vater gezeugt hat, als er selbst acht war. Obwohl er im
ersten Seminar über die Bedeutung solcher Fakten aufgeklärt

worden war, hatte er sie beim letzten Mal nicht erwähnt und
aufgestellt, »weil ich es nicht wichtig gefunden habe«.

Ist das nicht ein typisches Beispiel für inneren Widerstand gegen Veränderung? Nur wenn wir die Oberfläche betrachten. In der Tiefe entdecken wir die Loyalität des Teilnehmers zur Familie, die dieses Geheimnis schützen wollte.

Je lösungsfixierter ein Aufsteller ist, desto unwilliger wird er auf den Klienten und seine Einwände reagieren. Es fordert die Flexibilität des Therapeuten heraus, sich immer wieder neu angemessen auf Reaktionen des Klienten einzustimmen.

Die Klientin will ihren früh verstorbenen Eltern in der Aufstellung begegnen. Sieben Jahre Psychoanalyse hat sie schon hinter sich. Es ist eine längere Aufstellung, bei der die Lasten, die in der Familie getragen werden, deutlich sind. Schließlich steht das Kind den Eltern gegenüber und fühlt sich geborgen.

Die Klientin geht auf den Platz ihrer Stellvertreterin. Sie schaut sofort weg, dreht sich dann um und geht zurück auf ihren Platz. Eine Minute später frage ich sie, wie es ihr geht, und sie verlässt wortlos den Raum.

Wie reagiere ich als Leiter spontan in der Situation? Werde ich sauer auf die Klientin? Beunruhigt? Mache ich mir Sorgen, etwas übersehen zu haben?

Wie kann ich angemessen mit der Situation umgehen, wenn die Klientin wieder auf ihrem Platz ist? Sicher ist es wichtig zu wissen, was in ihr vorging. Aber was ist der richtige Zeitpunkt dafür, dass sie sich nicht überfordert oder unter Druck gesetzt fühlt? Natürlich brauche ich auch meine Augen, um den Zustand einschätzen zu können. Wenn sie gelassen wirkt, kann ich sie nach einiger Zeit fragen. Aber was ist, wenn sie sehr aufgewühlt wirkt? Heißt das, dass ich schnell auf sie zugehe oder besser noch eine Zeit lang warte, bis sie ruhiger ist?

Es kann an dieser Stelle keine allgemeinen Regeln geben. Die Klienten unterscheiden sich so sehr wie die Situationen. Aber auch die Aufsteller sind unterschiedlich. Da, wo der eine mit natürlicher Herzlichkeit locker eine Barriere auflöst, muss der andere auf den richtigen späteren Zeitpunkt warten.

Hellinger beschreibt eine hilfreiche Vorstellung bei Klienten, die als schwierig erlebt werden:

> »Wenn man einen schwierigen Klienten hat, hilft es, wenn man sich vorstellt, er ist vier Jahre alt, und wenn man sich vorstellt, in welcher Situation dieses vierjährige Kind ist. Dann hat man fast immer Mitgefühl und versteht auf einmal, wieso er sich so verhält. Das ist ein guter Zugang.«

Wenn der Therapeut den Klienten und dessen Familie im Hintergrund achtet, wird er immer nur ein dem Klienten angemessenes Verhalten entdecken.

Manchmal hat der Klient einfach andere Vorstellungen und Ideen als der Therapeut. Dann geht es nicht darum, dass der Therapeut »kraft seines Amtes« etwas durchdrückt.

Der Klient hat Schwierigkeiten in der Ehe. Ja, es gab eine erste Liebe. »Aber meine erste Liebe müssen wir nicht aufstellen. Damit habe ich abgeschlossen.« Der Therapeut meint freundlich: »Können wir einmal sehen, ob das stimmt?«

Es geht für den Therapeuten immer um eine angemessene Art und Weise des Umgangs, es geht über die Kunst des Rapports.

Für den Therapeuten sind Abweisungen oft schwierig. Da will ein Klient eine Aufstellung machen, aber der Therapeut hat das Gefühl, es ist noch nicht so weit. Tut er sich grundsätzlich schwer, jemanden abzuweisen, dann taucht häufig ein bestimmter Mechanismus auf. Der Therapeut macht innerlich dicht, unterbricht die innere Verbindung mit dem Klienten und äußert die Abweisung. Der Klient spürt das und erlebt die Veränderung wie eine kalte Dusche. Die Kunst besteht darin, dass man lernt, Nein zu sagen und gleichzeitig ihm gegenüber offen zu bleiben.

Besonders wichtig ist es für den Therapeuten zu sehen, ob er dem Klienten mit seinen Bemerkungen ein schlechtes Gewissen einredet oder ob er ihn wohlwollend auf das, was geschieht, aufmerksam macht.

Die Tochter will mit ihrer Mutter ins Reine kommen. In der Aufstellung steht die Mutter neben dem Mann und ist unbeteiligt. Die Tochter steht abseits und fühlt sich einsam, voller Schmerz und Zorn. Während einer langen Aufstellung ändert sich das Verhältnis. Schließlich schauen beide sich liebevoll an.

Als die tatsächliche Klientin an ihren Platz gegenüber der Mutter tritt, stößt sie aus: »Schön wäre es gewesen.«

Der Therapeut fragt: »Welche Wirkung hat dieser Satz?«

Mit ihrer Bemerkung verhindert die Klientin, das aktuelle Bild als echt anzunehmen und es wirken zu lassen. Der Therapeut macht ihr dies durch seine Frage klar.

Schließlich komme ich zu einer besonderen Form des »Widerstands«. Klienten werden schwieriger, weil ihre Unschuld, was das Familien-Stellen betrifft, vorbei ist. Es gibt immer mehr Vorerfahrene. Sie kommen bereits mit sehr festen Vorstellungen.

»Ich bin immer wieder deprimiert. Aber die Verstrickung mit meinem toten Onkel habe ich aufgelöst.« Eine Frau, deren Problem ihr Zorn ist: »Ja, ich weiß schon, das ist der Zorn meiner Großmutter.« – »Mit meinen Eltern ist es klar. Jetzt will ich noch die Großmutter meines Vaters aufstellen und die eine Tante.« Wieder befindet sich der Aufsteller in einem Spannungsverhältnis. Auf der einen Seite scheint es legitim, wenn Klienten mit Aufstellungen sich noch weiter mit ihrer Familie auseinander setzen. Wer wollte es jemandem verdenken, der ein gutes Bild seiner Eltern und Geschwister mit sich trägt, wenn jetzt das Bedürfnis geäußert wird, auch für die Großeltern einen angemessenen Platz zu finden!

Auf der anderen Seite ist es wichtig, dass sich der Therapeut seinen eigenen Blick und seine eigene Entscheidung vorbehält. Sonst rutscht er in die Rolle eines puren »Auftragsaufstellers«, der das aufstellt, was ihn der Klient anweist. Ich merke persönlich, dass deshalb für mich die Nennung des Anliegens wichtig ist. Wenn ich das bejahe, dann suche ich in eigener Verantwortung – zusammen mit dem Klienten! – die Personen aus, die dazu passen.

»Also, unser Kindermädchen müssen wir unbedingt dazu aufstellen. Die war ganz wichtig!«

Nun weiß ich aus der Erfahrung mit systemischen Verstrickungen, dass Kindermädchen im Regelfall hier nicht mit einbezogen sind. Bisweilen stelle ich in einer solchen Situation trotzdem jemanden wie das Kindermädchen dazu. Aus dem einfachen Grund: Wenn es ohne Bedeutung ist, wird der Klient es sehen können. Etwas entspannt sich. Wenn ich es nicht aufstelle, wird er sich weiter in seinen Phantasien und Träumen mit der Bedeutung des Kindermädchens beschäftigen.

Ein Therapeut sieht immer nur die Oberfläche. Manchmal ist es für den Klienten notwendig, dem Therapeuten gegenüber »Nein« zu sagen.

Die intensive, alle Teilnehmer berührende Familienaufstellung der Klientin ist zu Ende. Auch ich als Aufsteller atme auf, nachdem ich einige schwierige Klippen dabei umschifft habe. Als alle wieder sitzen, kommt der enttäuschte Kommentar der Klientin wie ein Guss kalten Wassers: »Das habe ich alles schon gewusst!«

Die Klientin wollte gleich am folgenden Tag noch einmal aufstellen, weil sie unzufrieden sei und es ihr schlecht ginge. Das wollte ich nicht. Ich konnte und wollte ihr auch nicht versprechen, dass am Ende des viertägigen Seminars noch eine Aufstellung stattfinden würde.

Zuerst war sie sehr ärgerlich, kam dann aber regelmäßig in den Pausen zu mir, um nachzufragen. Außerdem wollte sie Adressen von anderen Aufstellern, die ihr vielleicht helfen könnten. Ich hatte immer ein etwas komisches Gefühl dabei, wollte aber dennoch gern einen Schritt weitergehen. Als am vorletzten Tag noch etwas Zeit war, hatte ich eine Idee und schlug ihr eine Aufstellung vor, die sie dann auch durchführte. Sie stellte eine Stellvertreterin für sich und einen Stellvertreter für mich, den Seminarleiter.

Mein Stellvertreter war sehr angestrengt ihr gegenüber mit Spannungen im Bauch. Ihre Stellvertreterin stand gegenüber und hatte Spaß daran. Irgendwann kippte dann die Situation. Sie fühlte sich klein und schwach und äußerte: »Entweder breche ich zusammen oder ich gehe.« Das war der Schluss der Aufstellung.

Am Abend verließ die Frau das Seminar.

So wird sichtbar, dass auch Verhalten, das den Leiter an Teilnehmern stört und mit dem er unzufrieden ist, von der Seite des Klienten aus eine wichtige Funktion hat. Diese Bedeutung gilt es anzunehmen – auch ohne sie genau zu kennen – und zu achten.

Schwierige Momente beim Aufstellen

Immer wieder kommt es zu Situationen, in denen Aufstellungen stocken. Der Anfänger fürchtet sie. Aber wie Insa Sparrer und Matthias Varga es ausdrücken: Nichtwissen, Hilflosigkeit und Verwirrung sind die drei großen Helfer des Aufstellers – wenn er sie annimmt. Das Nichtwissen hilft beim Verzicht auf Interpretationen und Hypothesen. Die Hilflosigkeit erinnert uns daran, dass die erfolgreiche Durchführung einer Aufstellung nichts ist, was wir »können«, sondern jedes Mal ein Geschenk. Verwirrung führt zu neuem Lernen und ist die Grundlage der Verwunderung und des Staunens.

Was kann der Aufsteller tun, wenn er auf einmal nicht mehr weiterweiß? Die Taschenlampe der Intuition verlischt, und er steht mitten im Dunkeln. Was tun? Die nützlichen Vorgehensweisen sind dann die folgenden:

Sich auf das Minimum konzentrieren

Die Konzentration auf das Minimum erleichtert den Überblick. Das Bedürfnis nach einer kompletten Lösung ist natürlich und verständlich. Wer jedoch einen vollständigen Blick in alle Verästelungen einer Familie anstrebt, macht sich und den Teilnehmern das Leben unnötig schwer. Als mir ein Freund erzählte, dass seine eigene Aufstellung zweieinhalb (!) Stunden in Anspruch genommen hatte, war ich beeindruckt. Dennoch bin ich der Ansicht, dass eine derartige Länge die Konzentration der meisten Leiter und Teilnehmer überfordert.

Das Minimum beim Aufstellen der Herkunftsfamilie ist in der Regel die Kernfamilie: Dazu gehören die Eltern und die Geschwister einschließlich dessen, der aufstellt. Von diesen Personen kann der entscheidende Überblick über Spannungen in der Familie gewonnen werden. Erst danach ist es sinnvoll, zusätzliche Personen hinzuzunehmen, am besten, indem jeweils nur eine wichtige Person hinzukommt. Dann kann anhand der Wirkung sofort überprüft werden, ob sie Bedeutung hat. Ändern sich bei keinem der bisher Aufgestellten die Gefühle, erweist sie sich als nicht wichtig und kann gleich wieder herausgenommen werden. Wer zu schnell zu viele Familienmitglieder aufstellt, verheddert sich leicht in der Fülle der Informationen.

Stehen bleiben und eine kurze Pause machen
Die Aufstellung gerät ins Stocken, die Intuition versagt. Das innere Licht geht aus, und kein plötzlicher Geistesblitz erhellt das Dunkel. Das Wichtigste ist jetzt, nicht in Panik zu geraten. Es gilt, sich der Dunkelheit zu stellen, sie auszuhalten, ja, zu erleben. Wer die Dunkelheit scheut, gerät in Panik und läuft zu früh los. Wer erfahren hat, dass das Licht immer wieder einmal ausgeht, reagiert auch in solchen Situationen mit Besonnenheit.

Der Erfahrene weiß, dass er seinen Weg finden wird. Nehmen Sie sich einen Moment Zeit. Wenn die Augen sich an die Dunkelheit gewöhnt haben, wird manchmal ein schwacher Lichtschimmer sichtbar, und der Weg kann in diese Richtung weitergehen. Oder wenn die Dunkelheit weiter bestehen bleibt, kann es nach kurzer Zeit sinnvoll sein, dass man vorsichtig anfängt, einen Fuß vor den anderen zu setzen und sich so vorwärts zu tasten.

Ebenfalls eine wichtige Intervention im Dunkeln kann es sein, an dieser Stelle – mitten in der Finsternis – eine Aufstellung abzubrechen. Das Vertrauen, dass »die Seele« genügend Anstöße erfahren hat, um sich sicher weiter in Richtung auf eine gute Lösung hinzubewegen, macht diesen Schritt gangbar und bedeutungsvoll. Gleichzeitig wird einem so der Druck von den Schultern genommen, stets vollendete Schlussordnungen zu präsentieren.

Die folgenden Möglichkeiten sind Schritte, die vor dem möglichen Abbruch sinnvoll sein können (aber nicht jedes Mal unbedingt gegangen werden müssen).

Experimentieren

Der Aufsteller kann immer wieder ein Stück in eine neue Richtung gehen und überprüfen, ob er auf dem richtigen Weg ist. Erweist sich eine Idee als nicht fruchtbar, wird sie verworfen. Es lohnt sich, auch überraschenden und verrückten Einfällen nachzugehen und sie zu überprüfen. Mir selbst hilft es in einer solchen Situation, wenn ich es vorher benenne: »Ich habe da jetzt einen verrückten Einfall ...«

Andererseits ist es auch gut, das Experimentieren zu begrenzen. Häufig fehlen Informationen über Fakten in der Familie. Die Reaktionen in der Gruppe sind sehr oft ein guter Indikator dafür, ob sich jemand auf dem Weg zu einer Lösung befindet. Unruhe oder sich ausbreitende Langeweile sind Hinweise dafür, dass die Aufstellung bald beendet werden sollte.

Die Grundordnung vorgeben

Die Veränderung der räumlichen Ordnung ist der Eingriff mit der stärksten Wirkung. Nehmen wir eine jener komplizierten Ausgangsunordnungen. Die Mitglieder des Systems stehen kreuz und quer im Raum herum. Das Bild wirkt chaotisch, und die Äußerungen der Stellvertreter sind verwirrend. Viel Ungelöstes und Belastendes kommt ans Licht. In dieser Situation ist das Aufstellen der Grundordnung (Eltern nebeneinander, Kinder dem Alter nach gegenüber) ein sinnvoller Schritt, um Klärung zu bringen. Nach diesem Schritt wird sichtbar, welche Verstrickungen sich allein durch die neue räumliche Ordnung gelöst haben und welche immer noch vorhanden sind. Letztere sind die jetzt wichtigen.

Den Irrtum durch das Echo regulieren lassen

Mit am eindrucksvollsten beim ersten Aufstellerkongress in Wiesloch war es für mich, Hellinger im Umgang mit Fragen nach einer Aufstellung zu erleben. Zwei- oder dreimal kamen Fragen wie »Warum hast du denn nicht den Onkel aufgestellt oder berücksichtigt?«. Ein kurzer Moment der Überlegung, dann die Zustimmung: »Genau, das war eine wichtige Tatsache. Ich hatte es vergessen. Das müssen wir gleich noch ergänzen.« Die Ergänzung erfolgte dann gleich in der tatsächlichen Aufstellung oder durch die Anregung, sich diese Szene vorzustellen.

Irgendwann äußerte Hellinger dann den Satz: »Das Echo reguliert den Irrtum.« Dieser Satz bringt eine große Entlastung. Der Therapeut leitet zwar die Aufstellung, aber er ist als Mensch – wie sollte es auch anders sein! – fehlbar. Er wird immer wieder auch Irrtümer begehen. Aber nicht der Therapeut allein macht die Arbeit. Die ganze Gruppe oder wie bei Hellinger sogar ein ganzer Saal sind Mitwirkende und Mitschöpfende einer Aufstellung. So wie es eine Verbundenheit in der Familie gibt, gibt es eine Verbundenheit in dieser Arbeit, ein gemeinsames Feld, das trägt.

Das Echo der anderen Anwesenden kann einen Irrtum korrigieren oder einen guten neuen Weg aufzeigen, wenn der Therapeut seine Antennen auch für die Botschaften und die hilfreichen Bemerkungen aus der Gruppe ausfährt.

Die Balance der Interventionen – Energie, Ordnung, Realität und der Fokus

Die gelungene Aufstellungsarbeit entsteht aus einer Balance von vielen Ebenen. Der Therapeut arbeitet jeweils auf einer, ist sich aber der anderen im Hintergrund bewusst. Je nach Bedarf bringt er eine neue Ebene ins Spiel.

Je erfahrener der Therapeut ist, desto mehr kann er allen Ebenen gerecht werden. Drei wesentliche lassen sich am einfachsten in einem Dreieck verbinden und darstellen. Dieses Dreieck sieht so aus (im Folgenden gehe ich zunächst einzeln auf die Ebenen ein):

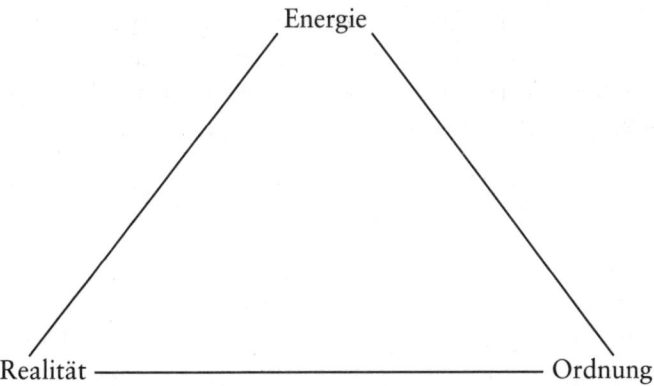

Energie

Realität ——————————————— Ordnung

Die Energie

Die Energie in Aufstellungen ist die Energie des wissenden Feldes. Sie zeigt sich in vielerlei Form. Aufstellungen sind wie gesagt eine Art Bestandsaufnahme der in einer Familie unterschwellig vorhandenen Energien. Das drückt bereits der Platz aus, an dem jemand steht, der Abstand, den er zu den anderen Familienmitgliedern hat, und die Richtung, in die er schaut.

- Die Stellvertreter spüren in ihrer Rolle Körperwahrnehmungen, Gefühle und Beziehungen der Person, für die sie stehen.
- Die Stellvertreter können Auskunft geben, ob Veränderungen, die der Leiter vorschlägt, oder Sätze, die er ihnen vorgibt, stimmig sind oder nicht.
- Die Stellvertreter haben bisweilen Impulse zu Veränderungen. Dieses sind immer Veränderungen in eine gute Richtung, nämlich in die einer Lösung.

Der Leiter achtet auf die Energien und Impulse der Stellvertreter. Er nutzt dazu alle seine Sinne. Je mehr der Therapeut sieht, desto weniger muss er nachfragen, denn er erkennt die Richtung, in die die Energie der Stellvertreter geht. Sie spüren in ihrer Rolle am besten, was in dieser Familie stimmig ist. Ihre Reaktionen hat er zu beachten, ihnen vertraut er. Durch das Verhalten der Stellvertreter lässt er sich führen und erkennt, ob er auf dem richtigen Kurs ist.

Da verneigt sich der Sohn vor dem Vater, und dieser runzelt kurz die Stirn. Oder die früh verstorbene Tante wird zur Familie gestellt, und die Nichte atmet tief aus. Der Therapeut registriert es und reagiert sofort darauf, entweder durch ein Nachfragen oder durch einen neuen Vorschlag.

Der Therapeut folgt der Energie ganz, wenn er sich nur nach dem richtet, was die Stellvertreter spüren und äußern. Die Sätze, die er vorschlägt, geben das wieder, was die Stellvertreter empfinden und beschreiben. »Ich fühle mich unwohl mit meinem Bruder.« – »Ich habe einen gewaltigen Zorn auf meine Frau.« Nachdem er einen Stellvertreter gefragt hat, wie es ihm geht, lässt er ihn das Gesagte noch einmal möglichst ähnlich in der Aufstellung äußern. Wenn der Aufsteller so nah bei der Energie der Aufstellung bleibt, kann er praktisch nicht in die Irre gehen und sich verrennen.

Wer früher bereits mit energetischen Zuständen gearbeitet hat, bringt gute Voraussetzungen mit, um den Energien zu folgen. Wer mehr in Strukturen und Systemen denkt, dem ist dieses Vorgehen fremd. Um der Energie zu folgen, braucht es auch eine mehr dienende Haltung. Wer gewohnt ist, zu ordnen, aktiv einzugreifen und zu verändern, tut sich zunächst schwer.

Aufstellungen geben immer nur Bilder energetischer Zustände in einer Familie wieder. Häufig enthüllen sie eine Ebene der Wahrheit dieser Energien unter der Oberfläche. Von diesen Ebenen der Wahrheit gibt es viele. Deswegen kann jemand im Laufe der Zeit auch tiefer in die Energien eindringen, die ihn mit seiner Familie verbinden. Wer diese Energien für Realität hält, verliert den Boden unter den Füßen.

Es existiert ebenfalls ein Spannungsfeld zwischen Fakten und Mythen, die in einer Familie erzählt werden. Manches, was als Tatsache überliefert ist, war vielleicht in Wirklichkeit anders.

Die Mutter ist in der Nachkriegszeit von einem amerikanischen Soldaten vergewaltigt worden und hat ein Kind bekommen.

*In der Aufstellung schauen sich die Mutter und der ame-
rikanische Soldat voller Liebe und Leidenschaft an.*

Auch hier kann der Leiter nicht so tun, als ob die Aufstellung eine sichere Realität widerspiegele, auch wenn er es vermuten mag. Aber er weiß es nicht und kann deshalb nicht
so tun, als ob jetzt Tatsachen festgestellt worden wären. Es
wird sehr viel Behutsamkeit von einem Therapeuten in einer
solchen Situation gefordert.

Manchmal prallen die Ideen des Therapeuten zur Lösung
und die Energie der Stellvertreter zunächst aufeinander.

*Die Tochter steht gegen Ende der Aufstellung vor der Mutter.
Der Therapeut schlägt ihr vor: »Sag deiner Mutter: Ich achte
dich.« Die Stellvertreterin protestiert: »Nein. Mag ich nicht.«*

Für den Therapeuten wird es eine Gratwanderung zwischen
einer hilfreichen Unterstützung, in eine neue Richtung zu gehen, und unzulässigen Druck. Ersteres könnte so lauten:
»Lass dir Zeit. Schau deiner Mutter in die Augen und probiere es einmal.« Der Druck kommt eher durch einen Satz
wie: »Mach es einfach!« Aber auch hier sind der Ton und
die Haltung dahinter entscheidend.

*In einer Supervisionsgruppe mit erfahrenen Aufstellern steht
der Vater dem Mörder seines Kindes voller Zorn und Hass
gegenüber. Die Spannung ist greifbar. Der Therapeut schlägt
dem Vater vor: »Stell dich einmal an seine Seite.« – »Nein«,
kommt es wütend zurück. »Doch, tue es einmal, als Experiment«, insistiert der Therapeut, fasst den Stellvertreter am
Arm und will ihn an die Seite ziehen. Der Stellvertreter des
Vaters kann nur noch den Therapeuten warnen: »Lass mich
sofort am Arm los, sonst schlage ich zu.«*

Es ist gefährlich, in solchen Situationen Druck auf einen Stellvertreter auszuüben. Es ist für den Leiter wichtig, die Energie zu achten, unabhängig von der eigenen Idee, wie Lösungen aussehen könnten. Es ist immer besser, Vorschläge als Einladungen zu formulieren und auch innerlich so zu behandeln.

Wenn der Leiter etwas verlangt, das gegen die klare Energie der Stellvertreter geht, dann gibt es bei den Stellvertretern ein Durcheinander.

In einer Supervisionsaufstellung war das Anliegen der aufstellenden Frau, sich über ihre Namensführung klarer zu werden. Sie nahm dann je einen Stellvertreter für ihren ursprünglichen bürgerlichen Namen, für ihren spirituellen Namen, den sie von ihrem Guru bekommen hatte, und für ihre zwei Ehenamen. Dem ursprünglichen Namen ging es sofort so schlecht, dass er auf den Boden gehen musste und sich dort krümmte. Die Aufstellerin geriet in leichte Panik und verlangte mit aller Macht, dass der am Boden liegende Stellvertreter wieder aufstehen solle. Schließlich tat er es.

Dann ging plötzlich der nächste Namen zu Boden. In der Zwischenzeit wurde der erste Stellvertreter so unruhig, dass er von selbst die Rolle verließ. Die Aufstellerin brachte in ihrer Not mit aller Macht auch den zweiten Namen dazu, wieder aufzustehen.

Ich war der dritte Name – plötzlich zog es mich zu Boden. Die Aufstellerin eilte zu mir und wollte, dass ich aufstünde. Ich weigerte mich und blieb am Boden. Plötzlich wurde mir so komisch, dass ich ebenfalls aus der Rolle musste – das bisher erste und letzte Mal in meinem Aufstellerleben.

In der Zwischenzeit war auch der letzte Name zusammengebrochen, und die Aufstellung wurde – endlich! – abgebrochen.

Im Nachhinein versuchte ich zu verstehen, was vorgefallen war. Ich kam zu folgender Erklärung: Die Energie des ersten Stellvertreters war ganz klar – in Schmerzen am Boden zu liegen. Die Aufstellerin hielt das nicht aus und verlangte das Aufstehen. Von der Energie her war das dem Stellvertreter unmöglich. Um es trotzdem zu tun, musste er den Willen seines normalen Ichs aktivieren. Er tat es, aber es war nicht gut für ihn. Er wurde so verwirrt, dass er die Rolle verlassen musste. Gleichzeitig war die Energie des Schmerzhaft-am-Boden-Liegens weitergegangen. Es war so, als ob das Feld sich nicht betrügen lassen wollte. Als deshalb der zweite Stellvertreter aufstehen musste, ging ich als Dritter zu Boden.

Aber warum wurde schließlich auch ich so verwirrt, dass ich aus der Rolle musste, obwohl ich doch am Boden liegen blieb? Mir wurde bewusst, dass es mir nicht leicht gefallen war, mich der Aufforderung, ich solle aufstehen, zu verweigern. Ich hatte mich beim Zusehen schon etwas über das Vorgehen der Aufstellerin geärgert. Als sie dann zu mir kam, hatte ich ebenfalls den Willen meines normalen Ichs aktiviert, um liegen zu bleiben. Daher geriet auch ich kurze Zeit später in solche Verwirrung, dass ich aus der Rolle musste.

Ich entnehme daraus, dass es gefährlich werden kann, wenn der Aufsteller nicht den Willen oder Mut hat, den Energien des Feldes zu folgen, sondern in eine entgegengesetzte Richtung zu steuern versucht. In einer solchen Situation ist es heilsamer, die Aufstellung abzubrechen.

Hellinger spricht davon, in den Aufstellungen bis ans Extrem zu gehen.

»Ich stelle eine Grundsituation auf, und aus der Grundsituation sehe ich, wo die Bewegungen hingehen: zum Verderben, zum Tod oder zu einer Lösung. Oft gehe ich mit der schlimmen Bewegung zuerst, mit der Bewegung zum Tod zum Beispiel, und zwar ohne Furcht. Ich gehe mit dem Klienten bis an die äußerste Grenze, damit klar wird, wohin die innere Bewegung eigentlich geht. An der äußersten Grenze gibt es manchmal einen Umschwung.

Dann gehe ich nicht zurück. Dann lasse ich den Klienten an der Grenze stehen.«

Eine Frau stellt sich und ihre Mutter auf. Sie wäre vor vier Jahren fast an Krebs gestorben, ist jetzt gesund, hat aber immer noch Angst, dass der Krebs wiederkommt. Auch ihre Mutter ist an Krebs gestorben.

In der Aufstellung legt sich die Mutter bald schwach auf den Boden. Die Tochter steht wie gebannt davor und kann sich nicht von dem Bild lösen. Ich sage ihr, dass sie sich zur toten Mutter auf den Boden legen soll. Sie tut das, schmiegt sich an die Mutter, die sie in die Arme nimmt. Tiefe Entspannung und tiefer Frieden breiten sich aus.

Nach etwas Zeit breche ich an dieser Stelle die Aufstellung ab.

Ein solches Kind zieht es zu seiner Mutter. Gleichzeitig hat es Angst, diesem Zug zu folgen. Es ist erleichternd und befreiend, diesem Zug zu folgen. Etwas im Inneren kommt zur Ruhe.

Manchmal hat der Therapeut Angst, solche Anregungen zu geben. Ihm kommt es vor, als ob er damit den Zug zum Tod unterstützen würde, anstatt ihn zu lösen. Aber indem er dem Zug nachgibt, entspannt sich etwas im Klienten. Ein innerer Kampf, der viel Kraft gekostet hat, hört auf. Etwas löst sich, und von da ausgehend, kann die Begegnung mit Leben wieder wie neu aufgenommen werden – wenn es der tieferen Bewegung im eigenen Inneren entspricht.

Im Laufe der Jahre bin ich immer mutiger geworden, solchen Bewegungen ins Extrem zu folgen. So beachte ich inzwischen auch leichtes Schwanken eines Stellvertreters viel stärker. Schwanken kommt daher, dass es jemanden auf der einen Seite zu Boden zieht, er auf der anderen Seite aber stehen bleiben will. Ich rege dann regelmäßig an, dem Zug zum Boden, der im Schwanken enthalten ist, zu folgen – »langsam, ohne dich zu verletzen«. Oft ist es für den Schwankenden eine große Erleichterung, dem nachzugeben, und er sinkt aufatmend auf dem Boden zusammen, manchmal kommt nach einiger Zeit von allein wieder ein Impuls, aufzustehen.

Ein anderes Phänomen ist, dass Stellvertreter besonders sensibel dafür sind, welche der genannten Fakten für sie Bedeutung haben.

Das Gegenwartssystem wird aufgestellt. Eines der Kinder zieht es weg von der Familie in die Ferne. Auf die Frage, wer alles in der Familie früh gestorben sei, sagt der Klient, dass ein jüngerer Bruder seines Vaters tot zur Welt kam und ein älterer Bruder der Mutter im Krieg gefallen ist. Der Aufsteller fragt den Stellvertreter des Kindes: »Ist einer davon wichtig für dich?« Der Stellvertreter: »Der ältere Bruder der Mutter.«

Der Aufsteller kann sich darauf verlassen, dass der Stellvertreter vom Platz in der Aufstellung heraus spürt, welche Fakten wichtig für ihn sind. Deswegen ist es das Einfachste, ihn in einer solchen Situation direkt zu fragen.

Es gibt immer wieder Energien in einer Familie, die bei Beginn, manchmal schon vor Beginn einer Aufstellung stark spürbar werden.

Der Klient sucht Mutter, Vater, sich und seinen Bruder aus. Als die Stellvertreter nebeneinander stehen, fragt er plötzlich: »Wer ist jetzt der Bruder, und wer bin ich?« Auch der Aufsteller ist plötzlich einen Moment verwirrt.

Ich habe inzwischen gelernt, dass solche Vorgänge selten Zufälle sind, sondern meist eine Bedeutung haben. Sie spiegeln eine bestimmte Energie wider, die in einer Familie herrscht, und ziehen oft auch den Aufsteller ein Stück mit hinein. Wenn ich also zu Beginn einer Aufstellung plötzlich verwirrt oder sehr energielos bin, nehme ich das als Indiz für einen bestimmten Zustand, der in dieser Familie herrscht.

Einmal wurde ich bei der Schilderung der verwickelten Familienverhältnisse des Klienten vor der Aufstellung so verwirrt, dass ich abbrechen musste. In der Pause ließ ich mir die Verhältnisse mithilfe eines Genogramms noch einmal aufzeichnen. Zur Sicherheit nahm ich dieses Papier in der Tasche mit in die Aufstellung, um es jederzeit zurate ziehen zu können.

Wenn der Aufsteller sich der Energien bewusst wird, bekommt er etwas Abstand zu ihnen und kann trotzdem arbeiten. Er kann sich auch dafür alle Hilfen holen, die er braucht.

Die Ordnung

Eine andere Ebene, fast einen Gegenpol zur Energie bilden die Ordnungen des Familiensystems. Wer als Aufsteller nur mit der Energie arbeitet, kommt immer wieder an Grenzen, die ihm dadurch gesetzt werden. Es sind die Ordnungen, die in einer Aufstellung starke Lösungsimpulse setzen. Oft lassen sich nur mit diesem Wissen Verstrickungen erkennen und lösen.

Die Tochter steht in der Aufstellung nahe bei der Mutter zwischen den Eltern, die einen starken Konflikt miteinander haben. Das Kind ist dabei eng mit der Mutter verbunden und lehnt den Vater ab. Der Aufsteller folgt den Energien der Stellvertreter, aber der Streit zwischen den Eltern kommt zu keiner Lösung.

Wer nur der Energie folgt, muss irgendwann abbrechen. Vielleicht hat er vorher noch bis zu den Urahnen aufgestellt, damit die Eltern friedlich sein können. Aber nachdem ihm das nicht gelungen ist, wird die Kraft für die Aufstellung früher oder später erschöpft sein.

Der Aufsteller stellt das Kind vor die Eltern in gleichem Abstand zu beiden. Er lässt Vater und Mutter zum Kind sagen: »Es ist unser Streit, und wir sind die Großen und tragen ihn. Du bist nur das Kind von uns beiden.« Die Tochter ist enorm erleichtert. Dann verneigt sie sich vor den Eltern und sagt: »Ich lasse es bei euch. Ich bin nur das Kind.« Plötzlich ist Frieden eingekehrt.

Die Ordnung ist sehr kraftvoll für die Lösung. Immer wieder kommen hieraus entscheidende Schritte.

Das Extrem desjenigen, der nur mit der Ordnung arbeitet, sieht so aus: Nach einer kurzen Befragung der Stellvertreter, nachdem er vergessene und ausgeschlossene Personen in die Aufstellung geholt hat, stellt er das ordnende Schlussbild auf. Ordnung wird sehr deutlich durch die richtigen Plätze ausgedrückt. Da stehen dann die Eltern gegenüber den Kindern, diese wiederum ihrem Alter nach in der Reihe. Der Therapeut nutzt sprachlich vor allem die Sätze zur Lösung, die Hellinger gefunden hat. Die Sätze, die er vorgibt, beruhen auf der Ordnung und betonen sie. Er lässt Achtung und Dank durch die Kinder aussprechen und die Eltern ihre Verantwortung übernehmen. Das genügt im Wesentlichen.

In vielen Fällen hat dieses Vorgehen eine gute Wirkung,

gerade für einen Klienten, der noch nie eine Aufstellung gemacht hat. Endlich hat er ein inneres Bild seiner Familie mit einer guten Ordnung, bei der alle, die gefehlt haben, anwesend sind.

In anderen Fällen mag das nicht genug sein. Wer stark mit den Ordnungen arbeitet, geht wenig auf die individuellen Besonderheiten und die spezielle Dynamik einer Familie ein. Sein Vorgehen kann manchmal schematisch werden. Hindernisse, die auftauchen (der Sohn steht vor dem Vater: »Ich will mich nicht verneigen!«), werden hingenommen oder durch den Einsatz des Therapeuten zu überwinden versucht (»Verneige dich trotzdem vor deinem Vater«). Damit stößt dieses Vorgehen für sich allein ebenfalls an seine Grenzen.

Die Realität

Immer wieder ist es eine wichtige und hilfreiche Intervention, wenn der Leiter die Realität in die Aufstellung bringt. Notwendige Impulse zur Lösung kommen auch daher. Die Realität bringt der Aufsteller hinein, der die Dinge beim Namen nennt. Wenn es um etwas Schlimmes geht, erfordert das Kraft und Mut.

Es ist eine Aufstellung unserer Supervisionsgruppe. Die Mutter war schwanger geworden. Ihr Arzt hatte ihr mitgeteilt, es sei für sie lebensgefährlich, das Kind auszutragen. Sie wollte es aber trotzdem. Der Arzt hatte ihr dann – ohne ihr Wissen – Medikamente verschrieben, um das Kind abgehen zu lassen. Sie brachte es dann aber doch zur Welt, aber es war tot und schwer behindert.

Ich stand als Stellvertreter für den Arzt, und der Leiter forderte mich auf, zur Mutter zu sagen: »Ich habe einen schwe-

ren Fehler begangen.« Ich spürte in der Rolle ganz klar, dass das dem Geschehen nicht angemessen war, sondern sagte ihr stattdessen: »Ich habe dein Kind umgebracht.«

Wir neigen oft dazu, etwas beschönigen zu wollen. Es geht hier aber um die ungeschminkte Wahrheit, auch wenn sie zunächst schlimm klingen mag. Je näher wir an der tatsächlichen Beschreibung des Geschehens bleiben, desto klarer wird es, desto kraftvoller wird eine Aussage.

Selbst das Schrecklichste verliert einen Teil seines Schreckens dadurch, dass es beim Namen genannt wird. Es ist die Aufgabe des Therapeuten, das Schreckliche zu benennen.

Die Mutter einer Teilnehmerin hatte erst eine behinderte Tochter getötet und anschließend sich selbst. Ich schlage der Mutter-Stellvertreterin vor, zur behinderten Tochter zu sagen: »Ich bin deine Mutter, und ich habe erst dir die Kehle durchschnitten und dann mich umgebracht.« Die Mutter hat ganz viel Mühe, diese Sätze über ihre Lippen zu bringen.

Ich finde es wichtig, dass in einer solchen Situation alles schonungslos, so, wie es war, ausgesprochen wird. Wenn das nicht geschieht, dann deshalb, weil der Aufsteller diese Wahrheit nicht ertragen kann. Denn sonst könnte er sie auch allen anderen zumuten.

Das beginnt schon beim Gespräch mit dem Klienten zur Erforschung der Fakten. Es gibt Themen, die dem Aufsteller so heikel erscheinen, dass er sie lieber mehr im Vagen lässt. Ein wichtiges Beispiel dafür ist das Wort »Missbrauch«: Wenn eine Klientin sagt, sie sei von ihrem Vater missbraucht worden, und der Aufsteller es bei dieser Aussage belässt, schwebt völlig im Raum, was denn eigentlich geschehen ist. Während die eine Klientin meint, sie sei von ihrem Vater

»emotional« missbraucht worden, redet eine andere von einer erotischen Atmosphäre zwischen ihr und ihrem Vater und eine Dritte von schweren körperlichen Verletzungen und Misshandlungen. Deswegen ist es notwendig, nachzufragen, was konkret vorgefallen ist.

Eine wichtige Frage kann auch sein: »Woher weißt du das?« Denn es ist für mich als Aufsteller bedeutsam, ob die Klientin sagt, sie sei damals danach in ein Heim gekommen und der Vater ins Gefängnis. Eine andere Klientin sagt vielleicht, sie habe es geträumt und sei ganz sicher, und eine Dritte berichtet, dass sie ihre Therapeutin darauf brachte. Weil das Thema Missbrauch heute so »herumgeistert«, ist es gut, solche Unterschiede im Hinterkopf zu behalten.

Wenn die Informationen, die der Klient als Tatsachen aus seinem Leben mitbringt, nicht in der Aufstellung sichtbar werden, bringt sie der Therapeut irgendwann konkret ein, indem er sie als Formulierung in der Aufstellung vorgibt.

Die Klientin berichtet vom Missbrauch und Misshandlungen durch den Vater. In der Aufstellung gibt es zunächst viele Spannungen zwischen den Eltern zu lösen. Schließlich steht das Kind vor dem Vater und schaut ihn liebevoll an. Der Aufsteller schlägt dem Kind den Satz vor: »Ich habe viel Liebe für dich.« Das Kind spricht nach. Dann fährt der Aufsteller mit seinem Vorschlag fort: »Und du hast mich missbraucht.«
Die Tochter sagt diesen Satz, und ihr wird plötzlich schlecht danach. Der Vater empfindet Schuldgefühle.

Mit einem solchen Satz (»Und du hast mich missbraucht«) wird ein wichtiger Teil der Realität in die Aufstellung eingebracht. Es hat unmittelbare Auswirkungen auf die Empfindungen der Stellvertreter. Die Realität kann dadurch weiter angeschaut werden.

Ich sehe es manchmal als unabdingbar an, dass der Aufsteller diese Realität einbringt. Dafür ein weiteres Beispiel:

Die Klientin hat Schwierigkeiten mit dem geschiedenen Mann. Sie sprechen nicht mehr miteinander, und seit zwei Jahren weigert er sich, die Alimente für das gemeinsame Kind zu bezahlen.

In der Aufstellung zeigt sich, dass die Frau schon mit einer großen Verachtung für Männer in die Ehe gekommen ist und sie auch weiter gegenüber dem Mann spürt. Über die Verbindung mit der eigenen Mutter löst sich die Verachtung auf. Schließlich kann sie dem Mann sagen: »Es tut mir Leid.« Und der schaut freundlich und liebevoll auf sie und das gemeinsame Kind.

Jetzt schlägt der Aufsteller dem Mann vor, zu sagen: »Ich zahle seit zwei Jahren keine Alimente für unser Kind.«

Wichtig ist, an dieser Stelle die Realität einzuführen. Sonst wird ein wichtiger Teil ausgeklammert. Kein Wunder, wenn die Klientin sich hinterher nach einer kurzen Zeit der Entspannung mit diesem friedlichen Bild unzufrieden fühlt.

Dies fällt mir auch in Aufstellungen ohne Worte auf, bei denen Verbrechen in der Familie geschehen sind. Die Energien zeigen andere Gefühle, zum Beispiel Liebe und Verbundenheit oder auch Verwirrung. Es kommt auf der energetischen Ebene nicht zu vollständigen Lösungen, solange der Pol der Realität nicht vom Aufsteller eingebracht und benannt wird.

Die Erwähnung der Realität ist aber oft auch eine Kraftquelle, die Verwirrung in einer Familie auflöst.

Der Mann steht sehr abwesend in der Aufstellung. Auf Vorschlag des Leiters sagt er zur Ehefrau: »Ich sehe dich nicht als meine Frau – und doch bist du es.«

In diesem Satz sind gleich zwei wichtige Realitäten angesprochen, einmal die Empfindungen und zum anderen die Fakten. Erstaunlicherweise wirkt sich die Benennung der Fakten oft auf die Empfindungen aus.

Der Mann in der gleichen Aufstellung schaut nach diesem Satz zum ersten Mal seine Frau an. Der Aufsteller ermuntert ihn zum nächsten Satz: »Und wir haben zwei Kinder.« Jetzt kommt er noch ein Stück mehr in der Familie an und bemerkt seine Kinder.

Es ist bisweilen gut, die einfachen Tatsachen des Lebens zu benennen. Je einfacher die Realität ausgesprochen wird, desto größer ist ihre Kraft.

Der Vater steht vor dem Sohn. Der Sohn fühlt sich groß und mächtig, der Vater schwach und nicht als richtiger Mann. Der Aufsteller gibt dem Vater folgenden Satz zum Sohn vor: »Ich habe dich gezeugt.« Plötzlich richtet sich der Vater auf, fühlt sich mehr als Mann, und der Sohn wird ein Stück kleiner.

Selbst das Wort »Vater« ist im Vergleich zu dem Satz »Ich habe dich gezeugt« eine abstrakte Bezeichnung. Das Benennen des eigentlichen Vorgangs ist noch kraftvoller. Außerdem wird deutlich, was die Fakten sind, die einen Mann ausmachen, nämlich, dass er ein Kind zeugen kann. Indem der Vater sich daran erinnert, spürt er seine Kraft. – Das Gleiche gilt auch für Frauen:

Die Tochter steht vor der Mutter und weigert sich, ihr zu sagen: »Du bist meine Mutter.« Sie findet das unpassend. Der Therapeut schlägt der Mutter vor, zu sagen: »Ich habe dich neun Monate in meinem Bauch getragen und dann geboren.« Danach schaut die Tochter verändert, nämlich liebevoll, zur Mutter.

Es bringt oft eine gute Kraft in die Aufstellung, wenn an die Tatsachen erinnert wird:

Ein Kind hat Angst, die Liebe der Mutter zu verlieren, wenn es sich auch dem Vater zuwendet. Der Satz, der löst, ist: »Auch wenn du mich nicht mehr liebst, du bleibst meine Mutter und ich dein Kind.« Plötzlich ist die Einsicht da, dass die Verbundenheit nicht weggeht, sondern bleibt.

Je eindeutiger etwas benannt ist, desto mehr Kraft fließt in eine Aussage:

Die Mutter steht vor dem Kind und ist von den Schicksalen hinter ihr gefangen genommen. Sie sagt: »Ich fühle mich so schwach und hilflos. Und außerdem habe ich ein Schuldgefühl, weil ich so wenig Kraft für mein Kind habe.«
   Der Aufsteller schlägt der Mutter vor, zu sagen: »Ich trage mein Schicksal.« Dann der Tochter. »Ich achte dich und dein Schicksal und lasse es dir.«

Alle Aussagen der Mutter sind jetzt in das Wort »Schicksal« hineingepackt. Es ist relativ einfach, global das Schicksal von jemandem zu achten. Aber gilt das auch ganz und gar? Für alle Details und lästigen Begleiterscheinungen? Durch die generelle Aussage kann man sich leicht vor unangenehmen Einzelheiten drücken. Deswegen wird es klarer, wenn alles benannt wird, so wie der Stellvertreter es ausgedrückt hat. Für das obige Beispiel bedeutet das zum Beispiel:

Der Aufsteller schlägt der Mutter vor, zu sagen: »Ich nehme meine Schwäche, meine Hilflosigkeit und mein Schuldgefühl auf mich und trage es.« Die Tochter verneigt sich und sagt: »Ich achte dich, deine Schwäche, deine Hilflosigkeit und dein Schuldgefühl und lasse es dir.«

Ein System wird verwirrt, wenn nicht mehr klar ist, wer zu den unterschiedlichen Generationen gehört und wer die Eltern und Kinder sind. Selbst wenn sie in der Familienordnung stehen, kommt es vor, dass sie sich nicht in ihren Rollen erkennen. Es genügt manchmal, einfach nur die Realität zu benennen. Es ist so, als ob sich die Familienmitglieder zunächst gegenseitig vorstellen und sich so bekannt machen.

»Ich bin dein Vater, du bist mein Sohn.«

»Ich bin deine Frau, du bist mein Mann, das sind unsere Kinder.«

»Ich bin der zweite Mann, du bist der erste.«

Diese Sätze klären und ordnen das Wirrwarr. Dazu hilft es, wenn jeder auch nach der guten Ordnung steht. Die Einzelnen entspannen sich an ihren Plätzen.

Oft ist es hilfreich, einfach etwas zu benennen, indem man den eigenen gesunden Menschenverstand dabei ernst nimmt. Vielfach geht es dabei um Verrücktheit.

Die Schwester der Mutter wurde im Dritten Reich in die Psychiatrie gebracht und dann umgebracht. Die Mutter war sehr mit der ermordeten Schwester verbunden.

Nach einer langen, konfliktreichen Aufstellung steht die Tochter vor ihr, wird schwach in den Knien und geht dann zu Boden. In diesem Moment nimmt die Mutter den Vater beim Arm und sagt besitzergreifend: »Das ist meiner!«

Als Nächstes lasse ich die Mutter den Satz sagen. »Ich bin verrückt.« Sie sagt es nach – und stimmt zu.

Ich vertraue inzwischen sehr meinem Instinkt, dass etwas nicht in Ordnung ist, wenn ich es innerlich nicht nachvollziehen kann. Der Test für diese Situation ist, wenn ich es benenne und aussprechen lasse. Darüber hinaus habe ich festgestellt, dass oft auch die einfache Benennung, verstrickt zu sein, hilfreich ist.

Es geht um die gespannte Beziehung zweier Schwestern. Die Ältere ist sehr zornig und möchte nichts mit der Jüngeren zu tun haben. In der gemeinsamen Geschichte gab es keine Ereignisse, die das rechtfertigen.

Ich lasse die große Schwester zur kleinen sagen: »Ich trage etwas mit aus der Geschichte unserer Familie, und das hat nichts mit dir zu tun. Ich bin nur deine ältere Schwester, und du bist meine jüngere Schwester.« Auf einmal geht ein Stück der Spannung weg. Die große Schwester schaut zum ersten Mal freundlich auf die kleine.

Ich muss also als Aufsteller nicht jedes Mal den Hintergrund von Verstrickungen erforschen, um zur Lösung zu kommen. Wenn die Verstrickung nicht zu stark ist, reicht es, sie zu erwähnen. Sie tritt dann wie ein Stück zur Seite, und die liebevollen Beziehungen, die darunter sind, werden stärker.

Die Realität ist neben Energie und Ordnung der dritte Pol in dem Dreieck, das der Aufsteller als Grundlage für eine gute Arbeit braucht. Aber es ist noch nicht alles. Es kommen noch zwei weitere Bereiche dazu.

Der Klient und sein Anliegen

In der Aufstellung einer Familie werden oft viele Spannungen sichtbar. Je mehr Personen auch aus früheren Generationen aufgestellt werden, desto größer ist die Vielzahl der Probleme und Konflikte.

Deshalb ist es sehr wichtig für den Therapeuten, immer im Gedächtnis zu behalten, dass er die Aufstellung für den Klienten macht. Es geht um dessen Person und nicht um ein allgemeines Problemlösen in der Gesamtfamilie.

Nur so weit Lösungen sich auf den Klienten auswirken, haben sie eine Bedeutung. Für ihn wird die Aufstellung durchgeführt, für ihn wird die Lösung gesucht. Alle anderen Konflikte, Spannungen und Verstrickungen, die keine Auswirkung auf seine Person haben, können unberücksichtigt bleiben. Sie lenken nur ab. Selbst wenn der Aufsteller sich manchmal ein Stück in den Wirren der gesamten Familie verliert, tut er gut daran, sich immer wieder zu erinnern, für wen diese Aufstellung ist.

Mutter und Vater des Klienten haben sich früh scheiden lassen. Die Mutter hat dann als zweiten Mann einen geschiedenen Mann geheiratet. Der Vater hat die Tochter dieses Mannes geheiratet und mit ihr noch zwei Kinder bekommen.

Ich stelle die Eltern, die neuen Partner und alle Kinder auf.

Vielleicht taucht schon beim Lesen dieser Familienkonstellation Verwirrung bezüglich der Verwandtschaftsverhältnisse auf. Da ist also der zweite Mann der Mutter Großvater der Kinder, die der erste Mann seiner Frau mit der eigenen Tochter gezeugt hat. Ein Kind, das mit der Situation klarkommen will und seine Familienverhältnisse zu ergründen sucht, kann eigentlich nur verrückt werden. Wie lässt sich so etwas in einer Aufstellung überhaupt lösen?

Ich stelle die Eltern nebeneinander, an der Seite jeweils die neuen Partner. Der Sohn steht ihnen gegenüber, an der Seite

die Halbgeschwister. Die Sätze, die er zum Vater sagt, sind:
»Du bist mein Vater und ich dein Kind. Die Beziehung, die
du zu Frauen hast, lasse ich bei dir. Sie gehen mich nichts an.
Ich bin nur das Kind.« Dann sagt er das Gleiche entspre-
chend zur Mutter. Vater und Mutter bestätigen ihm noch
einmal, dass sie ihre Verantwortung für ihre Beziehungen
tragen. Das Kind steht entspannt und friedlich.

Zum einen war es wichtig, sich in dieser Konstellation an die
Ordnung zu erinnern, die in den obigen Sätzen ausgesprochen wurde. Zum anderen war es wesentlich, wer der Klient
war. Nur um ihn ging es. Hätte der Vater oder auch eines
der Halbgeschwister aufgestellt, wären ganz andere, unterschiedliche Schritte zur Lösung nötig geworden.

Zusätzlich kommt dazu, dass der Klient meist ein spezielles, für ihn wichtiges Anliegen nennt. Für den Aufsteller ist
es gut, auch das im Gedächtnis zu haben.

Das Anliegen gewinnt nicht immer Bedeutung. Manchmal sind die Energien, die sich bei der Aufstellung zeigen, so
stark, dass sie in eine andere Richtung führen.

Der Vater stellt das Gegenwartssystem auf, weil er große
Schwierigkeiten mit einem seiner beiden Kinder hat.

Den Stellvertreter des Vaters zieht es fast sofort zu Boden.
Der Drang ist gewaltig. Alle Fakten, die der Klient nach die-
sem erschreckenden Beginn nennt, ändern nichts daran. Et-
was bleibt verborgen.

Ich lasse die Kinder sich neben die Mutter stellen. Sie
verspricht dem Mann, auf die Kinder aufzupassen, auch
im Namen des Vaters. Die Kinder fühlen sich sicher. Der
Mann liegt weiter am Boden. Das ist das Ende der Auf-
stellung.

Hier war das anfänglich genannte Anliegen wie eine »Eintrittskarte« zur Aufstellung, die sich durch die Energien des Feldes in eine ganz andere Richtung entwickelte. In einer solchen Situation lenkt es ab, wenn der Leiter in der Aufstellung versucht, auf das ursprüngliche Anliegen zurückzukommen.

Oft ist es aber wichtig, dem Anliegen besondere Bedeutung in einer Aufstellung zu geben. Das Anliegen ist ja ebenfalls eine Art »Auftrag« des Klienten, den der Aufsteller angenommen hat.

Der Klient, das dritte Kind, hat das Anliegen, das Verhältnis mit seiner jüngsten Schwester, dem fünften Kind, zu klären. Ich stelle die ganze Familie mit allen fünf Kindern auf.

Sein Stellvertreter hat Schwierigkeiten mit den Eltern. Nach einiger Zeit sind diese gelöst, und alle Kinder stehen gegenüber den Eltern. Jeder fühlt sich wohl an seinem Platz. Es wäre ein guter Punkt, die Aufstellung zu beenden.

Bei einem solchen Anliegen gibt es einige grundsätzliche Überlegungen. Je weniger Personen aufgestellt sind, desto deutlicher werden die Beziehungen zwischen den Aufgestellten. Bei einer sehr klaren und wichtigen Frage empfiehlt es sich daher, sich auf die genannten Personen zu beschränken. Ich hätte also auch nur den Klienten und seine jüngste Schwester aufstellen können.

Obiger Klient hatte noch nie eine Aufstellung gemacht. Die insgesamt ungeklärten Beziehungen in einer Familie wirken sich auf die Kinder aus. Deswegen ist es sinnvoll, zunächst die ganze Familie aufzustellen. Auch wenn dann alles gut gelöst scheint, ist es jedoch angebracht, zum Schluss noch einmal Bruder und Schwester sich anschauen zu lassen, ob inzwischen die Schwierigkeiten gelöst sind oder ob noch etwas zu klären ist. Diese Überprüfung kann auch mit dem echten Klienten gemacht werden, nachdem er den Platz seines Stellvertreters in der Aufstellung eingenommen hat.

Eine Aufstellung in einer Weiterbildungsgruppe hat mich gelehrt, noch mehr den Klienten im Auge zu behalten:

Die Teilnehmerin hat große Probleme mit ihrem geschiedenen Mann, der sich nicht um die drei gemeinsamen Kinder kümmert. Wenn das ehemalige Paar einmal Kontakt hat, kommt es schnell zu heftigen Streitereien.

Ich stelle Frau und Mann auf. Es wird deutlich, dass der Mann geschwächt ist und keinen guten Kontakt zu seinem Vater hat. Ich stelle dann den Vater hinter ihm auf und arbeite daran, das Verhältnis zu klären. Anschließend steht der Vater hinter dem Mann, und er kann freundlich zur Frau schauen. Auch diese kann ihn jetzt achten. Beide schauen liebevoll auf die Kinder.

Eine gelungene Aufstellung, so möchte man meinen – und dieser Ansicht war ich auch damals. Allerdings geschah danach Folgendes:

Im nächsten Weiterbildungsseminar vier Monate später berichtet die Teilnehmerin von dem Fiasko, das sie nach der Aufstellung beim nächsten Wiedersehen mit ihrem Mann erlebte. Diesmal hatte sie sich fast darauf gefreut.

Als sie ihn jedoch traf, brach innerhalb kürzester Zeit ein hitziger Streit aus. Es war übel wie immer, nur dass sie auf Grund der Hoffnungen, die sie sich gemacht hatte, weit mehr verletzt war.

Wie ist das zu erklären? Oder ist es einfach nicht zu erklären, weil wir ja nie wissen, ob das neue Bild durch eine Aufstellung tatsächlich der Seele den geeigneten Anstoß gibt?

Im Nachhinein bewertete ich die erste Aufstellung jedoch nicht mehr als so gelungen. Mir wurde deutlich, dass ich die eigentliche Klientin in der Aufstellung fast ganz aus dem Spiel gelassen hatte. Ich hatte stattdessen mit der Familie des abwesenden Mannes gearbeitet und bei ihm Veränderungen erzielt. Auf diese Weise war es für die Stellvertreterin der Klientin einfach, achtungsvoll auf ihn zuzugehen. In der Realität war der Mann geblieben wie immer, die Klientin mit ihrem neuen Bild vom Mann genauso. Deshalb auch der gleiche Streit wie immer. Ich stellte das Paar ein zweites Mal auf.

Mann und Frau stehen sich wie beim ersten Mal gegenüber, der Mann geschwächt. Diesmal bleibe ich mit meinen Vorschlägen ganz bei der Frau. Der Mann darf bleiben, wie er ist.

Ich mache der Frau den Vorschlag, sich leicht vor dem Mann zu verneigen und ihm zu sagen: »Ich achte dich und das, was du trägst.« Das stellt sich als unmöglich heraus. Im Gegenteil, es wird eine grundsätzliche Verachtung der Frau auf Männer deutlich. Diese Verachtung verbindet sie mit ihrer Mutter, die ich ebenfalls dazustelle.

Es kommt zu keiner Lösung. Der Schluss gipfelt darin, dass die Frau dem Mann sagt: »Ich verachte dich. Es sind meine Kinder, und ich lasse dich nicht an sie heran.«

Damit ist die Klientin mit ihrem Teil des Streits konfrontiert. Es ist nicht, wie nach der ersten Aufstellung, plötzlich eine heile Welt da, die sie jeder eigenen Veränderung entthebt.

Seit dieser Aufstellung ist mir viel bewusster, dass ich *nicht* automatisch in der Vergangenheit nach Ressourcen suchen muss, um gute Lösungen zu finden. Das ist manchmal sinnvoll. Aber nicht immer. Es taucht so etwas wie eine grundsätzliche Entscheidung in vielen Aufstellungen auf:

Frage: »Ich erinnere mich an eine Aufstellung, in der hat es den Vater in den Tod gezogen. Der Sohn hat aufgestellt, und ich habe die Arbeit darauf beschränkt, dass der Sohn die Sehnsucht des Vaters achtet und ihn ziehen lässt. Hinterher – es gibt ja inzwischen erfahrene Klienten – wurde mir daraus der Vorwurf gemacht: Warum hast du den Vater nicht gerettet? Du hättest ja schauen können, wohin es ihn zieht. Das ist der Punkt, an dem ich mich frage: Wann wird es zu viel? Wo ist die Grenze?«

Hellinger: »Viele haben die Vorstellung, als müsse man durch eine Aufstellung die ganze Familie retten. Dabei ist der Therapeut im Grunde doch nur mit dem Klienten verbunden und von ihm beauftragt, für ihn etwas zu tun. Den Klienten darf man nicht aus dem Auge verlieren. Wenn er etwas für sich gelöst hat, wirkt es sich oft auf die ganze Familie aus. Würde ich mich aber, um bei deinem Beispiel zu bleiben, auf den Vater konzentrieren, mich auch mit seinen Verstrickungen befassen, obwohl es im Zusammenhang nicht angebracht ist, verliert die Arbeit mit dem Klienten an Kraft. Schon deswegen darf man das nicht machen.«

Den Klienten im Auge behalten

Wenn wir Hellinger bei der Arbeit sehen, können wir in vielen Situationen erleben, wie er sich auch während einer Aufstellung immer wieder einmal an den Klienten wendet und so den Kontakt mit ihm nie ganz abreißen lässt.

Bei aller Aufmerksamkeit, die das Leiten einer Aufstellung fordert, ist es günstig, regelmäßig auch einen Blick auf den Klienten zu werfen. Deshalb ist es empfehlenswert, wenn der Klient während der Aufstellung einen Platz hat, auf dem ihn der Aufsteller gut sehen kann.

Der Klient stellt Vater, Mutter und sich als Kind dazu. In der Aufstellung stehen Vater und Mutter sich voller Kälte und Lieblosigkeit gegenüber. Ihr Kind steht unbeachtet, allein und verlassen daneben.

Der Klient, der von außen zuschaut, bricht in Tränen aus. Er hält sich die Hände vor die Augen und schluchzt.

In der Zwischenzeit leistet der Therapeut brillante Aufstellungsarbeit in der Raummitte. Die Eltern haben Kontakt miteinander gefunden. Jetzt schauen sie liebevoll auf ihr Kind.

Der Klient sitzt immer noch weinend am Rand mit den Händen vor den Augen.

Der Klient ist in seinen alten Erinnerungen und Schmerzen gefangen, und die Aufstellung geht unbemerkt an ihm vorbei. Das ist aber nicht der Sinn der Arbeit. Deshalb sollte sich der Aufsteller in einer solchen Situation kurz an den Klienten wenden und ihn ermuntern, die Augen zu öffnen und hinzuschauen. Braucht der Klient Zeit, dann ist es gut, ihm die Zeit zu geben und so lange die Aufstellung zu unterbrechen.

Ein Kollege berichtete mir sogar, dass er eine Aufstellung einmal deshalb abbrach, weil er feststellte, dass der Klient nicht gesammelt genug anwesend war.

Einer meiner Klienten, der schon mehrere Aufstellungen gemacht hat, wird immer noch von quälenden Gefühlen der Einsamkeit gepackt. Wesentlich scheint mir als Fakt, dass einer der Großväter, der Vater der Mutter, ein Findelkind war.

Beide, Großvater und Enkel, werden aufgestellt. Der Großvater steht völlig verloren mit geschlossenen Augen und abgewendet da. Der Enkel steht mit ähnlicher Haltung in einiger Entfernung. In 25 Minuten entfaltet sich ein schmerzhafter Prozess, in dem der Großvater es allmählich schafft, zum Enkel zu schauen, um dann seine Liebe zu spüren.

Während dieses teilweise quälend langsamen Vorgehens sehe ich den Klienten tränenüberströmt an der Seite sitzen.

In dieser Situation war es für mich eine Unterstützung, zu erkennen, wie viel diese kleinen allmählichen Veränderungen im Klienten auslösten. Es half mir, dabei geduldig fortzufahren.

Das Zusammenspiel

In meinen Weiterbildungen hat sich das Modell des Dreiecks und der drei Pole Energie, Ordnung und Realität in den Übungsgruppen als sehr günstig erwiesen, um zu analysieren, warum Aufstellungen an bestimmten Stellen stockten. Häufig war einer der Pole vernachlässigt worden.

Diese Pole wirken nicht in der Form zusammen, dass man sie systematisch handhaben könnte. Es gibt keine bestimmte Reihenfolge des Vorgehens. Jeder Aufsteller nimmt individuell seinen Weg. Es gibt deswegen kein Richtig oder Falsch. Brauche ich von meiner eigenen Persönlichkeit mehr Struktur, werde ich zunächst die Ordnung herstellen. Bin ich selbst weniger festgelegt und organisiert, kann ich mich einem Chaos in einem System und seinen Energien gut eine Zeit lang hingeben, um von dort aus zu mehr Ordnung zu kommen.

Aber jeder Therapeut leistet gute Arbeit, wenn er sich bei Bedarf auch an bislang vernachlässigte Pole erinnert.

Meiner Ansicht nach entwickeln sich Therapeuten langfristig vor allem weiter, wenn sie immer mehr der Energie einer Aufstellung, dem »wissenden Feld«, folgen. Natürlich brauchen sie als grundlegende Voraussetzung dafür ihr Wissen und die Einbeziehung von Realität und Ordnung. Aber diese sind begrenzt und überschaubar. Das Neue und Unberechenbare sind die jeweiligen Energien einer Aufstellung. Je mehr der Therapeut sich ihnen anvertraut, desto tiefer kann er ins Unbekannte dringen, wie gerade die Aufstellungen von Hellinger ohne Worte zeigen.

Die vielleicht beruhigendste Erfahrung mit den Energien des »wissenden Feldes« ist es, dass es unterschiedliche Aufsteller auf ganz unterschiedlichen Wegen zu ähnlichen Ergebnissen führt. Das Wichtige, was an irgendeiner Stelle übersehen oder vergessen worden ist, kommt später doch noch ans Licht. Wer aufmerksam bleibt, kommt zu einem guten Ende, in dem das Wesentliche enthalten ist.

– 5 –

Der behutsame Umgang mit Worten, Körpersignalen und Gefühlen

Im Alltag ist der Gebrauch von Sprache eher oberflächlich und flüchtig. Worte, so scheint es, haben kein besonderes Gewicht. Wir werden überschüttet von einer Unzahl von Informationen im Kleid von Worten und Bildern. Naturgemäß stumpfen wir allmählich ab.

Aufstellungen lehren einen sorgfältigen Umgang mit der Sprache. Wir entdecken Sprache in einer ursprünglichen und einfachen Form wieder.

In Aufstellungen bekommen Worte Gewicht. Jedes Wort zählt. Die Stellvertreter geben augenblicklich Rückmeldung, ob ein Wort oder ein Satz stimmig ist oder nicht. Sie reagieren fein und genau. Je stärker die Energie und je tiefer die Schicht, die berührt ist, desto mehr liegen Worte wie auf einer Goldwaage. Jeder falsche Zungenschlag ist spürbar. Je behutsamer ein Aufsteller mit der Sprache umgeht, desto mehr wird er diesen Energien gerecht.

Sprache, die heilt

Hellinger hat während der vielen Jahre, in denen er Aufstellungen entwickelte, eine Reihe von Sätzen geschaffen, die in ihrer Einfachheit, Dichte und Kraft kaum mehr verstärkt werden können. Sie öffnen einen neuen Raum und zeigen in eine Richtung, die eigentlich nur ungenügend in Worten beschrieben werden kann.

Das Kind steht vor beiden Eltern am Ende einer Aufstellung und schaut sie an. Dann verneigt es sich und sagt: »Lieber Vater, liebe Mutter, ich gebe euch die Ehre.«

Ein solcher Satz, wenn er gesammelt und ehrlich ausgesprochen wird, vermittelt eine Erfahrung. Die Worte sind nur an der Oberfläche. Das, was darunter ist, kann nicht beschrieben werden. Es gibt keine besseren Worte, das Gewollte auszudrücken.

Es ist eine einfache, fast archaische Sprache. »Liebe Tante, bitte segne mich, dass ich bleibe.« – »Ich achte deinen Tod und dein Schicksal.« Die alten Worte haben eine unmittelbare Kraft, die im Rahmen einer Aufstellung plötzlich angemessen scheint. Mit ihnen stoßen wir auf eine Schicht, die tief drinnen in fast jedem von uns noch lebendig ist.

Diese Sätze stärken, lösen, versöhnen. Die Stellvertreter richten sich auf, sie atmen erleichtert aus, oder sie schauen freundlich auf die vor ihnen Stehenden. Die Sätze sind auf diese Wirkung hin ausgerichtet, und sie lassen sich nur nach dieser Wirkung beurteilen. Das, was hier zählt, ist die Wirkung – und die ist sichtbar.

Diese Sätze hat Bert Hellinger auf die gleiche Weise gefunden, indem er hingeschaut und die Wirkung beobachtet hat. Jeder Beobachter, der die Arbeit beurteilen will, muss ebenfalls hinschauen und einen Moment lang seine vorgefassten Ideen an die Seite stellen. Jeder, der aufmerksam hinschaut, kann sehen, welche Sätze wirksam sind und so einer Familie Frieden und Versöhnung bringen – unabhängig davon, ob ihm bestimmte Sätze in weltanschaulicher Hinsicht passen oder nicht.

Viele dieser Sätze sind komprimiert, lassen sich kaum verändern, glätten oder gefälliger machen. Sie wirken bisweilen fast rituell.

Allerdings verflacht jedes Ritual, wenn es automatisch und mechanisch benutzt wird. Auch die Sätze, die Bert Hellinger entdeckt hat, werden ihrer Wirkung entleert, wenn man sie wie eine Art Wunderformel anwendet. Die Sätze entfalten ihre Wirkung nur, wenn sie stimmig sind zur Atmosphäre und zur jeweiligen Situation.

Dazu muss der Therapeut sich in diesen besonderen Raum der Aufstellungen begeben, sich mit dem Feld verbinden – sonst ist er nur eine Art Papagei, der statt Medikamenten »Hellinger-Sätze« aus dem Handbuch »einwirft«. Die Stellvertreter wirken hier als Korrektiv, denn sie spüren am besten, ob ein vorgeschlagener Satz in dem Augenblick richtig und angebracht ist.

»Die Lösungssätze sind etwas, was über die Aufstellung hinausgeht. Sie sind ein eigener Schritt, denn erst sie bringen das eigentliche Ergebnis. Sie haben auf der einen Seite immer zu tun mit Versöhnung und auf der anderen mit Achtung. Wie kommt der Therapeut zu diesen Sätzen? Er kann sie sich nicht ausdenken. Wenn eine Familie aufgestellt wird, entsteht ein Kraftfeld, in dem diese Familie präsent ist. Der Therapeut tritt in dieses Kraftfeld hinein.

Indem er in dieses Kraftfeld hineingeht und mit ihm verbunden ist, kommt ihm aus diesem Feld, was zur Lösung führt. Er könnte die Lösungssätze nicht finden, wenn er außerhalb dieses Kraftfeldes bliebe. Diese Sätze sind immer ganz einfach und sprechen unmittelbar zur Seele.

Sie ändern sich je nach der Situation. Man kann sie sich daher nicht einfach aufschreiben und sie benutzen wie ein Repertoire, sondern sie entsprechen immer genau der Situation, wie sie ist. Sie sind das Ergebnis einer inneren Haltung, einer Haltung von Achtung für alle, um die es geht. Dann findet man sie.

Wer sie jedoch vorschnell auf andere Situationen überträgt, dem bleibt vom Feuer vielleicht die Asche.«

Diese Sätze sind eine Verkörperung der Ordnung. Sie drücken die Achtung aus, sie verweisen auf den, der Verantwortung zu tragen hat, und sie versöhnen. Wahrscheinlich kämen sie keinem Klienten, der noch nie eine Aufstellung gemacht hat, von allein in den Sinn. Es ist die Aufgabe des Leiters, sie vorzugeben.

Einige wesentliche dieser Sätze sind die folgenden:

Vom Kind zu Vater und/oder Mutter
»Ich gebe dir die Ehre.«
   »Danke.«
   »Was zwischen euch beiden ist, geht mich nichts an.«
   »Du bist der/die Große, ich bin der/die Kleine.«

Vom Vater und/oder Mutter zum Kind
»Hier bin ich der/die Große, du bist der/die Kleine.«
   »Was zwischen uns beiden ist, geht dich nichts an.«

Von Lebenden zu Toten
»Ich achte dich und deinen Tod.«
   »Ich gebe dir einen Platz in meinem Herzen.«
   »Bitte, schau freundlich auf mich, wenn ich am Leben bleibe.«

Wenn ich als Aufsteller solche Sätze vorschlage, dann horche ich in mich hinein, ob auch mein Gefühl in diesem Satz in diesem Moment mitschwingt. Wenn ich das nicht spüre, verzichte ich auf den Satz. Deshalb kann ich auch nicht mehrmals hintereinander den gleichen Satz vorschlagen. Sonst wird der Satz, auch ohne dass ich es will, entleert und mechanisch.

»Die Lösungssätze, die wir in dieser Arbeit manchmal verwenden, sind nicht von mir erfunden. Ich nehme sie wahr aus dem Kontakt mit der Seele des anderen und mit dem Kraftfeld, in dem er sich bewegt. Sie kommen aus dem Mitschwingen, und dann sage ich das, was der andere fühlt. Deswegen darf man diese Sätze auch nicht stereotyp anwenden, sondern man muss sie immer aus der Situation erfahren, muss sich immer wieder neu einfühlen und das dann zum Ausdruck bringen. Wenn sie einem kommen, dann leben sie sozusagen in einem. Sie wandeln sich auch, entsprechend der Schwingung der Seele. Dann stimmen sie und sind schön.«

Sprache, die aufdeckt und löst

Neben der beschriebenen Form der »klassischen«, eher rituellen Sätze wird Sprache auch freier eingesetzt. Dabei ist es wichtig, die eigenen Formulierungen zu finden und aus der Wirkung zu lernen. Arbeitet man nur mit Sätzen von Hellinger oder mit einem beschränkten Repertoire eigener Formulierungen, wird man nicht allen Situationen gerecht. Es ist günstig, möglichst oft dabei die Worte zu benutzen, die ein Stellvertreter verwendet. Damit bleibt der Aufsteller dicht mit der Energie verbunden.

Die Wahrheit auszusprechen befreit und löst. So decken Sätze Spannungen auf, die in der Familie herrschen, und bringen sie ans Licht.

Der Ehemann steht seiner Frau gegenüber. Er zieht die Stirn in Falten und ballt die Fäuste, kann aber nicht mitteilen, wie er sich fühlt. Der Therapeut schlägt ihm den Satz vor: »Ich bin zornig auf dich.« Der Mann spricht ihn nach und atmet sofort auf. Ja, dieser Satz stimmt. Er fühlt sich befreit, dass er ihn ausgesprochen hat. Auch die Frau fühlt sich erleichtert. »Endlich ist es ausgesprochen«, meint sie zum Therapeuten. Jetzt schlägt der Therapeut dem Mann den Satz vor: »Ich fühle mich von dir verletzt.« Der Mann spricht ihn nach und findet ihn richtig. Es tut ihm gut, ihn auszusprechen.

Der Aufsteller muss genau hinschauen und nahe genug am Erleben der aufgestellten Person sein, dann kann er das formulieren, was wer sieht oder spürt. Oft wird mit jedem dieser Sätze eine neue Gefühlsschicht angesprochen. Erst muss der Zorn genannt sein, dann taucht das Gefühl des Verletztseins auf.

Ist der Schritt zu groß, indem man eine Schicht überspringt, dann wird der Satz abgelehnt und verneint; etwa wenn in obigem Beispiel sofort der Satz »Ich fühle mich von dir verletzt« vorgeschlagen worden wäre. Der Aufsteller muss also behutsam im gleichen Schritt mit dem Aufgestellten gehen (Pacing!).

Der Therapeut, der unstimmige Sätze vorschlägt, wird immer wieder von den Stellvertretern korrigiert. Diese lassen sich nicht manipulieren. Deswegen muss der Therapeut die Stellvertreter ernst nehmen und ihr Feedback berücksichtigen. Er wird seiner Aufgabe nicht gerecht, wenn er ihre Einwände persönlich nimmt.

Anregungen zum Sprachgebrauch

Viele der folgenden Hinweise sind nicht neu. Sie werden ebenso in der Kommunikationspsychologie, in der Gestalttherapie, der Hypnotherapie und im NLP verwendet. Aber es ist gut, wenn auch Aufsteller ihrer bewusst sind.

Vielleicht mögen manche Anregungen im ersten Moment technisch klingen. Aber es sind Denk- und Satzstrukturen, die zum selbstverständlichen Handwerkszeug werden, wenn man sie verstanden hat und eine Zeit lang bewusst auf sie achtet. In meiner Arbeit erweist sich dieser Sprachgebrauch immer als hilfreich.

- *Die Kraft liegt in einem kurzen, klaren Satz*

Wenige klare Worte bringen etwas eher auf den Punkt als viele. Lange, komplizierte Sätze verlieren Kraft. Stellvertreter werden oft durch solche Vorschläge verwirrt.

»Ich bin dir böse.«

»Ich werfe dir vor, dass du mich verlassen hast.«

»Ich will es nicht für dich tragen.« *Nicht:* »Eigentlich möchte ich es nicht für dich tragen.«

- *Einfache Worte statt Fachsprache*

Die Fachsprache führt weg vom unmittelbaren Erleben.

»Ich fühle wie du und trage mit.« *Nicht:* »Ich bin mit dir identifiziert.«

»Ich bin stocksauer auf dich.« *Nicht:* »Ich bin aggressiv.«

»Ich bin verrückt.« *Nicht:* »Ich bin schizophren.«

- *Ich-Aussage statt Du-Aussage*

Es ist häufig günstig, Formulierungen, bei denen Stellvertreter einem Gegenüber die Verantwortung zuschieben, umzuformulieren, sodass mehr Verantwortung übernommen wird.

»Ich fühle mich sehr von dir verletzt.« *Nicht:* »Du verletzt mich.«

»Ich fühle mich von dir zerdrückt.« *Nicht:* »Du zerdrückst mich.«

• *Aussagen umdrehen*

Erstaunlicherweise stimmen gerade manche stark emotionale Aussagen auch umgekehrt. Vielleicht sind sie sogar richtiger in der Umkehrung. Es ist deshalb bisweilen einen Versuch wert, die umgekehrte Formulierung ebenfalls vorzuschlagen.

»Du machst mir Angst.« Und die Umkehrung: »Ich mache dir Angst.«

»Ich fühle mich von dir verarscht.« Und die Umkehrung: »Ich verarsche dich.«

»Du bist so wütend.« Und die Umkehrung: »Ich bin wütend.«

Vater: »Die Kinder schauen schuldbewusst.« Und die Umkehrung: »Ich fühle mich schuldig.«

• *Neutrale Aussagen so formulieren, dass*
Verantwortung übernommen wird

Es ist immer hilfreich, wenn mehr Verantwortung ausgedrückt wird.

»Es kommt nicht ganz bei mir an.« *Besser:* »Ich lasse es nicht an mich heran.«

»Das ist mir egal.« *Besser:* »Ich blocke alle Gefühle ab.«

• *»Will nicht« statt »kann nicht«*

Wer davon redet, dass er einen Schritt nicht tun *kann,* stellt sich damit als Opfer der Umstände dar. Mit der Aussage, dass er nicht *will,* übernimmt er Verantwortung dafür.

Kind zur Mutter: »Ich kann mich nicht vor dir verneigen.« Umformulierung: »Ich will mich nicht vor dir verneigen.«

Vater vor dem abgetriebenen Kind: »Ich kann die Schuld nicht auf mich nehmen.« Umformulierung: »Ich will die Schuld nicht auf mich nehmen.«

- »*Aber*« *bewusst nutzen*

»Aber« hat die Wirkung in einem Satz, dass es den ersten Satzteil vor dem »aber« entwertet. Der Aufsteller kann dadurch bewusst Negatives entwerten und dem Positiven Kraft geben. Oft ist es sinnvoll, die Sätze, die ein Stellvertreter äußert, einfach umzudrehen.

»Da ist ein bisschen Wärme, aber ich bin doch ganz gleichgültig.« *Besser*: »Ich bin ganz gleichgültig, aber ein bisschen Wärme spüre ich doch.«

»Ich danke dir fürs Leben, aber ich bin doch noch unzufrieden.« *Besser*: »Ich bin noch unzufrieden, aber ich danke dir für das Leben.«

- *Sätze in Portionen*

Es hat bisweilen eine günstige Wirkung, wenn ich Sätze in Portionen einteile. Ich schlage den ersten Satzteil vor und lasse ihn nachsprechen, erst dann nenne ich den zweiten. Wenn ich alles ohne Pause formuliere, kommt schneller Widerspruch. Es ist zu viel auf einmal. Spreche ich den Satz mit der Pause, wirkt zunächst der erste Teil. Der zweite kann dann leichter angenommen werden.

»Ich trage es für dich … [Pause] … aus Liebe.«

»Ich mache es so wie du … [Pause] …, weil ich dein Kind bin.«

»Ich lebe … [Pause] … noch ein bisschen … [Pause] …, und dann komme ich auch.«

• *Gegensätze nebeneinander stellen*

Es ist sinnvoll, Gegensätze direkt nebeneinander stehen zu lassen, ohne sie aufzulösen. Ich nutze das, wenn Energie/Gefühle und Ordnung sich widersprechen. Durch den zweiten Teil kommt die Erinnerung an die Ordnung.

»Ich bin stark – und schwach.«

Mit einem »Doch« oder »Auch wenn« wird der zweite Teil etwas verstärkt.

Kind zum Vater: »Ich will nichts mit dir zu tun haben … [Pause] …, und doch bin ich mit dir verbunden.«

Enkelin zur Großmutter: »Ich fühle mich genauso groß wie du … [Pause] … auch wenn du die Große bist und ich die Kleine.«

Mit einem »Aber« an dieser Stelle wird der erste Teil zu sehr entwertet, und das ist nicht unbedingt angemessen – *nicht:* »Ich fühle mich genauso groß wie du – aber du bist die Große und ich die Kleine.«

• *Widerstand akzeptieren*

Manchmal scheint der Widerstand zu groß, die Realität anzunehmen. In einer solchen Situation erweist es sich als wirksam, den Widerstand auf- und anzunehmen und ihn als Einleitung zu formulieren. Danach folgt der Satz, der die Realität wiedergibt. Das verhilft oft dazu, dass man einen Teil der Realität ausspricht und damit beginnt, sie zu akzeptieren.

Der Sohn auf dem privilegierten Platz neben der Mutter weigert sich, den Satz »Du bist meine Mutter, ich bin nur dein Sohn« auszusprechen. Neuer Vorschlag: »Ich weigere mich zu sagen, dass du …«

»Auch wenn ich es nicht wahrhaben will …«

»Auch wenn es für mich unerträglich ist …«

»Auch wenn es wie eine Lüge scheint …«

• *Provokation*

Manchmal erzeugt auch eine provokative Aussage entgegen der Ordnung eine gute Kraft. Nach einem solchen Satz kann ein Protest kommen, dass er doch so nicht stimmt.

Bei dem Ehemann, dem alles gleichgültig ist: »Ich bin überhaupt nicht zornig.«

Die Mutter steht vor dem Kind und fühlt sich schwach. Ihr ist es recht, wenn ihre Tochter ihre Last trägt. Der Mutter wird zur Provokation der Satz vorgegeben: »Ich bin zwar die Große, und du bist die Kleine, aber es ist richtig, wenn du es für mich trägst.«

• *Mögliche verborgene Gefühle andeuten*

Indem ich andeute, dass unter den Gefühlen, die gezeigt werden, möglicherweise andere Gefühle liegen (was normal ist), findet der Stellvertreter leichter den Weg dahin.

»Es ist nicht nur zum Lachen.«

»Ich bin wütend – an der Oberfläche.«

»Es ist mir egal – und was darunter ist, will ich nicht spüren.«

• *Verneinte Aussagen*

Immer wenn ich eine Aussage verneine, erzeuge ich auch ein Bild dessen, was verneint wird.

Die Ehefrau zu ihrem Mann: »Ich bin weder deine Mutter noch dein Kind. Und du bist nicht mein Vater und nicht mein Kind. Du bist nur mein Mann, und ich bin nur deine Frau.«

Durch die Bilder der Eltern, die so erzeugt werden, können im Kopf die Bilder, die vorher mehr zusammen waren, getrennt werden.

- *Das wenige Positive, das genannt wird, hervorheben*
Aufmerksamkeit nährt. Wenn ich dem Positiven in einer Aussage Aufmerksamkeit gebe und eine Aussage daraufhin umformuliere, wird das Positive gestärkt.

Vater zum Kind: »Ich sehe dich kaum.« Umformulierung: »Ich beginne dich zu sehen.«

Frau zum Mann: »Da ist kaum Liebe da.« Umformulierung: »Ein wenig Liebe spüre ich.«

Frau zum Mann, der Wärme ausdrückt: »Es kommt an. Aber der Kopf will nicht.« Umformulierung: »Das Herz will – der Kopf will nicht.«

- *Eine Tür öffnen durch die Wörter »noch nicht«*
Dass Positives irgendwann in der Zukunft möglich ist, wird durch die Wörter »noch nicht« angedeutet.

»Das Herz will – der Kopf will nicht.« Positiver: »Das Herz will – der Kopf will *noch* nicht.«

»Auch wenn ich deine Liebe spüre, ich kann sie nicht annehmen.« Positiver: »Auch wenn ich deine Liebe spüre, ich kann sie *noch* nicht annehmen.«

Kind zum Elternteil: »Ich kann mich *noch* nicht vor dir verneigen.«

- *Aus Klagen Wünsche formulieren*
Auch hier wird das Augenmerk auf das Positive gelegt, das hinter der Klage steckt. Das hat immer eine gute Wirkung.

Mann zur Frau: »Schade, dass du nicht an meiner Seite stehst.« Umformulierung: »Ich hätte dich gern als Frau an meiner Seite.«

Frau zum Mann: »Das ist keine echte Beziehung.« Umformulierung: »Ich hätte gern mehr Nähe zu dir.«

• *Ähnlichkeiten hervorheben*

Immer wenn bei Konflikten Ähnlichkeiten zwischen den Personen gesehen und angesprochen werden, entspannt das. Ähnlichkeit ist eine starke Quelle von Versöhnung.

Die Tochter empfindet Distanz und Ablehnung gegenüber ihrer Mutter. Auch die Mutter hat ein kühles Verhältnis zu ihrer Tochter. Als die Großmutter dazugestellt wird, fühlt die Mutter sich mit ihrer Mutter unwohl. Die Ähnlichkeit wird angesprochen, wenn die Mutter zur Tochter sagt: »Dir geht es so mit mir, wie es mir mit meiner Mutter gegangen ist.«

Mann und Frau stehen sich unversöhnlich gegenüber. Dann sagt der Mann: »Ich bin genauso zornig wie du. Wir sind uns ähnlich.«

Körpersignale wahrnehmen

Je offener die Sinne sind, desto mehr nimmt der Aufsteller wichtige Informationen auf. Schon kleinste Veränderungen bei einem Stellvertreter sind Signale für wichtige innere Prozesse. Je schneller der Therapeut darauf reagiert, desto mehr bleibt er im Kontakt mit dem Geschehen in der Aufstellung.

Eine Übungsgruppe der Weiterbildung: Es geht um die Spannungen zwischen zwei Schwestern, die aufgestellt werden. Beide empfinden sich als Rivalinnen. Die ältere Schwester ist sehr zornig und möchte eine Auseinandersetzung mit der Schwester. Die jüngere äußert spontan: »Ich bin mir nicht sicher, ob ich mich dem stelle.« Dabei lächelt sie leicht. Die Aufstellung kommt ins Stocken.

Das Lächeln, hier ein wichtiges Körpersignal, wurde ignoriert. Im Nachgespräch äußert der Aufsteller, er habe das Lächeln zwar gesehen, aber gedacht, die Stellvertreterin sei etwas nervös. Nur ganz selten beruhen jedoch derartige unwillkürliche Signale auf solchen »privaten« Reaktionen der Stellvertreter. Die Signale sind immer ernst zu nehmen, insbesondere wenn in einem Seminar schon einige Male aufgestellt wurde und die Anfangsphase vorbei ist.

Wenn der Aufsteller Signale ernst nimmt, tauchen zusätzliche Informationen auf. So ist ein Lächeln in aggressiven Spannungssituationen oft ein Zeichen von Überheblichkeit. Dahinter könnte stehen: »Ich lasse mich nicht auf den Kampf ein. Ich stehe über dir.«

Ein einfaches Vorgehen, das mir früher auch schon in der Gestalttherapie begegnet ist, besteht darin, die Aufmerksamkeit auf das Signal zu richten, es eventuell auch noch zu verstärken. Während es in der Gestalttherapie aber mehr darum ging, zu emotionaler Entladung zu kommen, geht es bei der Aufstellung nur darum, Gefühle, die im Signal verborgen sind, mehr zu integrieren. Für das obige Beispiel sähe das Vorgehen so aus:

Der Aufsteller macht die jüngere Schwester aufmerksam: »Nimm einmal wahr, wie du lächelst, wenn du sagst, du bist nicht sicher, ob du dich der Auseinandersetzung stellst. Lächele noch ein bisschen stärker. Wie geht es dir dabei?«

Man muss jedoch als Aufsteller keine Vermutungen über die Bedeutung eines Körpersignals haben, um es ernst zu nehmen und in die Aufstellung einzubringen.

Der Sohn steht vor der Mutter. Er ist ruhig, nur seine Augen flattern heftig. Der Aufsteller sagt ihm: »Nimm einmal wahr, wie deine Augen flattern.«

Oder ein anderes Beispiel:

Der Sohn eines Vaters, der bei der SS war, steht vor einem Opfer. Ihn zuckt es in den Armen. Der Aufsteller sagt zu ihm: »Spür, wie deine Arme zucken, und verstärke es ein bisschen.« Plötzlich gehen die Arme an der Seite auf und ab.

Eine andere Möglichkeit ist es, das Signal direkt dem Stellvertreter als Aussage vorzuformulieren:

Bruder und Schwester haben Schwierigkeiten miteinander. In der Aufstellung stehen sie sich gegenüber. Der Bruder schwankt leicht. Der Leiter gibt dem Bruder den Satz vor: »Ich schwanke.« Oder er schlägt der Schwester vor, zum Bruder zu sagen: »Ich sehe, dass du schwankst.«

Damit ist die Körperreaktion benannt und gewinnt mehr Gewicht in der Aufstellung. Der Aufsteller muss keine Vorstellung davon haben, in welche Richtung diese Äußerung weiterführt. Oft ergibt sich etwas aus der Reaktion dessen, der den Satz sagt, oder seines Gegenübers. Vielleicht kommt auch keine neue Reaktion. In jedem Fall ist durch das Benennen eine zusätzliche Dimension der Familie mit im Raum.

Es ist ein besonders wichtiges Körpersignal, wenn in der Begegnung in der Aufstellung einer an dem anderen vorbeischaut oder sogar die Augen geschlossen hält. Der Aufsteller muss auf dieses Signal reagieren. Er kann es nicht einfach ignorieren (wie ich in Übungsgruppen beobachtet habe) und die Stellvertreter, die sich nicht anschauen, ungerührt Sätze austauschen lassen. Es findet ohne Blickkontakt keine echte Begegnung statt. Eine Möglichkeit ist diese:

Mann und Frau stehen sich gegenüber. Die Frau schaut den Mann nicht an, sondern zur Seite. Der Aufsteller bittet sie: »Schau einmal deinen Mann an.« Die Stellvertreterin weigert sich: »Nein, dazu habe ich keine Lust.« Der Aufsteller reagiert: »Nimm einmal ein Stück Abstand, so weit, bis du ihn anschauen kannst.« Die Frau geht einige Meter zurück und schaut dann zum Mann.

Abstand erleichtert es bei Spannungen, den Kontakt aufzunehmen. Oft stehen sich zwei Stellvertreter zu nahe. Eine andere Möglichkeit ist die, das in Worte zu fassen, was geschieht.

Mann und Frau stehen sich gegenüber. Die Frau schaut den Mann nicht an, sondern zur Seite. Der Aufsteller gibt ihr als Satz vor: »Ich schaue zur Seite, an dir vorbei.« Sie spricht das nach. Dann verstärkt der Aufsteller es noch ein Stück: »Sag ihm: Ich will dich nicht anschauen.« Die Frau sagt es, und während sie es sagt, schaut sie zum ersten Mal ihren Mann einen Moment an.

Wenn etwas ausgesprochen ist, kann es sich ändern. Es hat seinen Platz erhalten, und jetzt darf etwas Neues darunter hervorkommen. Deswegen ist es so hilfreich, auch das offensichtliche Geschehen in Worte zu fassen.

Der Ausdruck von Gefühlen

Selbst heftige Gefühle werden in Aufstellungen nicht kathartisch ausgelebt. Es wird danach gestrebt, sie ruhig mit einfachen Worten auszudrücken.

Die Mutter steht vor dem Kind, das gleich nach der Geburt gestorben ist. Die Tränen brechen aus ihr heraus, und sie kann sich kaum mehr aufrecht halten. Der Aufsteller steht an der Seite, Anteil nehmend und gleichzeitig aufmerksam. Schließlich schlägt er ihr den Satz vor: »Der Schmerz ist fast zu viel.« Sie spricht ihn aus und wird ruhiger.

Was überrascht: Es ist mehr Kraft in Sätzen, die ruhig gesagt werden, als in denen, die man mit Emotion ausspricht. Die Kraft steckt in der Ruhe und nicht in der Emotion. Natürlich geschehen immer wieder spontane Gefühlsausbrüche. Diese werden aber nicht gefördert, sondern wieder in die Ruhe zurückgebracht.

Das ist in anderen Therapierichtungen wie Gestalt- oder Primärtherapie nicht so. In diesem Rahmen spielt die Äußerung von Gefühlen eine zentrale Rolle und ist von großem Wert. Aufstellungen liegen jedoch auf einer anderen Ebene. Wer hier mischt und vielleicht sogar denkt, er bereichere Aufstellungen durch die emotionalen Elemente, schwächt seine Aufstellungsarbeit.

Hellinger sagt nach einem Aufstellungsseminar dazu:

»Hier wurde öfters deutlich, wenn jemand mit ganz normaler Stimme gesprochen hat, war das Gefühl am stärksten, also beim Sprechen im ganz gewöhnlichen Bei-sich-Sein ist das stärkste Gefühl. Der wissende Therapeut widersteht den Ausbrüchen der Gefühle und bringt sie am Schluss auf dieses ganz schlichte Mit-ganz-normaler-Stimme-Sprechen.

Bei starken Gefühlen sage ich oft, der Klient solle sie ohne Ton zeigen, ohne Worte und ohne Ton, nur tief atmen dabei. Dann geht das Gefühl viel tiefer, als wenn einer so schreit. Es gibt aber auch Situationen, wo das

Gefühl als primärer Urschrei ganz stark zum Ausdruck kommt. Das ist wieder etwas anderes. So ein Schrei geht durch Mark und Bein.«

In Aufstellungen erleben wir oft viele Schichten von Gefühlen, die sich übereinander gelegt haben. Vor allem vor dem Zorn schützen wir uns und schirmen ihn ab. Da gibt es Gleichgültigkeit und Kälte, oder er verbirgt sich in der Überheblichkeit, mit der ich mit (manchmal fast unsichtbarer) Verachtung auf den anderen herabschaue. Auch im Mitleid steckt diese Verachtung, denn damit schaue ich ebenfalls auf den anderen herab und achte ihn nicht in dem, was er ist und was er trägt.

Wenn der Zorn sehr groß und gefährlich nahe kommt, hilft die Verwirrung. Jemand tritt neben sich und ist lieber verwirrt, als andere Gefühle zu spüren. Auch ein Kippen in den Gegenpol, dass jemand sich stattdessen klein und ängstlich fühlt, ist möglich.

Oft ist dieser Zorn übernommen und kommt schon über die Generationen bis her zu uns. Unter dem Zorn liegt der Schmerz als eigentliche Quelle des Zorns. Wenn ich verletzt bin, werde ich zornig. Im Zorn findet jemand noch Kraft und auch noch die Verbindung mit dem Gegenüber. Im Schmerz verliert jemand diese Stärke und ist ganz allein.

Wenn der Schmerz im Untergrund so groß ist, dass er unerträglich wird, verliert der Zorn an der Oberfläche die Hitze und wird zum kalten Hass. Jetzt ist Grausamkeit möglich, bei der jemand vom eigenen Fühlen abgeschnitten und nur noch der Wunsch nach Zerstörung da ist. Auch dann ist im Untergrund noch Kraft. Wenn der Schmerz zu groß ist, dann kippt er um in Apathie und dumpfes Vegetieren.

Manchmal geschieht es auch in Aufstellungen, dass ein Stellvertreter in unkontrollierbares Lachen ausbricht. Wichtig ist für den Aufsteller, sich daran zu erinnern, dass auch dies ein Teil der Rolle und mit ihr empfundenen Energien ist. Nicht, dass es der Aufsteller als persönlich gegen seine Autorität gerichtet sieht! Manchmal genügt es bereits, dem Lachenden als Satz vorzugeben: »An der Oberfläche lache ich…« Beim Nachsprechen wird bewusst, dass etwas Schlimmes darunter liegt. Ein anderer möglicher Satz ist: »Lieber lache ich, als dass ich weine.« Oder allgemeiner: »Ich lache, um das, was darunter ist, nicht zu spüren.«

Bei aller Erforschung der verschiedenen Schichten von Gefühlen ist es wichtig, darüber nicht wesentliche Grundtatsachen zu vergessen:

»Heftige Gefühle wie Wut entstehen oft an einem Punkt, an dem eine frühe Hinbewegung unterbrochen war, an dem das Kind nicht mehr weiterkonnte. Diese Wut schützt das Kind vor dem Schmerz der Liebe. Die Wut ist hier nur die andere Seite der Liebe.

Wenn ich in der Therapie die Wut zum Ausdruck bringen lasse, wiederhole ich, was damals passiert ist, denn die Hinbewegung ist und bleibt unterbrochen. Es wird zwar die Erfahrung wiederholt, aber nicht dadurch gelöst. Durch diese Wut überhebt man sich illusionär über seine Eltern. Manche sagen in einem solchen Gefühlsausbruch dem Vater oder der Mutter: Ich bringe dich um. Sie meinen dann erstens, sie hätten das damit gemacht, und zweitens, sie hätten etwas damit erreicht. Gar nichts haben sie damit erreicht. Sie werden sich dafür bestrafen.

Wenn jemand in der Therapie auf diese Weise wütend werden will, stoppe ich ihn an diesem Punkt. Denn die Wut ist hier ein Abwehrgefühl. Weil er dann die Wut nicht mehr zum Ausdruck bringen kann, kommt er in Verbindung mit dem Gefühl, das dahinter liegt, nämlich auf die

Liebe und den Schmerz. Diese beiden Gefühle gehören zusammen. Diese Liebe ist sehr viel schmerzlicher als die Wut. Sie ist das schmerzlichste Gefühl überhaupt, weil sie erfahren wird zusammen mit dem Gefühl totaler Ohnmacht. Wenn ich die Wut ausdrücke, verleugne ich meine Ohnmacht. Ich spüre die dann gar nicht.

Das entscheidende Wort an dem Punkt ist, dass der Betroffene sagt: ›Bitte.‹ Merkt ihr die Kraft da drin im Unterschied zum Wutausbruch? ›Papa, bitte.‹ – ›Mama, bitte.‹ Welche Kraft ist da drin und welcher Schmerz!

Es gibt Situationen, in denen ein Kind verlassen war, vielleicht weil es aus Versehen irgendwo stehen gelassen wurde. Dann erlebt sich das Kind verzweifelt. Wenn ich in der Therapie diese Verzweiflungsgefühle zum Ausdruck bringen lasse, hat es eine gute Wirkung. Sie sind nicht Abwehr des erlebten Verlassenseins, sondern entsprechen ihm genau. Das hilft dann.«

Hellinger spricht hier von der »unterbrochenen Hinbewegung«. Jedes Kind hat einen natürlichen Drang hin zu Mutter und Vater, um dort Liebe, Schutz und Geborgenheit zu finden. Wenn das Kind eine frühe Trennung oder massive Abweisung und Verletzung erlebt, wird diese Bewegung abrupt und krass gestoppt.

Da muss ein Kind mit eineinhalb Jahren für drei Monate in ein entferntes Krankenhaus, das die Eltern nur selten besuchen können. Durch diese Trennung erlebt das Kind einen Schock. Es traut sich in Zukunft nicht mehr, seinem spontanen Impuls hin zu Mutter oder Vater zu folgen. Die natürliche Hinbewegung bleibt unterbrochen. Die starke Sehnsucht nach den Eltern ist zwar weiterhin da. Nur kippt dieses Gefühl um, wie oben beschrieben, in Trauer, Schmerz, Wut und Frustration.

Wer als Kind diese Erfahrung gemacht hat, findet auch als Erwachsener nicht den Mut, sich voll und ganz auf die Liebe zu dem Partner oder der Partnerin einzulassen. Er steckt immer noch in dem Zwiespalt zwischen der Sehnsucht und den damit verbundenen erfahrenen negativen Gefühlen. Häufig provoziert er unbewusst durch sein Verhalten die erneute Ablehnung. Immer wieder tauchen die alten, schlimmen Gefühle auf und drehen sich endlos im Kreis. Dabei sind der Schmerz und die Wut nur Ersatzgefühle. Das wahre Gefühl darunter ist der Wunsch, sich dem anderen zu nähern.

Heilung bringt die Erfüllung des kindlichen Bedürfnisses. Hellinger setzt sich in einer solchen Konstellation dem Klienten gegenüber und lässt ihn sich innerlich zurückversetzen in die Zeit, als die Trennung geschah. Dann fordert er ihn auf, die Hände auszustrecken und »Bitte« zu sagen. Es ist sehr berührend zu sehen, wie schwierig das für den Betreffenden ist. Der Schmerz und die Enttäuschung stecken so tief. Erst wenn diese Bitte tatsächlich geäußert wird, kann der Therapeut als Stellvertreter für Mutter oder Vater den Klienten in die Arme nehmen und halten. Damit erreicht die Hinbewegung, die so lange unterbrochen war, ihr eigentliches Ziel. Die alten negativen Gefühle schmelzen wie von allein dahin.

In meiner eigenen Arbeit mit der unterbrochenen Hinbewegung erlebe ich dieses Vorgehen als sehr fordernd. Ich muss vorher genau überprüfen, ob ich im Augenblick dazu wirklich bereit bin und diese Seite von Mütterlichkeit oder Väterlichkeit in mir finde. Hilfreich ist dabei die Vorstellung, dass es auch hierbei nicht um die vollkommene Lösung geht, sondern um einen Schritt in eine gute Richtung.

Die »unterbrochene Hinbewegung« ist im Grunde ebenfalls eine Aufstellung, bei der ein Elternteil vertreten wird. Gute Erfahrung habe ich damit gemacht, auch hier Stellvertreter zu nehmen. So frage ich im Seminar, wenn der Klient von der frühen Trennung von der Mutter berichtet und es um eine Heilung geht: »Gibt es hier eine Frau mit einem großen Herzen für Kinder, die gern Stellvertreterin sein mag?« Dann kann ich mich daneben setzen und diesen Prozess als Begleiter unterstützen.

6

Die drei Grundmuster
von Beziehungen

Wenn auch die Aufstellung jeder Familie einzigartig ist, wenn auch die Schicksale ihrer Mitglieder sich von jeder anderen unterscheiden, so gibt es auf der anderen Seite Grundmuster von Beziehungen, die in allen Familien gleich sind. Diese Grundmuster sind für Aufstellungen wichtig:

- Die Beziehung der Kinder zu den Eltern – die Beziehung von Klein zu Groß.
- Die Paarbeziehung – die Beziehung von Gleich zu Gleich.
- Die Beziehung der Eltern zu den Kindern – die Beziehung von Groß zu Klein.

In jeder dieser Beziehungen gibt es ganz bestimmte Ordnungsmuster. Je mehr der Aufsteller sich dessen bewusst ist, desto eher kann er diese Gesichtspunkte einführen.

Die Beziehung der Kinder zu den Eltern

Kinder tragen die Lasten der Familie mit. Das ist die Ausgangsbasis, von der aus wir in den Aufstellungen arbeiten.

Die Formen, in denen Kinder mittragen, sind vielfältig. Es besteht leicht die Gefahr, solche übernommenen Lasten zunächst zu übersehen.

Da ist beispielsweise ein Geschwister kurz nach der Geburt gestorben. Der Bruder kommt in der Aufstellung nicht über den Schmerz hinweg. War vielleicht der Tod so schlimm für ihn? Aber in vielen Fällen trägt er auch noch den unterdrückten Schmerz des Vaters mit. Erst wenn der Sohn sich vor dem Vater und seinem Schmerz verneigt hat, findet er genügend Kraft, den eigenen Schmerz anzunehmen und dem Bruder einen Platz in seinem Herzen zu geben.

Im folgenden Ausgangsfall will ich einige Fragen, auf die der Aufsteller dabei stößt, exemplarisch erörtern.

Wenn ich hier von Regelmäßigkeiten spreche, dann ist es wichtig, darauf hinzuweisen, dass bei allem Regelhaften immer wieder Ausnahmen und Besonderheiten vorkommen. Über den Daumen gepeilt, schätze ich das Verhältnis von Regel zu Ausnahme auf etwa achtzig zu zwanzig, so wie ich es immer wieder beobachte.

Es lohnt sich also, sich mit den Regelfällen zu befassen. Aber das gibt damit keine Garantie, dass ein Therapeut eine Aufstellung sicher zur Lösung führen kann. Die Wachheit und Offenheit für die Ausnahme sind absolut gefordert. Wenn ein Aufsteller sich nur auf sein Wissen über Regeln verlassen will, wird er mit Sicherheit – regelmäßig – scheitern.

Ausgangsfall: Das Kind ist auf einen Elternteil zornig
1. Schritt. Die erste Frage ist, ob das Kind von diesem Elternteil körperlich oder seelisch schwer misshandelt wurde. In diesem Fall hat der Zorn reale Wurzeln und wird auch vom Kind geäußert, zum Beispiel: »Ich bin voller Zorn und Schmerz. Ich lasse dir deine Verantwortung für die Miss-

handlungen.« Oder auch: »Das Wesentliche hast du mir gegeben, und für das andere lasse ich die Verantwortung bei
dir.« Manchmal kommt es später zum Schritt, dass Vater
oder Mutter sagen können: »Ich nehme meine Verantwortung auf mich und trage die Folgen. Du bist frei davon. Und
es tut mir Leid.«

Es muss allerdings tatsächlich eine schwere Verletzung gewesen sein. Die üblichen Klagen reichen dafür nicht aus:
»Meine Mutter war nie da für mich.« – »Mein Vater war so
streng zu mir.« – »Sie waren so lieblos, mit sich beschäftigt,
jähzornig, ungeduldig …« Und dergleichen.

Solche schweren Verletzungen kommen selten vor. Was ist
dann die Wurzel des Zorns?

2. *Schritt:* Es teilen sich nun zwei unterschiedliche Varianten auf.

- Die Tochter ist auf den Vater oder der Sohn auf die Mutter zornig, es handelt sich also um den Zorn auf den ge-
gengeschlechtlichen Elternteil. Regelmäßig ist dieser Zorn
vom gleichgeschlechtlichen Elternteil übernommen. Häufig ist die erste Schicht durch die Verbindung vom Sohn
mit dem Vater und von der Tochter mit der Mutter bestimmt. Die Tochter trägt also den Zorn der Mutter auf
ihren Mann (den Vater) bzw. der Sohn den Zorn seines
Vaters auf seine Frau (die Mutter). Die Eltern stellen sich
diesen Gefühlen nicht, deswegen übernehmen und zeigen
sie die Kinder. Manchmal geht das so weit, dass Bruder
und Schwester stellvertretend diesen Kampf übernehmen.
Die Lösung sieht so aus, dass das Kind sich vor den Teil
stellt, für den es den Zorn trägt. Dann steht also die Tochter vor der Mutter, verneigt sich und sagt Sätze, wie: »Ich
achte dich und deinen Zorn. Du bist die Große, und ich
bin die Kleine. Und was zwischen dir und dem Papa ist,

das lass ich bei euch Großen. Ich bin nur das Kind.« Aber ich kann auch ganz bei der Liebe bleiben mit dem Satz der Tochter: »Ich übernehme den Zorn gern für dich.« Manchmal mag sie auch noch hinzufügen: »Ich mute dir zu, den Papa genauso zu lieben wie dich.«

- Zorn auf den gleichgeschlechtlichen Elternteil; das heißt, der Sohn ist auf den Vater oder die Tochter auf die Mutter zornig. Regelmäßig ist dieser Zorn von dem übernommen, dem er gezeigt wird, also ebenfalls vom gleichgeschlechtlichen Elternteil. Die Tochter ist zornig wie die Mutter bzw. der Sohn ist zornig wie sein Vater. Die Lösung sieht ähnlich wie oben aus. Da steht dann der Sohn vor dem Vater und sagt ihm: »Ich bin dir ähnlich – zornig wie du –, aus Liebe. Ich achte dich und deinen Zorn. Ich bin nur das Kind.«

Wenn das Kind sich sehr groß vorkommt und Vater oder Mutter sich sehr klein fühlen, genügt das manchmal noch nicht. Dann hilft es oft, wenn man noch den Vater des Vaters dahinterstellt oder hinter die Mutter ihre Mutter. Die vielen Schichten, die möglich sind, hat mir insbesondere eine Aufstellung gezeigt:

Der Klient ist das einzige Kind. Vor der Ehe hatte die Mutter einen Verlobten, den sie verließ.

Das Kind steht vor den Eltern und fühlt sich sehr zornig.

Als Erstes stelle ich den Verlobten dazu. Es zeigt sich, dass der Sohn mit ihm verbunden ist und dessen Zorn über die abgebrochene Verlobung trägt.

Das Kind schaut die Mutter an und ist sehr mit ihr verbunden. Als ich ihn aussprechen lasse, dass er den Zorn der Mutter mitträgt, bejaht er. Ein Teil des Zorns ist also von der Mutter übernommen.

Im nächsten Schritt zeigt sich, dass der Sohn auch unter-schwellig mit dem Vater verbunden ist und dessen Groll über die unglückliche Ehe mitträgt.

Aber etwas fehlt noch. Ein stimmiger Dank an die Mutter fürs Leben ist ihm immer noch nicht möglich. Da ist immer noch Zorn. Die letzte Schicht löst sich, als das Kind spürt, wie sehr es verletzt ist, weil die Mutter es die ganze Zeit als Spiel-ball benutzt hat. Das war dann der eigene Zorn gewesen.

Hier noch als weiteres Beispiel, dass eine Klientin als Schwie-gertochter auf die Schwiegermutter zornig ist. Häufig ist es eine von drei Ursachen, die sich manchmal auch mischen:

- Die Klientin hat einen Zorn auf die eigene Mutter, den sie sich nicht zugesteht, aber bei der Schwiegermutter äußern kann.
- Oder der Mann ist ein Stück weit im Bann seiner Mutter, und die Frau fühlt sich von ihm im Stich gelassen. Der an-gemessene Adressat des Zornes wäre der eigene Mann.
- Schließlich hat die Schwiegermutter die Schwiegertochter tatsächlich schwer gekränkt oder beleidigt. Dann ist ein Zorn direkt ihr gegenüber angemessen.

Es ist gut, sich immer wieder daran zu erinnern, dass Ge-fühle, die Kinder spüren, ganz oder teilweise übernommene Gefühle sein können. Automatisch gehen wir aber oft davon aus, dass ein geäußertes Gefühl aus der Situation kommt. In meiner Arbeit zeigt es sich jedoch, dass in Aufstellungen ge-äußerte Gefühle sehr häufig übernommen sind.

Eine Tochter steht vor der Mutter. Die Mutter fühlt keine Be-ziehung zu ihrer Tochter. Die Tochter meint: »Ich bin kalt, wenn ich meine Mutter ansehe.«

Mit dem Alltagsverständnis wäre klar: Bei einer solchen Mutter muss die Tochter kalt sein. Wenn wir jedoch ein solches Gefühl als übernommen ansprechen, wird das fast immer als stimmig erlebt.

Die Tochter sagt der Mutter: »Ich bin kalt wie du. Ich trage deine Kälte mit.« Plötzlich spürt die Tochter, wie dabei ein großer Schmerz in ihr hochkommt.

Wieder ist es nicht (ganz) der eigene. Regelmäßig taucht die nächste Schicht von dem auf, was mitgetragen wird. Auch das ist der Schmerz der Mutter, der unter der Kälte liegt.

Die Tochter fährt fort: »Und ich trage auch den Schmerz mit, der darunter ist.« Die Beziehung zwischen beiden ist wie umgewandelt. Die Kälte der Tochter ist verschwunden, und die Mutter schaut liebevoll zu ihrem Kind. Sie sagt jetzt zu ihrem Kind: »Ich sehe deine Liebe und achte sie.« Die Tochter zieht es zur Mutter hin, die ihr Kind in die Arme nimmt.

Hier wird deutlich, wie Schicht um Schicht von Gefühlen mitgetragen wird. Jedes Mal ließe sich das Gefühl leicht aus den Umständen des eigenen Lebens erklären. Und dennoch verbindet es das Kind mit der Mutter. Auch die Mutter sieht die Liebe des Kindes und achtet sie. Damit wird die liebevolle Verbindung zwischen beiden spürbar und bekommt ihren Raum.

Diese Liebe gilt es auch für den Aufsteller anzunehmen, ja »auszuhalten«. Wer dazu nicht in der Lage ist, der wird möglichst schnell eingreifen wollen, um etwas zu lösen. (Mutter: »Es ist meine Kälte und mein Schmerz usw.«) Aber damit wird er der großen Liebe, die sich zeigt, nicht gerecht.

Die Paarbeziehung

Die Paarbeziehung von Mann und Frau ist eine Beziehung von Gleich zu Gleich. Beide stehen Seite an Seite. Meistens steht der Mann an erster Stelle (dem Uhrzeigersinn nach), die Frau an zweiter. Wer für die Sicherheit zuständig ist, kommt zuerst. Manchmal steht auch die Frau am ersten Platz, wenn sie in der Familie diese Aufgabe übernommen hat oder wenn ihre Familie schwer belastet ist. Auch hier ist entscheidend, ob die Stellvertreter sich an den Plätzen gut fühlen.

Jeder trägt sein eigenes Schicksal
Jeder hat sein eigenes Schicksal zu tragen, und doch sind sie als Mann und Frau miteinander verbunden.

Die Klientin hat einen jüdischen Mann geheiratet, der beide Eltern und drei seiner Großeltern durch den Holocaust verloren hat. Den Mann zieht es weg zu seinen verstorbenen Angehörigen.

Ich schlage der Frau vor, dass sie das Schicksal des Mannes achtet und es ihm lässt. Sie will das nicht. Für sie richtig empfindet sie den Satz, den sie dann auch ausspricht: »Ich trage es mit dir gemeinsam.«

Ist das nicht eine ideale Beziehung? Immer wieder erlebe ich bei ähnlichen Aufstellungen, wie sich Rührung unter den Zuschauern ausbreitet. Die Aussage der Klientin in der Aufstellung entspricht unserem Gefühl von »großer Liebe«. Unsere romantische Seele wird angesprochen.

In Aufstellungen kostet es die ersten Male einen Aufsteller Kraft, sich dem Banne solcher Aussagen zu entziehen und auf eine realistische Mann-Frau-Ebene zu kommen.

Diese realistische Ebene sieht so aus, dass jeder sein Schicksal und das, was er als Lasten mit sich bringt, allein zu tragen hat. »Ich trage mit« ist der Beziehung zwischen Mann und Frau unangemessen. Stattdessen kommt die gute Lösung mit dem Satz: »Ich achte dich und das, was du trägst.«

In wenigen Ausnahmen ist der Satz »Wir tragen es gemeinsam« stimmig und richtig. Das ist dann der Fall, wenn es in ihrem Leben zu gemeinsamem Schlimmen gekommen ist, zum Beispiel wenn ein Kind stirbt oder wenn sie ein Kind abgetrieben haben. Dann stehen beide nebeneinander und geben sich die Hand.

Der Zorn zwischen Männern und Frauen

Bevor wir jedoch auf die Achtung und Liebe stoßen, erlebe ich bei Paarbeziehungen oft einen versteckten Kampf. Es ist sinnvoll, ihn mehr ans Licht zu bringen. In Aufstellungen stoße ich immer wieder auf den Zorn zwischen Männern und Frauen. Dieser Zorn ist kollektiv, er ist über die Generationen weitergegeben worden. Mein Bild dazu ist, dass hinter jedem Mann viele verletzte und zornige Männer (Vater, Großväter, Urgroßväter und so fort) stehen und hinter jeder Frau viele zornige und verletzte Frauen (Mutter, Großmütter, Urgroßmütter und so fort). Wenn wir in der Geschichte zurückblicken, ist es offensichtlich, dass gerade Frauen in früheren Generationen berechtigten Grund zu diesem Zorn haben.

Kommt es dann im wirklichen Leben zu einem Streit zwischen Mann und Frau, ist im Nu der Anlass vergessen, und der alte Kampf wird weiter ausgefochten.

Die Klientin möchte die Beziehung mit dem Exmann klären.
Der Mann steht herumgedreht in großer Entfernung. Als er sich umdreht, sagt er spontan: »Ich bin voller Gift.« Sie

schaut ihn an: »*Ich verachte dich.*« *Das steigert seinen Zorn:* »*Ich könnte dich erwürgen.*«

Aus dieser Heftigkeit wird deutlich, dass es nicht allein der persönliche Zorn ist, sondern ein Zorn, der mit den Vorfahren verbindet.

Ich schlage der Frau vor, dem Mann zu sagen: »*Du bist ein Mann und genauso wie alle Männer.*« *Das sagt sie mit Inbrunst. Ihm schlage ich vor, zu sagen:* »*Ich bin ein Mann und bin wie alle Männer.*« *Daraufhin entspannt er sich. Jetzt schlage ich ihr vor:* »*Ich bin eine Frau und bin wie alle Frauen.*« *Spontan weigert sich die Frau.* »*Nein. Ich bin besser.*« *(Leider kam mir erst hinterher die Idee des Vorschlags:* »*Und das verbindet mich mit vielen Frauen.*«)

Aber als ich ihre Mutter und Großmutter hinter sie stelle, entspannt sie sich und nimmt die Ähnlichkeit mit ihnen wahr.

Wenn die männlichen Vorfahren hinter den Mann und die weiblichen hinter die Frau gestellt werden, wird die Verbundenheit mit ihnen sehr schnell sichtbar. Manchmal genügt dies, um das, was abläuft, zu beleuchten. Manchmal ist ein weiterer Schritt möglich, dass das Kind sich umdreht zu den Vorfahren und ihren Zorn achtet.

Der Sohn schaut zum Vater; sagt: »*Ich achte dich und deinen Zorn.*« *Dann macht er eine Verneigung. Nun sagt er dem Vater:* »*Bitte, schau freundlich auf mich, wenn ich eine gute Beziehung zu meiner Frau habe.*«

Jetzt kann der Vater freundlich schauen, auch wenn er selbst in einer unglücklichen Beziehung gelebt hat.

Nicht immer ist es notwendig, die Vorfahren tatsächlich aufzustellen. Gute Erfahrungen mache ich damit, das, was abläuft, einfach in Worte zu fassen. Da sagt die Frau dann zum Mann: »Ich trage Zorn [oder auch Frust, Schmerz usw.] mit. Der kommt aus meiner Familie. Er hat nichts mit dir zu tun, doch du bekommst ihn ab.«

Kraftvoll ist auch ein kurzes bloßes Herumdrehen, um nach denen zu schauen, die im eigenen Rücken stehen. Ich lasse Mann oder Frau umdrehen. »Schau zu deiner Familie, die hinter dir steht, und spüre hin. Du musst nichts Genaues sehen und wahrnehmen, aber nimm dir einen Moment Zeit, in die Richtung zu schauen.« Wenn sich jemand dann wieder umdreht, ist etwas verändert. Er nimmt die Personen vor ihm klarer wahr.

Wie ist der Weg vom Zorn des Paares zum Wahrnehmen der Liebe? Ganz gleich, wie stark an der Oberfläche die Auseinandersetzung, mit welchen Waffen (Verachtung, Rückzug usw.) sie geführt wird – man hat immer den passenden Partner gefunden, nämlich den, der zu der eigenen Familientradition passt.

Es gibt niemanden, der bloß Opfer ist. Da gibt es ein Paar, bei dem einer dem anderen auf Dauer übel mitspielt. Vielleicht ist der Mann Alkoholiker, der das Geld versäuft und im Rausch immer wieder die Frau prügelt. Oder als entgegengesetzte Variante ein schwacher, gutmütiger Mann, den seine Frau nach Strich und Faden ausnimmt, hintergeht und als Schwächling verhöhnt.

In beiden Fällen tritt in Seminaren spontan Mitgefühl mit dem Opfer auf. Ein Satz, den ich dem Opfer vorschlage, bringt das dann wieder in die Balance. Das Opfer sagt: »Ich habe dich als Mann/Frau gewollt. Ich habe dich als Mann/Frau bekommen. Ich übernehme die Verantwortung für meine Wahl, und ich trage die Folgen.« Dieser Satz richtet denjenigen auf, der ihn sagt. Plötzlich wandelt sich das Opfer zu jemandem, der handelt und gehandelt hat.

Und wenn jemand die Verantwortung nicht übernehmen will? In hartnäckigen Fällen hilft manchmal der Satz: »Ich übernehme meine Verantwortung, mich als Opfer zu fühlen. Ich mache es wie die vor mir.«

Ein lösender Satz für beide ist, ganz gleich, wie schlimm auch die Beziehung war: »Etwas passt zwischen uns.« Das erleichtert beide. Dann können das Verbindende und die Zuneigung erlaubt werden. Jetzt darf sich die Liebe zeigen.

»Ich bin nur die Frau, und du bist nur der Mann.« –
»Ich bin nur der Mann, und du bist nur die Frau.«
Jedes Kind hat Versagungen erlebt. Deshalb tragen wir alle noch Wunden aus der Vergangenheit und damit verbundene Schmerzen in uns. Unterdrückter Schmerz wandelt sich um in Sehnsucht, Sehnsucht nach dem, was wir nicht bekommen haben. Deshalb projizieren wir wie ein Diaprojektor in unsere Umgebung Vater- oder Mutterbilder auf Männer und Frauen, denen wir begegnen. Diesen Bildern laufen wir dann nach mit der kindlichen Hoffnung, das Vermisste doch noch zu erhalten. Gleichzeitig ist das ein unmöglich zu erfüllender Wunsch, weil wir nicht mehr das Kind sind und keiner uns die tatsächlichen Eltern der Kindheit ersetzen kann. (Selbst wenn die Mutter den früh abgestillten, inzwischen Dreißigjährigen noch einmal an ihre Brust nähme, wäre die ursprüngliche Wunde nicht heilbar.) Je stärker der Schmerz, desto stärker die Sehnsucht und die damit verbundene Blindheit, die Realität wahrzunehmen.

Die erste Wahl, um unser Elternbild auf jemanden zu heften, ist der Partner. Am deutlichsten ist dieser verklärte Blick im Zustand der ersten Verliebtheit. Plötzlich ist der Kinderglaube da, endlich den Menschen gefunden zu haben, der mich immer verstehen und lieben und alle meine Wünsche erfüllen wird.

Die Frau steht an der Seite des Mannes, beide schauen in die gleiche Richtung. Sie spürt Wärme. Dann äußert sie den Wunsch, sich anzulehnen. Ich gebe dem nach. Sie lehnt ihren Kopf auf die Schulter des Mannes.

Wieder scheint es ein rührendes Bild inniger Verbundenheit zu sein. Dem geschulten Auge aber fällt auf: Sie schauen sich nicht an. Sie sehen sich nicht – sie spüren sich nur. Die Frau empfindet dabei »Wärme«, das ist so nicht unbedingt der Mann-Frau-Beziehung in einer Aufstellung angemessen. Dazu passt, dass sie sich anlehnen möchte – das ist der Beziehung der Kinder zu den Eltern gemäß. Die Fortsetzung dieser Aufstellung bestätigt das denn auch.

Der Mann, an den sich die Frau anlehnt, fühlt sich unter Druck. Ich gebe ihm den Satz vor: »Ich bin nur dein Mann – mehr nicht.« Er fühlt sich nach diesem Satz erleichtert, ein Stück befreit und kraftvoller. Auch die Frau richtet sich jetzt auf. Beide schauen sich an.

»Ich bin *nur* dein Mann – mehr nicht.« Damit ist gemeint: Ich bin weder dein Vater noch dein Kind, sondern nur der Mann. Dieses »nur« befreit und erleichtert. Es macht die Beziehung klarer und eindeutiger.

»Ich werde immer für dich da sein.« – »Ich werde dich nie verlassen.« – »Du bist der/die Einzige für mich und wirst es immer sein.« Alle diese Aussagen gehören zu der Beziehung zwischen Kindern und Eltern. Deutsche Schlager spiegeln am eindrücklichsten diese Gedanken und Gefühle wider: »Wir wollen niemals auseinander gehn, wir wollen immer zueinander stehn ...«

Das Band zwischen Kindern und Eltern ist unzerstörbar, das zwischen einem Paar ist es nicht. Hier braucht es zwei

Erwachsene, die eine Beziehung achten, pflegen und schützen. Das Kind geht sorglos damit um, in der festen Überzeugung, dass es unzerstörbar ist – bis es nach einer Trennung geschockt ein Stück aus den Träumen aufwacht.

Ich habe inzwischen einen hilfreichen Satz entdeckt, der in Aufstellungen auch ein sehr verschmolzenes Paar wieder etwas auf den Boden bringt:

Mann und Frau schauen sich mit großen Kinderaugen träumerisch an. Dann sagt auf meinen Vorschlag der Mann zur Frau: »Du bist nur eine Frau – und von euch gibt es viele.« Dann sagt es die Frau zurück: »Du bist nur ein Mann – und von euch gibt es viele.« Beide scheinen aufzuwachen. Sie schauen sich um, sind erleichtert, lachen sich an und freuen sich miteinander.

Die Beziehung der Eltern zu den Kindern

Zwischen Eltern und Kindern ist die Beziehung die von »Groß« zu »Klein«. Die Sätze »Ich bin der/die Große, du der/die Kleine« und »Ich gebe – du nimmst« drücken den Sachverhalt am klarsten aus.

Wenn es etwas zu tragen gibt, dann haben es die Eltern zu tragen. Das macht Aufstellungen des Gegenwartssystems oft »härter« als die der Ursprungsfamilie. In der Ursprungsfamilie darf der Klient »klein« sein, die Lasten werden von den Großen getragen. In der Gegenwartsfamilie ist er selber groß, hat die Lasten auf sich zu nehmen, damit die Kinder frei sind.

Der Aufsteller erkennt, dass dieses Verhältnis in Unordnung ist, wenn die Eltern die Kinder brauchen. Da äußert die Mutter zum autistischen Sohn: »Ich brauche es, dass du mich anschaust.« Dieses »Brauchen« ist gegen die gute Ordnung.

Für diese Störungen gibt es viele Ausdrucksmöglichkeiten und Signale. Besondere Wachsamkeit des Aufstellers ist hier erforderlich.

Mutter und Tochter stehen sich gegenüber. Viele Schwierigkeiten sind in der Aufstellung beiseite geräumt worden. Jetzt sagt die Mutter zur Tochter: »Ich hätte dich gern näher. Ich möchte dich gern umarmen.«

Hier muss der Aufsteller alle Antennen ausfahren. Ist das bei der Mutter der bloße Wunsch zu geben?

In der Regel gehen die Kinder auf die Eltern zu, nicht die Eltern auf die Kinder. Wenn Vater und Mutter zu schnell sind, gilt es, vorsichtig zu sein. Die Kinder müssen den ersten Schritt tun. Wenn die Eltern »groß« sind, haben sie Geduld. Wenn das Kind sehr in Not ist, gehen sie auch Schritte auf das Kind zu, aber das Bedürfnis nach Nähe geht zunächst von den Kindern aus.

Besondere Aufmerksamkeit ist auch bei Umarmungen geboten. Die entscheidende Frage lautet: Wer hält wen? Manchmal kippt das Verhältnis auch in der Umarmung. Plötzlich legt die Mutter den Kopf auf die Schulter der Tochter. Das fällt insbesondere dann nicht auf, wenn für die Mutter eine kleine Person und für die Tochter eine große gewählt worden ist. Oft drückt ein solcher Größenunterschied bei der Auswahl bereits unbewusst einen Teil der unausgeglichenen Beziehung aus.

Eine Hilfe kann sein, dem Kind zu sagen, es soll die Arme hängen und sich so wirklich halten lassen. Ist der Aufsteller im Zweifel, ist es immer gut, nachzufragen.

Der schwächliche, leidende Vater schaut zum kraftvollen Sohn. »Ich bin stolz auf dich.«

Stolz kommt in zwei unterschiedlichen Formen vor. Einmal ist es der natürliche Stolz von Eltern auf ihr Kind. Stattdessen könnten sie auch sagen: »Ich freue mich, wenn ich dich sehe.«

Dann gibt es die andere Form, bei der Eltern sich klein machen und zum Kind hochschauen. Hier schaut der Vater auf zum Sohn und seiner Kraft. Der Sohn fühlt sich überlegen und schaut mit Verachtung oder Mitleid auf den Vater herab.

Die Ordnung wird ein Stück weit wiederhergestellt, wenn der Vater zum Sohn sagt: »Die Kraft in dir ist durch mich zu dir gekommen.« Damit wächst der Vater, und der Sohn schrumpft etwas auf die angemessene Größe.

Immer wenn Vater oder Mutter ein Kind brauchen, ist etwas in Unordnung. Das gilt selbst in folgendem, extremem Beispiel:

Die Mutter zieht es zum Tod, die Tochter steht dahinter. Ich stelle die Tochter zum Vater und schlage der Mutter vor, ihm zu sagen: »Ich vertraue dir unsere Tochter an.« Das will sie nicht, sie will selbst für die Tochter sorgen. Ich schlage ihr vor, zur Tochter zu sagen: »Du hältst mich am Leben.« Dem stimmt sie zu.

Dann erweitere ich die Sätze: »Ich brauche dich, um mich am Leben zu halten. Und das ist nicht richtig.« Als Nächstes verneigt sich die Tochter vor der Mutter und sagt: »Ich achte dich und deinen Zug zum Tod.« Mutter und Tochter sind erleichtert.

(Noch mehr Kraft kommt in die Aufstellung, wenn die Tochter zur Mutter nur sagt: »Für dich tue ich alles.« Dann wird die Liebe am stärksten spürbar.)

Selbst dass die Mutter das Kind braucht, ein Umstand, dem man zunächst spontan und verständnisvoll zustimmen mag, bedeutet einen Verstoß gegen die Ordnung. Es ist für beide eine Belastung.

In Aufstellungen mit erfahrenen Stellvertretern äußerten diese in der Rolle des Kindes das Bedürfnis, vor den Eltern auf die Knie zu gehen. Das half ihnen, kleiner zu werden und ganz natürlich aufzuschauen. In normalen Seminaren bin ich zu Beginn mit einem solchen Vorschlag vorsichtig, weil Teilnehmer, die das erste Mal mit den Aufstellungen in Berührung kommen, das zu leicht als Demütigung missverstehen können und ich so überflüssigen Widerstand erzeuge.

Vor kurzer Zeit setzte sich ein Stellvertreter in der Rolle eines Kindes einfach auf den Boden. Vielleicht ist auch das manchmal ein Weg.

Unangemessene Gefühle zwischen Kindern und Eltern
Ursprünglich hatte ich hier als Überschrift »Missbrauch« gewählt. Aber, wie schon weiter oben ausgeführt, ist dieses Wort inzwischen so angefüllt mit den unterschiedlichsten Inhalten. Es ist gut, »Missbrauch« auf den Kern von körperlichen Übergriffen aus sexueller Lust zu beschränken.

Mit unangemessenen Gefühlen zwischen Eltern und Kindern will ich hier Beziehungen erwähnen, die Anteile aus der Mann-Frau-Beziehung zum Inhalt haben. Kinder sind dabei »größer«, als sie der Ordnung entsprechen.

Während die Öffentlichkeit inzwischen sehr hellhörig für unangemessene Beziehungen zwischen Vätern und Töchtern ist, wird die Beziehung von Müttern zu Söhnen völlig ausgespart. In den letzten zwei Jahren ist in meinen Aufstellungen die letztere Thematik aber immer mehr ans Licht gekommen. Außerdem verdanke ich es insbesondere zwei Büchern und einem Artikel des Sexualforschers Gerhard Amendt, von dem ich den Titel zitieren möchte: »Die Rache der Muttersöhne. Warum aus Mamas Liebling auch wieder nur ein ganz normaler Mann wird: ein Brotverdiener – und ein Frauenfeind.« – Reaktionen der Stellvertreter in Aufstellungen zeigen, wie das Unangemessene aussieht.

Vater und Mutter stehen zunächst einander abgewandt. Der dritte Sohn fühlt sich viel stärker und besser als der Vater. Ich gebe ihm als Satz vor: »Ich fühle mich viel besser und stärker als du.« Der Sohn sagt das zum Vater und stimmt dem zu. Danach lasse ich ihn zur Mutter schauen und sagen: »Nicht wahr, Mama?« Und die Mutter nickt spontan.

Amendt spricht davon, wie die kleinen Männer, die Söhne also, für ihre Mütter zur Quelle lebenslanger Sinnstiftung werden. Da die großen Männer die Sehnsüchte der Frauen nicht erfüllen, wollen die Mütter ihre Söhne zu idealen Männern modellieren, zu Märchenprinzen. Ist die Mutter also die »Schlechte«? Wissen wir jetzt, warum es in so vielen Familien schief läuft? Aber mit einer solchen einfachen Schuldzuweisung werden wir den Dynamiken in Familien nicht gerecht, wie die Fortsetzung obiger Aufstellung zeigt:

Die Mutter hat keine Achtung für ihren Mann, sie findet, er sei ein Schwächling.
Ich stelle ihren Vater dazu. Plötzlich ist sie wie umgewandelt, sie schaut ihren Vater gebannt an. Der Satz, der sich hier als stimmig erweist, ist: »Ich tu alles für dich, Papa.«

Wir erleben also in dieser Familie: Der Sohn wird vergöttert, der Mann verachtet, der eigene Vater verehrt. Oder von der Seite der Männer aus formuliert: Die Tochter dient als Trost, vor der Ehefrau zieht man sich zurück, und gleichzeitig bleibt man im Bann der Mutter.

Kinder tragen mit. Sie geben alles für die geliebten Eltern, wenn sie ihr Unglück sehen. Gleichzeitig sind sie damit belastet und geben es später an den eigenen Partner und die Kinder weiter.

Der Klient hat vor, ein zweites Mal zu heiraten. Er möchte »Ordnung schaffen« und stellt seine bisherigen vier wichtigen Frauen auf und seine zukünftige Ehefrau als die fünfte.

Die erste Frau äußert, dass es auf dem Platz neben ihr auch schon Frauen gibt. Sie fühlt sich nicht als Erste.

Daraufhin stelle ich eine andere Frau als neue Stellvertreterin an diesen Platz und sage ihr, dass sie die erste, wichtige Frau dieses Mannes ist. Sie spürt einen Moment lang nach und sagt dann plötzlich: »Ich fühle mich sehr groß. Ich glaube, ich bin die Mutter.« Auch die erste aufgestellte Frau stimmt dem zu. Ich benenne sie noch einmal ausdrücklich als Mutter und stelle sie dann hinter den Mann. Sie fühlt sich sehr mächtig.

So, wie es für den Aufsteller wichtig ist, mit den Augen minimale Veränderungen wahrzunehmen, braucht er genauso seine Ohren, um jeden falschen Ton herauszuhören.

Der Vater schaut in die Ferne, die Tochter blickt zu Boden, und die Mutter sieht mit angespanntem Gesicht auf die Kinder. Der Sohn ist fröhlich. Als ich ihn frage, wie es ihm geht, äußert er zu mir: »Was für eine schöne Familie!«

Ich verstehe seine Aussage angesichts dieses Bildes nicht und lasse ihn die Aussage zur Familie wiederholen: »Was für eine schöne Familie!« Er freut sich. Es entsteht eine kurze Pause. Ich warte auf Reaktionen der anderen. Plötzlich sagt der Sohn zu mir: »Nein, es ist nicht die Familie, die schön ist – es ist die Mutter.« Ich lasse es ihn direkt zu ihr sagen. »Du bist schön.« Die Mutter strahlt.

Im Alltag können die Söhne ihre Mütter und die Töchter ihre Väter wunderschön finden. Das gehört mit zu der Beziehung zwischen Eltern und Kindern.

Aufstellungen fördern eine Ebene zu Tage, die unterhalb der Alltagsebene liegt, wie eine Art Tiefenstruktur. Die Erfahrung aus vielen Aufstellungen zeigt, dass auf dieser tieferen Ebene bestimmte Aussagen anders als im Alltag einzuordnen sind. Aussagen wiegen schwerer. Deshalb ist genau hinzuhören, zu welcher Art von Beziehung die spontanen Sätze gehören. Hier hat der Satz »Du bist schön« eine erotische Komponente, er gehört zur Mann-Frau-Ebene und weist darauf hin, dass etwas in Unordnung ist zwischen Mutter und Kind.

Ein Aufsteller sollte sein Ohr immer mehr schulen, um unangemessene von angemessenen Äußerungen zu unterscheiden.

7

Tod, Krankheit, Schuld und Familiengeheimnisse

Neben zentralen Dynamiken, die sich in Familienaufstellungen wiederholen, gibt es auch Ereignisse, die immer wieder auftreten und bei denen es für den Aufsteller wichtig ist, Grundkenntnisse zu haben.

Tod

Mehrere wichtige Signale geben Hinweise darauf, dass es ein Mitglied der Familie in den Tod zieht. Regelmäßig, wenn es jemanden in einer Aufstellung wegdrängt, zieht es ihn zum Tod. Der Vater spürt also einen Drang weg von Lebenden hin zum Tod – oder noch klarer ausgedrückt: Es zieht ihn hin zu Toten seiner Familie.

Der Aufsteller kann das überprüfen, indem er ihn ein paar Schritte in diese Richtung gehen lässt. Ist er dann erleichtert und auch die anderen Familienmitglieder, gilt das als ein zusätzlicher Beweis. Manchmal, wie hier den Sohn, zieht es auch noch ein weiteres Familienmitglied hinterher in den Tod:

Der Vater steht nach außen gerichtet, ihn zieht es weg von der Familie. Der Aufsteller fordert ihn auf, ein paar Meter

in diese Richtung zu gehen. Er tut es und fühlt sich erleich-
tert und befreit. Die Mutter ist ebenfalls erleichtert, auch
zwei der drei Kinder. Nur der älteste Sohn möchte dem Va-
ter nachfolgen. Der Aufsteller lässt ihn hinter den Vater tre-
ten. Dem Sohn geht es gut an diesem Platz.

Wenn der Aufsteller einen Toten der Familie dazustellt, beispielsweise den früh verstorbenen Bruder des Vaters, dann
ist ein guter Platz für den Toten, ihn dort hinzustellen, wo
der Vater hingehen will.

Ein anderes Zeichen für den Zug zum Tod ist, wenn es
jemand nach oben oder in die Weite zieht. Da ist dann ein
Stellvertreter vor das große Fenster im Raum gestellt. Er
blickt fasziniert nach draußen und in die Weite. Er fühlt sich
dabei leicht und frei.

Dann kann es auch sein, dass ein Stellvertreter beharrlich
nach unten auf den Boden schaut. Oft liegt an dieser Stelle
ein Toter der Familie. Wenn also dieser Tote bekannt ist,
dann wird es ein guter Platz sein, wenn ein Stellvertreter für
den Toten sich an der Stelle hinlegt, auf die der Blick gerichtet ist.

Manchmal lässt der Aufsteller die Toten in einer Aufstellung stehen, manchmal lässt er sie liegen. Was ist der Unterschied?

Wenn die Toten stehen, geht es vor allem um das, was die
Lebenden mit ihnen zu lösen haben. Sie sind dann ein rea-
gierendes Gegenüber. Wenn beispielsweise ein Kind in der
Familie früh gestorben ist und man seine Existenz verdrängt
hat, dann ist es zunächst wichtig, dass es wieder seinen Platz
unter den Geschwistern erhält und unter ihnen steht.

Wenn die Toten liegen, tritt mehr die unabänderliche
Tatsache ihres Todes in den Vordergrund. Hier wird es dann
wichtig, dass die Lebenden die Toten ruhen lassen. Da ist der

Ehemann im ersten Ehejahr an einem Unfall gestorben. Die Frau kommt auch nach Jahren noch nicht über die Tatsache seines Todes hinweg. Hier mag es ein wichtiges hilfreiches Zeichen sein, wenn der Tote liegt. Es ist auch möglich, beides in einer Aufstellung zuzulassen, das Liegen und das Stehen. So habe ich kürzlich Hellinger erlebt, wie er in der Aufstellung mit dem Liegen des Toten begonnen hat, ihn dann aufstehen und klären ließ und ihm zum Schluss der Aufstellung wieder den Platz im Liegen gab.

Manchmal finden die Toten in der Aufstellung noch keinen Frieden. Hilfreich ist es dann, wenn der Aufsteller ihnen andere Tote aus der Familie zugesellt und der Tote sich ihnen zuwendet. Dann findet er leichter Frieden.

»Oft ist auch etwas in der Familie unerledigt, oder die Familie schuldet dem Toten noch etwas. Es ist meistens nicht die Person, die aufstellt, die dem Toten etwas schuldet, sondern jemand aus der früheren Generation, zum Beispiel der Vater oder der Großvater. Dann muss man den Klienten zur Seite treten lassen und muss den Toten zu dem blicken lassen, um den es ihm geht. Oft sucht der Tote einen Halt wie ein Kind bei seiner Mutter. Wenn sich ein solches Bild ergibt, lässt man den Toten sich seiner Mutter zuwenden, und wenn die Mutter ihn gleichsam im Arm hat, dann kann sich der Lebende abwenden. Dieser Vorgang ist ähnlich, wenn der Tote sich seinem Bruder zuwenden muss oder seinen toten Kameraden oder sonst jemand anderem. Auch da gibt es auf diese Weise eine Lösung der Verstrickung.«

Das kann auch helfen, wenn ein Toter, was in seltenen Ausnahmefällen vorkommt, böse ist und einen Lebenden zu sich holen will. Bisher habe ich in einer solchen Situation stets zusätzlich heftige, unaufgedeckte Konflikte in der Familie erlebt.

Bei einer Selbsttötung in der Familie ist es wichtig, zu wissen, dass sich fast nie jemand nur aus Gründen umbringt, die dem eigenen Leben entstammen. Regelmäßig zieht es ihn zusätzlich hin zu Toten der Familie. Dennoch ist der lösende Satz zu den Lebenden hin: »Es war meine Entscheidung, mich umzubringen. Ich nehme sie auf mich und meinen Tod. Ihr achtet mich, wenn ihr es mir lasst.«

Krankheit

Immer wieder kommen Klienten mit dem Anliegen einer schweren Krankheit. Hellinger selbst arbeitet in den wenigen Lehrseminaren, die er in den letzten Jahren noch hält, vorzugsweise mit Schwerkranken, um gerade hier die Bedeutung der Familienaufstellungen zu zeigen.

Familienaufstellungen sind keine gezielte Behandlung einer Krankheit, selbst wenn konkretes Thema der Aufstellung die Erkrankung ist. Krankheiten sind oft – auch! – eine Folge von Verstrickungen in das Familienschicksal, das jedoch vielschichtiger und komplexer ist, als es eine Aufstellung erfassen kann. Denn eine Aufstellung ist immer nur ein komprimiertes Abbild der im Augenblick sichtbaren wichtigsten Strömungen und Energien, die im Untergrund der Familie laufen.

»Manche sprechen hier von systemischer Psychosomatik, als ob die Aufmerksamkeit auf die Krankheit gerichtet wäre. Aber wie ihr inzwischen gemerkt habt, ich richte mich nicht nach den Krankheiten und auch nicht danach, ob jemand geheilt wird oder nicht. Ich arbeite mit dem System. Ich schaue, ob in der Familie Kräfte wirksam sind, die krank machen. Die bringe ich ans Licht. Oder, um es noch drastischer zu sagen, ich schaue, ob es Personen gibt, die krank machen, weil sie nicht gewürdigt sind.

Die bringe ich wieder in die Familie herein, und wenn die hereinkommen, wirken sie heilend. Was dann als Ergebnis mit Bezug auf die Krankheit geschieht, ist für mich nicht mehr wichtig. Ich arbeite nur in diesem systemischen Bereich. Dass diese Arbeit Wirkungen auf Krankheiten hat, weiß ich, aber ich verfolge es nicht.«

Wenn jemand mit einer Krankheit zu einem Aufstellungsseminar kommt, ist es sinnvoll, erst einmal in einer Aufstellung die Grundlagen der Familie zu klären und in Ordnung zu bringen. Dazu gehört einmal das innere Bild der Herkunftsfamilie, aber es kann auch eine Konfrontation mit Ereignissen des eigenen Lebens und des Gegenwartssystems sein. Der Klient gewinnt dadurch neue Einsichten, die einen inneren Lösungsprozess anregen. Eine mögliche – und sicherlich erwünschte – Folge davon ist es, dass auch ein Heilungsprozess der Krankheit in Gang gebracht wird. Aber nicht planmäßig, wie durch ein spezielles Medikament, sonder dadurch, dass sich innere Spannungen auflösen, Belastungen schwinden und neue Kräfte zur Gesundung und Heilung zur Verfügung stehen.

Für die Arbeit mit Kranken scheinen mir folgende Punkte bedeutsam:

Schwere Krankheiten haben oft als Mitursache einen Hang zum Tod
Dann zieht es den Kranken zu dem verstorbenen Familienmitglied. Deshalb ist die Lebenskraft geschwächt, und die Schwachstellen des Körpers reagieren, sodass sich auch in jungen Jahren chronische Krankheiten entwickeln.

Der wichtige Lösungsschritt ist die Begegnung mit dem Toten. Erwächst daraus eine gute Kraft, dann wirkt die sich insgesamt auf die Lebenskraft und die Möglichkeiten zur Gesundung aus.

Kinder sind ihren Eltern und ihrer Familie treu
Eine wichtige Verbindung ist, wenn jemand die gleiche Krankheit trägt wie die Eltern oder ein anderes bedeutsames Familienmitglied. Die Treue des Kindes lässt es die gleiche Krankheit übernehmen.

Eine Patientin mit Krebs im Rollstuhl wird auf die Bühne gefahren, auf der Hellinger arbeitet. Er fragt sie nach ihrer Krankheit und ihrem Anliegen. Sie sagt: »Ich habe Krebs.« Hellinger meint zu ihr: »Du scheinst glücklich. Du lächelst, wenn du davon erzählst.« Zu den Zuschauern gerichtet, meint er: »Das Lächeln beim Erzählen des Schlimmen ist das Zeichen für die systemische Verstrickung. Man ist glücklich, wenn man das vorgegebene Schicksal erfüllt.«

Sinnvoll ist es daher, bei der Erhebung der Krankheitsgeschichte nach den gleichen Krankheiten in der Familie zu forschen. Wenn es beispielsweise eine Tante oder einen Onkel gab, die die gleiche Krankheit hatten, ist das ein wichtiger Hinweis auf eine mögliche systemische Verbindung.

Solche Krankheitsschicksale früherer Familienmitglieder entfalten eine enorme Kraft, gegen die der behandelnde Arzt oder Heilpraktiker dann ankämpft. Erst wenn die Verbindung zu früheren Schicksalen erkannt wird, fällt Licht auf die eigentliche Ursache, und die Lösung ist möglich.

Sühne für schwere persönliche Schuld

Mögliche Ursachen stammen auch aus dem eigenen Leben. Eine Krankheit kann eine Sühne für schwere persönliche Schuld darstellen. Da hat eine Frau in frühen Jahren ihr erstes Kind abgetrieben. Daraus kann ein unbewusstes Bedürfnis nach Sühne entstehen, das zu einer Krankheit führt. Deshalb sind vor einer Aufstellung auch Fragen nach solchen Ereignissen wichtig. Die Lösung sieht dann so aus, dass man sich dem Ereignis stellt und die Verantwortung für das eigene Handeln und die Folgen daraus übernimmt.

Spezielle Krankheitsbilder und ihre Ursachen

In Neuland führen Überlegungen, ob bestimmte Familienkonstellationen zu bestimmten Krankheitsbildern führen. Systematische Untersuchungen dazu gibt es noch nicht. Es gibt nur erste Beobachtungen. So ist bei Depressionen die Suche wichtig, wer in der Familie früh gestorben ist. Oft sind es Vater und Mutter.

Verstrickungen sind auch bei Psychosen und Schizophrenie wesentlich. Da ist etwa in einer Familie eine früh verstorbene Schwester der Mutter, die vertreten wird. Alle Kinder sind aber Jungen. Ein Sohn wird die Rolle übernehmen und sich mit dieser Person identifizieren. Die Folge: Der Junge fühlt sich sehr weiblich, kann mit dem Junge- und Mannsein wenig oder nichts anfangen, obwohl er unter lauter Brüdern aufwächst. Er ist verwirrt, was sein Geschlecht betrifft.

Je stärker und je vielfältiger jemand verstrickt ist, je schlimmer das Schicksal ist, in das jemand verstrickt ist, desto größer ist die Gefahr von geistiger Verwirrung. Hier finden wir in Aufstellungen, dass ein Kind gleichzeitig mit zwei schlimmen Schicksalen der Familie verstrickt ist. Aber oft sind auch, wie ich von Franz Ruppert gehört habe, Familiengeheimnisse ein wichtiger Auslöser.

Aber auch bei ganz oder teilweise somatischen Krankheiten treten Verbindungen auf. In mehreren Aufstellungen, bei denen die Patienten an Muskellähmung litten, zeigte es sich, dass besonders heftige, unterdrückte Familienkonflikte in früheren Generationen vorlagen.

Bei Neurodermitis des Kindes berichtet Hellinger von seinen Beobachtungen, dass es häufig einen früheren Partner von Vater oder Mutter gegeben hatte, der missachtet wurde.

»Bei der Bulimie (Essen mit anschließendem Erbrechen) gibt es verschiedene Dynamiken. Zur Bulimie kommt es zum Beispiel, wenn die Mutter den Kindern sagt: ›Was vom Vater kommt, taugt nichts, ihr dürft nur von mir nehmen.‹ Dann nimmt das Kind von der Mutter, und es spuckt aus zur Ehre des Vaters. Das ist die eine Dynamik. Diese Bulimie wird geheilt, wenn das Kind von beiden Eltern nimmt, vor allem vom Vater.

Nun ist es auch so, dass die Magersucht sehr häufig übergeht in eine Bulimie. Dann ist die Dynamik eine andere. Hier heißt Magersucht: ›Ich will sterben.‹ Und Essen heißt hier: ›Ich will leben.‹ Wenn die Bulimische isst, sagt sie: ›Ich will leben.‹ Wenn sie das Essen erbricht, sagt sie wieder: ›Ich will sterben.‹ Das Erbrechen ist dann eine Fortsetzung der Magersucht. Hier wäre für die Bulimische, dass sie sagt: ›Ich bleibe.‹ So, ganz schlicht. Und die Eltern sagen, der Vater zum Beispiel: ›Ich bleibe.‹«

Noch stehen wir hier am Anfang der Entdeckungen und Hypothesen, die in den nächsten Jahren sicher weiterverfolgt werden.

Die Krankheit ist ein Freund, kein Feind
Wichtig ist die grundsätzliche Haltung gegenüber Krankheiten, die sich so auch immer wieder aus den Aufstellungen ergibt: Die Krankheit ist ein Freund, kein Feind.

Es geht also nicht darum, die Krankheit zu bekämpfen, denn damit bekämpft der Kranke einen Teil in sich, der ihn mit etwas Wichtigem verbindet. Damit ist nicht gemeint, der Krankheit einfach ihren Lauf zu lassen und auf ärztliche Betreuung und Medizin zu verzichten. Stattdessen geht es um die innere Haltung, mit der ich der Krankheit begegne. Die Haltung kann zur Heilung beitragen oder durch zusätzliche Spannung die Krankheitsursachen eher verschlimmern.

»Durch eine Krankheit meldet sich manchmal etwas, was der Kranke nicht anerkennen will, zum Beispiel:
eine Person,
eine Schuld,
eine Grenze,
seinen Leib,
seine Seele,
eine Aufgabe und einen Weg, den er gehen muss.
Die Krankheit erzwingt eine Wende. Daher verbindet sich der Therapeut mit dem Anliegen und dem Ziel der Krankheit, zum Beispiel mit der ausgeklammerten Person, der verleugneten Schuld, dem verachteten Leib, der verlassenen Seele, der Gnade und Chance, die sich in der Krankheit offenbart. Wenn das in Ordnung gebracht ist, kann der Kranke besser leben. Und er kann auch besser sterben, wenn es so weit ist.«

Die Klientin nennt bei einem Seminar von Hellinger viele Krankheiten und Beschwerden, die sie quälen. Wird ein Symptom leichter, folge bald das nächste.

Hellinger lässt sie sieben Stellvertreter für sieben ihrer Krankheiten auswählen und aufstellen. Sie stehen durcheinander auf einem Haufen. Dann nimmt er die Klientin gleich selbst an ihren Platz und fordert sie auf: »Macht alle einen Kreis und fasst euch bei den Händen. Dann schau sie an und sage ihnen: ›Ihr seid meine Schwestern.‹«

Stille breitete sich in diesem Moment im Saal bei den Zuschauern aus. Etwas von der Erkenntnis, dass Krankheiten keine Gegner sind, breitete sich aus.

Aufstellungen sind nicht als Mittel geeignet, wenn sie nur den letzten verzweifelten Versuch darstellen, Krankheit zu bekämpfen. So verweigert sich Bert Hellinger bei seiner Arbeit mit Schwerkranken manchmal einer Aufstellung. Stattdessen hilft er dem Kranken lediglich, seiner Krankheit und letztendlich dem Tod zuzustimmen. Es sind berührende Momente, zu sehen, wie sich dann Frieden und Stille bei dem Kranken ausbreiten.

Von Matthias Varga habe ich die sinnvolle Anregung erhalten, bei Krankheiten drei Stellvertreter aufzustellen: jemanden für den Klienten, jemanden für die Krankheit und jemanden für den oder das, mit dem man durch die Krankheit verbunden ist.

Der Klient ist ein Teilnehmer in der Weiterbildungsgruppe. Er leidet an Tinnitus (Ohrensausen). Der Tinnitus war nach einer Aufstellung vor einigen Monaten verschwunden, aber dann kam er doch wieder.

Ich stelle den Mann, den Tinnitus und was dahinter ist. Der dritte Stellvertreter steht desorientiert im Raum. Als ich den Klienten frage, wer aus seiner Familie das sein könnte, stellt er sich als der schizophrene Bruder des Vaters heraus. Ich benenne ihn ausdrücklich um zu diesem Onkel. Der Neffe ach-

tet im nächsten Schritt seinen Onkel und sein Schicksal. Von allein geht der Stellvertreter des Tinnitus ein Stück weg. Dann kommt ein Moment, in dem der Neffe wieder mehr mit dem Onkel fühlt und es ihm nicht ganz lassen will. Der Stellvertreter des Tinnitus meldet sich und sagt: »In diesem Moment zieht es mich sofort wieder ganz in seine Nähe.«

So wird deutlich, wie Krankheiten Zeichen der Verbindung mit unserer Familie sein können.

Schuld

Das Streben nach Ausgleich, die Ordnung, die in Familien herrscht, sorgt dafür, dass Unrecht und schwere Schuld gesühnt werden. Ein schweres Vergehen (meistens Mord), das ein Familienmitglied begeht, hat regelmäßig eine schlimme Wirkung auf die Familie, oft über mehrere Generationen. Bisweilen überspringt es eine Generation, erreicht dann aber die nächste. Wer einen anderen Menschen tötet, ohne dass es zur Verteidigung notwendig gewesen wäre, empfindet das im eigenen Inneren als Unrecht und sich als Mörder.

Die Aufstellungen zeigen, dass jemand, der als Soldat andere Soldaten getötet hat, sich nicht im gleichen Maß schuldig fühlt. Die innere bewertende Instanz empfindet ihn nicht als Mörder. Aber trotzdem ist auch er mit den Opfern verbunden. Wer sich dagegen als Soldat an der Zivilbevölkerung vergangen hat, zählt zu den Mördern, und er empfindet sich selbst so.

Die Nachkommen übernehmen die verleugnete Schuld. Das geschieht immer wieder in zwei Formen. Entweder wird jemand selbst später zum Mörder. Oder jemand identifiziert sich mit den Opfern und entwickelt einen Hang zum Tod, bringt sich möglicherweise selbst um oder führt ein Leben voller Sühne.

Der Klient leidet immer wieder an Lebensüberdruss und Schuldgefühlen. Von seiner Mutter weiß er, dass sein Vater in Verbrechen des Dritten Reichs verwickelt war. In der Aufstellung steht der Vater von der Familie weggedreht. Ich lege drei Opfer der Nationalsozialisten auf den Boden vor ihn in seine Blickrichtung.

Der Vater bleibt ungerührt, aber dem Sohn geht es anders. Ihn zieht es zu den Opfern. Ich lasse ihn sich neben die Opfer legen. Er atmet auf und ist erleichtert. Als ich die Opfer frage, wie es ihnen damit geht, empfinden sie das als nicht richtig.

Dann lasse ich den Sohn wieder aufstehen und dem Vater sagen: »Die Schuld ist für mich zu groß. Ich bin nur das Kind.« *Dann bitte ich den Vater, sich neben die Opfer zu legen. Er tut es und fühlt sich erleichtert. Der Sohn wendet sich jetzt ab und geht neben die Mutter.*

Häufig fühlen sich die Kinder oder Enkelkinder der Täter sehr mit den Opfern verbunden. Sie wollen sich an die Seite der Opfer stellen und mit ihnen das Schicksal teilen. Aber das ist nicht die angemessene Lösung. Wie Hellinger in Aufstellungen herausgefunden hat, entsteht ein neues Band zwischen dem Täter und seinem Opfer, das stärker ist als das zu seiner Familie. Deshalb muss im Aufstellungsbild der Täter die Familie verlassen, und die Familie muss ihn ziehen lassen.

Bisweilen ist ein Täter noch so verhärtet, dass es das Beste für alle Familienmitglieder ist, wenn er zur Tür hinausgeschickt wird. Oft ist der Täter nur so lange verhärtet, wie man ihm keine Liebe und kein Mitgefühl zeigt.

Ähnliches gilt für Fälle von groben Misshandlungen und schwerem Missbrauch in einer Familie. Oft macht sich, gerade bei Missbrauch, neben dem Vater auch die Mutter schuldig.

Wenn die Eltern große persönliche Schuld gegenüber ihren Kindern auf sich geladen haben, haben sie ihr Recht als Eltern »verspielt«. Sie müssen sich von den Kindern entfernen, und die Kinder müssen die Eltern ziehen lassen. Bisweilen ist auch der angemessene Schritt, dass die Kinder sich umdrehen und gemeinsam in eine andere Richtung schauen.

Familiengeheimnisse

Immer wieder tauchen in Aufstellungen Hinweise auf Familiengeheimnisse auf. Eine Aufstellung geht nicht mehr weiter. Keiner fühlt sich wohl an seinem Platz. Es ist, als ob eine unsichtbare Last über der Familie schwebt. Der Aufsteller kommt dann schnell an den Punkt, wo es sinnvoll ist, abzubrechen.

Nach einer solchen Aufstellung geschieht es immer wieder, dass der Klient plötzlich Zugang zu dem Geheimnis findet. Die unsichtbare Loyalität, die alle Familienmitglieder verbindet, hat es bisher verhindert, dass das Geheimnis ans Licht kam. Durch eine solche Aufstellung entsteht oft so etwas wie eine innere Erlaubnis, das Geheimnis erfahren zu dürfen. Dann können die neu erfahrenen Fakten in eine nächste Aufstellung eingebracht werden.

»Es gibt Familiengeheimnisse, die muss man hüten. Die gehen Kinder nichts an. Alles, was zur Intimbeziehung der Eltern gehört oder was zur Schuld der Eltern gehört, geht Kinder nichts an. Kinder dürfen zum Beispiel nicht nachforschen, was die Eltern angestellt haben. Wozu machen sie das denn? Wenn sie etwas herausgefunden haben, was sagen dann die Kinder? Sie sagen den Eltern: Was habt ihr hier gemacht! Sie treten dann als die Großen auf, als hätten sie ein Recht dazu. Solche Geheimnisse hütet der Therapeut vor den Kindern. Er lässt sich auf so etwas nicht ein.

Dann gibt es Familiengeheimnisse, die müssen ans Licht kommen, zum Beispiel Personen, die zur Familie gehören, aber nicht gewürdigt und anerkannt wurden oder die vergessen sind. Zum Beispiel früh verstorbene Geschwister. Das darf ein Kind wissen, das muss ein Kind wissen. Wenn man das ans Licht bringt, dann hat das eine heilende Wirkung.«

In jedem Fall hat ein Kind das Recht darauf zu erfahren, wer Vater und Mutter ist. Hier kann es von sich aus nachforschen.

Das Wesentliche bei anderen Geheimnissen ist die innere Haltung, mit der ein Kind forscht. Ist es die Haltung eines Richters, der sich über die Eltern stellen will? Als ob zum Beispiel ein Kind sich mit drohendem Zeigefinger vor die Eltern stellt und Auskunft fordert: Was habt ihr im Dritten Reich gemacht? Oder ist es eine Haltung mit Achtung, die im Dienste einer guten Entwicklung nach Ereignissen in der Familie forscht?

In Aufstellungen, bei denen ein unbekanntes Geheimnis deutlich wird, ist es bisweilen ein Schritt zu mehr Klarheit, wenn ein Stellvertreter für das Geheimnis aufgestellt wird. Dadurch wird es sichtbarer und spürbarer. Die Lösung geschieht dann, wenn die Kinder das Geheimnis und diejenigen Vorfahren, die es tragen, achten und es ihnen lassen.

8

Über die Familienaufstellung hinaus

Inzwischen haben sich aus den Familienaufstellungen, bei denen nur Mitglieder des Familiensystems aufgestellt werden, andere Formen der Aufstellung entwickelt. Hellinger selbst hat eine Reihe von Aufstellungen bei Traumata, die durch eine Person verursacht wurden, durchgeführt. Sie sind in dem Buch »Wo Ohnmacht Frieden stiftet« dokumentiert. Hier stellt er den Täter und das Opfer auf. Darüber hinaus hat Hellinger Aufstellungen zu kollektiven Themen wie zum Krieg, zu der Ermordung von Juden oder auch zu der Ermordung Andersdenkender in der Zeit der Diktatur in Chile und Argentinien gestellt, die auf Video festgehalten sind. In all diesen Aufstellungen wird der Bereich der Familie überschritten. Es geht in der Aufstellung um die Konfrontation und Begegnung der Täter mit den Opfern. Sie sind nur noch möglich als Aufstellungen ohne Worte, bei denen die »Bewegungen der Seele« Raum finden.

Aber auch schon früher hat Hellinger auch in Familienaufstellungen nicht immer nur Stellvertretern von Familienmitgliedern einen Platz gegeben. So gab und gibt es immer wieder in Aufstellungen Stellvertreter für die Heimat oder das Heimatland, für den Tod, für Gott und die Kirche oder auch für Krankheiten.

Im folgenden Kapitel will ich einige wichtige Anwendungsbereiche erwähnen. Zuvor bringe ich an dieser Stelle einige Hinweise für die Aufstellung in der Einzelarbeit, die sich von der bisher unbeschriebenen Aufstellungsform durch den Wegfall der Stellvertreter unterscheidet.

Einzelaufstellung

Auch in der Einzelarbeit lassen sich die »Ordnungen der Liebe« und die Grundgedanken der Stellvertretung anwenden. Einzelarbeit ist eine eigenständige Möglichkeit, sich mit Familiendynamiken auseinander zu setzen. Manche Klienten wären in einer Gruppe überfordert, für sie ist der persönliche Kontakt mit einem Therapeuten notwendig.

Einzelarbeit kann auch ein Weg der Vorbereitung sein, sich der Familienaufstellung in einem Seminar zu nähern, oder eine Möglichkeit der Nachbereitung.

Figuren oder Symbole auf einer Fläche
Die einfachste Form ist es, mit Figuren oder Symbolen auf einer Fläche die Familie anzuordnen. Dies ist eine allgemeine Form, einen Überblick und Zugang zu Dynamiken in der Familie zu gewinnen. Sie ist unabhängig vom Kontext des Familien-Stellens und wird auch angewendet von anderen Richtungen. Das Verwenden von Figuren erlaubt eine Bestandsaufnahme, und durch räumliche Änderungen können Beziehungen erforscht werden. »Wie wäre es denn, wenn dein Vater hier neben der Mutter stünde?« Und der Aufsteller stellt die Figur probeweise an den Platz.

Diese Form erlaubt es dem Aufsteller, behutsam Anregungen aus der Aufstellungsarbeit einfließen zu lassen. Er kann dadurch eigene Erfahrung mit der Wirkung von Sätzen und der Veränderung von Plätzen machen. In gewisser Weise ist die Arbeit so spielerischer. Selbst Kinder können in dieser Form unbefangen und sehr klar stellen. Gleichzeitig hat sie oft eine erstaunliche und tiefe Wirkung.

Die Identifikation mit den Figuren erfolgt überraschend schnell. Ich erinnere mich, wie in der zweiten Woche einer Ausbildung die Teilnehmer in Dreiergruppen mit Figuren experimentierten und hinterher fast erschreckt waren, wie schnell aus dem Experiment Ernst geworden war.

Der Aufsteller kann sich immer wieder mit einer Figur identifizieren und auch den Klienten dazu befragen. So können Inhalte der Aufstellungsarbeit allmählich in Einzelberatung integriert werden. »Wie ging es dir denn auf diesem Platz? Mir ging es so, dass ich mich abgeschnitten fühlte.« Es können auch Sätze auf behutsame Art vorgeschlagen und die Wirkung unmittelbar auf den Klienten kann beobachtet werden. »Stell dir einmal vor, dein Vater würde dir sagen: ›Es ist mein Schicksal, und ich trage es.‹ Wie wäre das?«

Darstellungen im Raum
Eine Form, die von ihren Voraussetzungen mehr Anforderungen an den Therapeuten stellt, ist die Darstellung im Raum. Das Zimmer wird dazu benutzt, wie in einer normalen Familienaufstellung Orte einzelner Familienmitglieder festzulegen.

Der Therapeut kann den Klienten Blätter, auf denen steht, welche Personen sie darstellen, im Raum mit einer Richtung verteilen lassen. Er kann ihm aber auch sagen: »Nimm mich als Stellvertreter, und gib mir einen Platz im Raum.« Dann wird der Ort, auf den er gestellt wurde, mit einem Blatt Papier, Schuhen oder etwas Ähnlichem markiert. Nun kommt die nächste Aufforderung: »Nimm mich jetzt für deine Mutter, und gib mir wieder einen Platz.« Wieder wird hinterher der Platz markiert. »Und nimm mich jetzt für dich.« Wieder erfolgt danach die Markierung.

Dann kann der Therapeut die einzelnen Plätze abgehen und sich in die jeweilige Rolle einfühlen. Er kann von dort aus auch Sätze sagen, jeweils als Vater oder Mutter. Der Klient kann den eigenen Platz einnehmen und von dort aus spüren.

Dieses Vorgehen eignet sich nur für das Aufstellen einer beschränkten Zahl von Personen. Man stelle sich eine Familie mit fünf Kindern vor, die alle im Raum markiert wären. Der Therapeut wäre überfordert. Bei dieser Form der »Raumanker« ist es also besonders wichtig, nur mit dem Minimum der Personen und mit einem speziellen Thema der Familie zu arbeiten.

Neben der Flexibilität des Therapeuten ist vor allem wichtig, dass er zwischen Aussagen einer Person, die er an einem Platz stellvertritt, und seiner Rolle als Therapeut klar unterscheidet. Beide Rollen sind deutlich zu trennen!

Der Therapeut steht auf dem Blatt und spricht als Vater zum Klienten auf seinem Platz: »Ich bin der Große, und du bist der Kleine.« Dann geht er vom Blatt weg auf einen neutralen Platz und fragt den Klienten: »Wie geht es dir, wenn der Vater das zu dir sagt?«

Der Therapeut muss vor allem räumlich trennen und strikt darauf achten, den Platz einer Person zu verlassen, wenn er Anregungen oder Kommentare als Therapeut gibt. Sonst entsteht ein heilloses Durcheinander!

Viele Dynamiken und Konflikte können auch mit diesen Formen der Einzeltherapie angegangen werden. Einzelaufstellungen sind oft aber auch eine Hinführung zum Aufstellen in der Gruppe. In einem Seminar wird das Verständnis für die Ordnungen zwischen Eltern und Kindern, zwischen den Generationen und zwischen den Geschwistern leichter möglich.

Organisationsaufstellung

Die inzwischen verbreitetste Form von Aufstellungen außerhalb der Familie ist die der Organisation. Wie bei einer Familie funktioniert auch hier das Prinzip der Stellvertretung. Einzelne Mitglieder der Organisation, aber auch ganze Abteilungen werden durch Stellvertreter repräsentiert, und diese nehmen die Gefühle der Vertretenen wahr.

Darüber hinaus gibt es Ordnungen, die zu achten sind. Sie entsprechen in manchen Grundzügen denjenigen in einer Familie.

- Wichtig ist vor allem, dass der Einzelne geachtet und keiner zu Unrecht ausgeschlossen wird. Gerade die Gründer und diejenigen, die vor einem das Unternehmen aufgebaut haben, gehören zu den Menschen, denen diese Achtung zusteht.
- Es gilt außerdem das gleiche Prioritätsprinzip: Wer zuerst da ist, hat Vorrang. Es zählt dabei die Dauer der Zugehörigkeit zur Organisation. Von meinem Kollegen Dirk Appel hörte ich als Beispiel, wie er zu Beginn der Zusammenarbeit mit einem Unternehmen alle 50 anwesenden Firmenangehörigen in einem großen Kreis, in der Reihenfolge der Dauer ihrer Zugehörigkeit, aufstellen ließ. Der Spielraum ging dabei von 36 Jahren bis zu zwei Monaten. Es war für alle ein sehr eindrucksvolles Bild dieser Ordnung.
- Außerdem gibt es noch eine Ordnung der Funktion nach. Leitung hat den Vorrang. Wer für die Sicherheit, also das Funktionieren der Organisation, zuständig ist, gehört an die erste Stelle. Deshalb kommt bei einem Krankenhaus in der Aufstellung die Verwaltung vor den Krankenschwestern und Ärzten.

Allerdings gibt es einen elementaren Unterschied zwischen der Organisation und der Familie. Die Zugehörigkeit zu einer Organisation ist nicht unauflöslich wie in einer Familie, sondern nur auf Zeit. Deshalb kommen noch andere Ordnungsgesichtspunkte dazu (mehr dazu bei Weber/Gross [siehe Literaturverzeichnis]):

- Leistung muss anerkannt werden. In Aufstellungen kommt das meist nicht durch besondere Plätze, sondern durch anerkennende Sätze seitens eines Leitenden zum Ausdruck.
- Organisationen sind aufgabenorientierte Systeme. Wichtig ist daher, dass die Mitglieder auf die Aufgabe bzw. den Kunden ausgerichtet sind.
- Wenn jemand die Organisation verlässt, muss das in einer guten Form geschehen. Es darf niemand zu Unrecht gekündigt werden, sondern es muss einen Grund geben, der entweder im persönlichen Fehlverhalten liegt, oder es geht um das Überleben der Organisation.

Sinnvoll sind Aufstellungen für Gruppen wie Teams, um zu einer guten Zusammenarbeit zu kommen. Insbesondere Verantwortliche in Unternehmen erhalten durch eine Aufstellung ein klares Bild einer guten Ordnung, nach dem sie sich ausrichten können. Mir wurde auch von einem Unternehmensberater berichtet, der Beratungssituationen zu Hause mithilfe eines Teams von Stellvertretern nachstellt. Mit seinem Team gemeinsam sucht er eine gute Ordnung und Lösung. Mit diesem Bild im Kopf geht er dann in seine Beratung und lässt sich ein Stück weit von ihm leiten.

Besonders wichtig halte ich den Bereich, wo Organisations- und Familienaufstellungen ineinander fließen.

Am Ende eines zweitägigen Seminars zur Verbesserung der Kommunikation in einem Steuerbüro leite ich eine Aufstellung, bei der ich den Chef und die 15 Mitarbeiter aufstelle. Nach einigen Umstellungen haben alle Mitarbeiter einen guten Platz. Allerdings möchte der Chef nicht den ersten Platz mit etwas Abstand einnehmen, sondern er möchte dazugehören. Den Mitarbeitern ist das nicht recht. Aber es lässt sich kein Weg finden, beiden Seiten gerecht zu werden.

Eine Lösung auf der Ebene der Organisation ließ sich nicht finden. Hier kann nur eine Familienaufstellung, bei der die Beziehung zu den Eltern geklärt wird, etwas in der Beziehung zu den Mitarbeitern ändern. Denn jeder hat das Bestreben, seine Familienstruktur auch im Unternehmen oder im Team nachzubilden. Teammitglieder haben also die Tendenz, den anderen Mitgliedern Rollen ihrer Familie zuzuschreiben. Naturgemäß kann das zu erheblichen Schwierigkeiten führen. Gerade Firmengründer oder Vorgesetzte haben, ohne dass sie sich selbst darüber klar sind, einen großen, geheimen Einfluss auf die Mitarbeiter. – In Zukunft wird dieses Aufstellungsfeld noch sehr an Bedeutung gewinnen.

Aufstellungen von Gefühlen, Persönlichkeitsanteilen, Objekten und Strukturen

Aufstellungen von Gefühlen und Persönlichkeitsanteilen werden von manchen Therapeuten in Seminare mit Familienaufstellungen integriert. Innere Anteile lassen sich durch Stellvertreter aufstellen, und die Stellvertreter haben in ihrer Rolle präzise Wahrnehmungen. Spannungen werden sichtbar, und Lösungen können entwickelt werden.

Insa Sparrer und Matthias Varga von Kibéd haben davon ausgehend ihre eigene Form dieser Arbeit mit präzisen Vorgaben entwickelt und nennen sie Systemische Strukturaufstellungen. Die gesamte Darstellung würde den Rahmen dieses Buchs bei weitem übersteigen, deshalb beschränke ich mich auf einige wesentliche Punkte.

Grundlage aller dieser Aufstellungen ist das »wissende Feld«. In dem Moment, wo jemand etwas aufstellt, was immer es sei, stehen plötzlich Energien, über das Feld durch die Stellvertreter vermittelt, im Raum – ohne dass wir verstehen, wie und warum es geschieht und was genau eigentlich mit diesen Energien abgebildet ist.

Um solche Aufstellungen durchzuführen, sind für den Aufsteller vier Punkte als Grundlage wichtig:

- die Bereitschaft, sich dem »wissenden Feld« in Aufstellungen anzuvertrauen und sich von ihm – ein Stück weit, je nach der eigenen Kapazität – führen zu lassen,
- Achtung vor jedem einzelnen Klienten,
- persönliche Reife und Integrität,
- Wissen um Ordnungen und Einsicht in ihr Wirken.

Als Aufsteller werde ich dem »wissenden Feld« dann gerecht, wenn ich achtungsvoll damit umgehe. Das ist wichtiger als die Form der Aufstellung. Wenn ich diese Achtung habe, werde ich eine dem Klienten sowie seinem Anliegen und auch mir entsprechende Form der Aufstellung wählen. Der Klient wird einen ihm und seinem Inneren gemäßen Anstoß erhalten. Vereinfacht dargestellt, möchte ich folgende wichtige Ebenen von Aufstellungen unterscheiden:

- die kollektive Ebene der Nation – vergleichbar einem Zusammenschluss von Familien,

- die Ebene der Familie,
- die innerpsychische Ebene, wo Gefühle, innere Stimmen und Bilder, auch in der Form von inneren Anteilen bestimmen,
- die abstrakte gedankliche Ebene; hier finden sich Worte, Begriffe und Logik.

Die Organisation zum Beispiel könnte in diesem Schema ihren Platz zwischen der kollektiven und der Ebene der Familie einnehmen.

In den Aufstellungen der innerpsychischen und der gedanklichen Ebene spiegelt sich immer die Familie wider. Warum? Durch Vater und Mutter ist das Leben zu uns gekommen. Diese elementare Tatsache verbindet uns mit dem Leben am unmittelbarsten. Gefühle und Gedanken sind davon abgeleitet. Deshalb sind in manchen Bereichen Lösungen auch nur möglich, indem der Aufsteller wieder auf die Familie und ihre Mitglieder zurückkommt. Sie ist unserer Existenz am nächsten und lässt sich nicht umgehen und vermeiden.

Es gibt die Struktur einer Lösung in der Familie, die sich auf keiner anderen Ebene angemessen abbilden lässt. Das ist, wenn ein Kind sich vor Vater und Mutter verneigt und für das Leben dankt. Eine Ableitung davon ist der Satz: »Ihr seid die Großen, ich bin nur der/die Kleine.« Beides befreit und löst – und es kann nur in der direkten Begegnung mit Vater und Mutter geschehen. Dies ist jenseits von Gefühlen, Worten, Gedanken und Logik.

In vielen der abstrakteren Aufstellungen lassen sich wertvolle Lösungen und Einsichten gewinnen. Dennoch ist es wichtig, diese Grenzen zu sehen und zu verstehen.

Das Thema Familie ist ein sehr persönliches und daher heikles Thema. Es gibt Zusammenhänge, gerade beruflicher Art, in denen es unangebracht ist, direkt auf so persönliche

Themen einzugehen. In einem solchen Rahmen kann es daher ein guter Weg sein, mit Strukturaufstellungen zu arbeiten und/oder Gefühle, innerpsychische Anteile, ja sogar Satzteile und Worte aufzustellen. Auch hier fließen ja die Energien der Familie ein, aber sie sind anders benannt. Dadurch ist der Einzelne mehr geschützt.

Im Folgenden will ich noch einige Gesichtspunkte nennen, die mir bei Aufstellungen jenseits der Familie wichtig scheinen.

Gefühle aufstellen

Dem Anfänger, so erlebe ich es in meinen Weiterbildungen, scheint es oft leichter, etwas Abstraktes als wirkliche Personen aufzustellen. Manchmal ist es auch der Mangel an inhaltlicher Klarheit. Da äußert eine Frau als Thema die Angst vor Männern. Sofort kommt der Vorschlag, doch die Angst aufzustellen.

Mehr Substanz wird aber sichtbar, wenn die Frau und ein Mann aufgestellt werden. Gefühle haben immer einen Beziehungsaspekt, das ist das Wichtige, und der geht über der Aufstellung des Gefühls verloren. Auf wen bezieht sich die Angst? Auf wen der Schmerz? Auf wen die Schuld? Mit einer Person ist ein Gegenpol in einer Aufstellung da.

Wenn tatsächlich ein Gefühl aufgestellt wird, zum Beispiel eine unverständliche Panik, dann geht es immer um folgende zwei Schritte: Das Gefühl ist anzuschauen, um ihm auf diese Weise zu begegnen. Der zweite Schritt ist dann die Achtung des Gefühls, sodass es einen Platz haben darf.

Wichtig ist vor allem Klarheit der Benennung. Wenn etwas benannt wurde, dann ist es wichtig, dass die Benennung nicht untergeht im Fluss der Energien, sondern die Substanz beibehalten wird. Dann fragt der Aufsteller nach: »Wie geht es der

Panik an ihrem Platz?« Und am Schluss formuliert der Klient:
»Du bist meine Panik, und ich achte dich.«

Aufstellung von Gegenständen und Ähnlichem
Auch Objekte unserer Umwelt lassen sich aufstellen und
durch Stellvertreter repräsentieren. Diese Stellvertreter haben oft heftige Gefühle.

Häufig steht das Objekt für ein Familienmitglied. Deswegen fragt der Aufsteller am besten den Klienten nach Beginn der Aufstellung, wenn die Gefühle und Beziehungen ein
Stück bekannt sind: »Wenn der Stellvertreter für jemanden
aus deiner Familie stehen würde – wer wäre diese Person?«
Oft ist sofort klar, wer das ist. Dann wird das Objekt umbe-
nannt, und man arbeitet mit einer normalen Familienaufstellung weiter.

*Die Klientin kommt wegen ihrer panischen Angst vor dem
juristischen Staatsexamen. Sie stellt zwei Stellvertreter auf,
einen für sich und einen für die Prüfung. Die Prüfung stellt
sie direkt vor sich, fast auf die Zehen. Auf die Frage, wer das
sein könnte, sagt sie spontan: »Meine Mutter.« Ich benenne
die Prüfung um: »Gut, du stehst jetzt für die Mutter.« Dann
arbeite ich weiter.*

Manchmal wird auch nicht deutlich, welches Mitglied der
Familie das sein könnte. Dann arbeite ich mit folgenden Prinzipien weiter: Wenn die Stellvertreter von Objekten Gefühle
zeigen, gehe ich immer davon aus, dass sie abgespaltene Gefühle der Person tragen. Objekte sind neutral. Sie entwickeln
bekanntlich kein sehr heftiges Gefühlsleben. Deshalb nimmt
der Stellvertreter des Objekts die Gefühle des Gegenübers
wahr.

Daher sagt dann zur Klärung zum Beispiel der Stellvertreter des Geldes, der sich sehr ängstlich fühlt, dem Klienten: »Ich spüre deine Angst.«

Mittels Aufstellungen entdecken wir, wie wir unsere Umwelt mit unseren Gefühlen belegen, welche Gefühle wir auf ein Objekt übertragen.

Hierzu eine eigene Erfahrung: Ich war zu einer Talkshow im Fernsehen zum Thema »Stiefmütter« als Experte für Ordnungen in der Familie eingeladen worden. Als mein Kommen fest vereinbart war, wurde ich extrem nervös, weit über das normale Maß eines angemessenen Lampenfiebers hinaus. In meiner Not machte ich zusammen mit meiner Frau zu Hause eine Aufstellung dazu.

Ich suchte zunächst nach dem Auslöser dieser Nervosität und kam auf die Fernsehkamera. Aufgestellt wurden dann die Kamera und ich.

Die Kamera war relativ neutral und grundsätzlich interessiert. Ich selbst jedoch sah keine Kamera, sondern empfand sie als meine Mutter, der ich als Kind gegenüberstand, das Aufmerksamkeit will.

Die Lösung in der Aufstellung war, die Unterscheidung zu machen und zu erkennen, dass es nur die Kamera ist – mehr nicht. Damit wurde auch meine Rolle deutlich. Hier war nicht das nach Aufmerksamkeit hungernde Kind gefragt, sondern der Experte, der an seiner Seite ein für die Zuschauer interessantes Thema hatte.

Diese Aufstellung löste die Überspannung. Von Hellinger hatte ich schon früher gehört, dass das Publikum die Mutter repräsentiert. In dieser Aufstellung war mir bewusst geworden, warum das so ist. Es geht um Bedürfnisse, die wir noch aus der Kindheit mit uns herumtragen, wie hier die Aufmerksamkeit.

Homöopathische Aufstellungen – Aufstellungen ohne
Benennungen

Eine Form der Aufstellung, die ich über den Arzt Johannes Latzel kennen gelernt habe, ist die homöopathische. Ich erlebte eine solche als besonders eindrucksvoll: Der Kranke sucht sich Stellvertreter für sich und für vier oder fünf Symptome einer Krankheit aus, die er nicht benennen muss, und stellt sie auf. Nach Beginn einer solchen Aufstellung ist der Raum bisweilen plötzlich von den heftigen Energien der Stellvertreter erfüllt.

Auch hier wäre die erste Möglichkeit zu sehen, ob dadurch Familienmitglieder repräsentiert werden. Wenn das nicht der Fall ist, gibt es eine Reihe von Lösungsgesichtspunkten, die Aufstellungen ohne Benennungen angemessen sind:

- Der Blickkontakt ist wichtig. Jeder muss jeden sehen können. Denn jeder gehört in gleicher Weise dazu. Wenn eine Person nicht gesehen wird, ist es gut, Blickkontakt aufzunehmen. Dazu braucht es die richtige Entfernung. Ist die Person zu nahe, wird sie als bedrängend erlebt und kann nicht richtig gesehen werden. Aber wer zu weit weg ist, ist ebenfalls nicht im Blick. Alle Hindernisse auf diesem Weg sind zu erforschen und zu benennen, zum Beispiel die Einstellung: »Ich will dich nicht anschauen.« Fragen, die aus der Kurzzeittherapie kommen, stören da eher, etwa: »Was brauchst du, um hinzuschauen?«
- Die Beziehungen untereinander sind zu klären; das heißt, es gilt, auszusprechen, wie die Gefühle sind.
- Auch hier ist es hilfreich, Impulse bis zum Extrem gehen zu lassen. Wenn es jemanden beispielsweise zu Boden zieht, ermuntert ihn der Aufsteller dazu, dem Zug zu folgen.

- Der wichtigste Schritt auf dem Weg zu einer Lösung ist es, die Achtung aussprechen zu lassen, begleitet von einer leichten Verneigung.

Existenzielle Aufstellungen

Auch wenn Hellinger selbst etwas wie eine Krankheit oder den Tod aufstellt, geht es ihm immer um die Begegnung mit dem Existenziellen. Die Beliebigkeit, zu der es bei mancher der gerade beschriebenen Aufstellungen leicht kommen kann, lehnt er strikt ab. Es ist gut, wenn das Instrument der Aufstellung und der Kontakt mit dem »wissenden Feld« wirklichen Problemen vorbehalten bleiben.

»Wir stellen manchmal nur zwei Stellvertreter auf, zum Beispiel für eine Person und ihre Krankheit. Das ist ja keine Familienaufstellung im bisherigen Sinn mehr. Jemand stellt sich aber einer Wirklichkeit. In diesem besonderen Rahmen kann er eine Lösung finden, die er alleine vielleicht nicht findet. Vielleicht hilft dabei auch das Umfeld der Gruppe mit, sodass ein Kraftfeld entsteht, in dem so etwas ablaufen kann. Auch wenn manchmal in einem Teilnehmer oder Stellvertreter etwas von ganz alleine abläuft, ohne äußeren Eingriff, ist das kein Familien-Stellen mehr. Da kommt etwas ganz Tiefes zum Vorschein und zeigt Wege und eine Richtung.«

Zum Ausklang

Zum Ausklang möchte ich hier die Schlussworte von Bert Hellinger am Ende des Paarekurses anfügen, der in *Wir gehen nach vorne* dokumentiert ist:

»Ich möchte noch etwas sagen zu diesen Aufstellungen. Das ist eine Methode, die eigentlich ganz einfach ist. Man nimmt ein paar Leute, stellt sie auf und findet die Ordnung. Es ist ein ganz mächtiges Instrument, und man muss es benutzen mit Furcht und Zittern. Wie leicht kann man danebengehen. Wenn man zum Beispiel nicht herausfindet, wo die Verstrickung liegt, und einem etwas zuschiebt, das ihm nicht zugeschrieben werden darf. Man kann damit auch Verheerendes anrichten, wenn man nicht im Einklang ist.

Um das Aufstellen anzuwenden, braucht es auch ein weites Feld von Erfahrung, von Psychotherapieerfahrung, von den Kräften, die in der Seele wirken, und wie man damit umgeht. Und man soll behutsam sein, ganz behutsam, immer im Blick auf die, die Hilfe brauchen. Wenn man in die Situation kommt, eine Aufstellung zu machen, und man hat selber Angst, ist man am besten vorbereitet dafür. Denn die Angst macht vorsichtig. Und sie bringt uns in Einklang. Wenn wir das aber machen wie ein Spiel, wie ein Rollenspiel, dann ist das gefährlich.

Das achtet nicht die Tiefe der Kräfte, die wirken. Das möchte ich euch zu bedenken geben. Man darf keine Aufstellung nur aus Neugierde machen, weil einer einmal wissen will: Was ist in meiner Familie?

Nur wenn es etwas Ernstes ist, wenn es Probleme gibt, die nicht zu lösen sind, kann man das Familien-Stellen anwenden und sollte es auch machen. Das Familien-Stellen wirkt auf verschiedenen Ebenen. Wenn einer von den Ordnungen weiß, dann kann er in leichteren Fällen auch aufstellen. Wo es aber um Leben und Tod geht, ist etwas ganz anderes im Spiel. Es gibt eine innere Methode, mit der man dann vorgeht. Man geht in die Mitte, in die leere Mitte. Je tiefer wir da hineinreichen in die leere Mitte, desto selbstverständlicher gibt es Wirkungen nach außen, die man sich nicht erklären kann. Denn in der Mitte ist man am meisten mit allem verbunden und im Einklang.

Wer diese Art von Arbeit macht, der geht auf einen Weg. Einen spirituellen Weg, könnte man es nennen, wenn das Wort nicht so groß wäre. Man wird gezwungen zu Verhaltensweisen, zu Einsichten, zur Demut, zur Gelassenheit, zur Milde, je mehr man das macht. Und so reift man mit der Arbeit. Je mehr man reift, desto schöner kann man es machen. Das gebe ich euch noch mit am Ende dieses Kurses.«

Dank

Ich danke vor allem meiner Frau Gabriele. Die Gespräche mit ihr über Aufstellungen und ihre Hintergründe waren und sind immer bereichernd und eine Quelle der Inspiration. Ihre Geduld und Fürsorge während der letzten stressigen Tage vor der Abgabe waren eine große Hilfe.

Ich danke Bert Hellinger, der sich die Zeit genommen hat, dieses Buch mit mir zu besprechen. Gerade diese Gespräche haben mir noch einmal neue Einsichten eröffnet.

Literatur

Amendt, Gerhard: »Die Rache der Muttersöhne. Warum aus Mamas Liebling auch wieder nur ein ganz normaler Mann wird: ein Brotverdiener – und ein Frauenfeind«, *SPIEGELreporter*, 5/2000

–, *Vatersehnsucht. Annäherung in elf Essays*, Universität Bremen 1999

–, *Wie Mütter ihre Söhne sehen*, Fischer, Frankfurt am Main 1994

Franke, Ursula: *Systemische Familienaufstellung*, Profil, München 1996

Fuchs, Thomas: »Familienaufstellungen aus phänomenologischer Sicht«, in: *Praxis der Systemaufstellung* 1/2000

Galli, Johannes: *GAME, die Galli Methode – Um selbst schöpferisch zu werden*, Loseblattsammlung, Freiburg 1997

Hellinger, Bert: *Die Mitte fühlt sich leicht an. Vorträge und Geschichten*, Kösel, München 1996

–, *Wir gehen nach vorne. Ein Kurs für Paare in Krisen*, Carl-Auer-Systeme, Heidelberg 2000

–, *Wo Ohnmacht Frieden stiftet. Familien-Stellen und Kurztherapien mit Opfern von Trauma, Schicksal und Schuld*, Carl-Auer-Systeme, Heidelberg 2000

Leutz, Grete Anna: *Das klassische Psychodrama nach J. L. Moreno*, Berlin, Heidelberg, New York 1974

Madelung, Eva: *Kurztherapien. Neue Wege zur Lebensgestaltung*, Kösel, München 1996

Mahr, Albrecht: »Die Weisheit kommt nicht zu den Faulen. Vom Geführtwerden und von der Technik in Familienaufstellungen«, in: Weber, Gunthard (Hg.): *Praxis des Familien-Stellens* (s. u.)

Neuhauser, Johannes (Hg.): *Wie Liebe gelingt. Die Paartherapie Bert Hellingers*, Carl-Auer-Systeme, Heidelberg 1999

Sparrer, Insa/Varga von Kibéd, Matthias: *Ganz im Gegenteil, Tetralem-*

maarbeit und andere Grundformen systemischer Strukturaufstellungen für Querdenker und solche, die es werden wollen, Carl-Auer-Systeme, Heidelberg 2000

Stevens, John O.: *Die Kunst der Wahrnehmung: Übungen der Gestalttherapie*, Kaiser, Gütersloh, 14. Aufl., 1996

Ulsamer, Bertold: *NLP in Seminaren. Lernen erfolgreich gestalten*, Gabal, Bremen 1994

–, *OhneWurzeln keine Flügel. Die systemische Therapie von Bert Hellinger*, Goldmann, München 1999

–, »Die praktische Arbeit mit Familienaufstellungen: Was mache ich, wenn ich nicht mehr weiterweiß?«, in: Weber, Gunthard (Hg.): *Praxis des Familien-Stellens* (s. u.)

Ulsamer, Gabriele/Ulsamer, Bertold: *Spielregeln des Familienlebens. Anregungen nach dem Ansatz von Bert Hellinger*, Herder, Freiburg i. Br. 2000

Weber, Gunthard (Hg.): *Praxis des Familien-Stellens. Beiträge zu Systemischen Lösungen nach Bert Hellinger*, Carl-Auer-Systeme, Heidelberg 1998

Weber, Gunthard/Gross, Brigitte: »Organisationsaufstellungen«, in: Weber, Gunthard (Hg.): *Praxis des Familien-Stellens*, a. a. O.

Wiest, Friedrich/Varga von Kibéd, Matthias: »Homöopathische Systemaufstellungen«, in: Weber, Gunthard (Hg.): *Praxis des Familien-Stellens*, a. a. O.

Ich belege die Zitate von Bert Hellinger nicht, weil sie meist aus noch unveröffentlichten Quellen stammen. Zum einen ist das eine Sammlung von Aussagen Hellingers, die vermutlich unter dem Titel *Die Quelle braucht nicht nach dem Weg zu fragen* (Arbeitstitel *Nachlese*) erscheinen wird. Zum anderen ist es ein Interview, das Harald Hohnen und ich 2000 mit Hellinger geführt haben und das im Jahr 2001 veröffentlicht werden soll.

Empfehlungen und Adressen

Weber, Gunthard (Hg.): *Praxis des Familien-Stellens,* a. a. O. Das wichtigste Buch für all diejenigen, die sich weiter über Handwerkliches und konkrete Anwendung informieren wollen. Es enthält eine Fülle kurzer Beiträge erfahrener Praktiker.

Weber, Gunthard (Hg.): *Zweierlei Glück. Die systemische Psychotherapie Bert Hellingers,* Heidelberg 1994. Das Standardwerk als umfassende Einführung in die Philosophie und Praxis Bert Hellingers.

Hellinger, Bert/ten Hövel, Gabriele: *Anerkennen, was ist,* München 1996. Bert Hellinger wird eingehend zu dem Hintergrund seiner Arbeit und seinen Einstellungen befragt – sehr lesenswert!

Ulsamer, Bertold: *Ohne Wurzeln keine Flügel. Die systemische Therapie von Bert Hellinger,* München 1999. Eine umfassende, praxisnahe Einführung in das Familien-Stellen.

Informationen über Tagungen und Arbeitskreise:

Intern. AG Systemische Lösungen
nach Bert Hellinger e. V.
Germaniastr. 12
80802 München
Tel. 089/38102710
Fax 089/38102712
E-Mail: network@hellinger.com

Das Sekretariat verschickt eine Adressliste kompetenter Aufsteller im deutschsprachigen Raum (DM 2,20 in Briefmarken beilegen). Außerdem gibt die Arbeitsgemeinschaft zweimal pro Jahr die Zeitschrift *Praxis der Systemaufstellung* heraus.

Seminare und Weiterbildungen durch den Verfasser selbst:

Dr. Bertold Ulsamer
Runzstr. 48
79102 Freiburg
Fax 0761/706456
E-Mail: bertold.ulsamer@t-online.de
Homepage: www.ulsamer.com

Informationen über Aufstellungsseminare von Bert Hellinger im In- und Ausland, außerdem eine Liste sachkundiger Aufsteller in Deutschland:

Homepage: www.hellinger.com